Susan Steinmetz

MACH DEINE WELT bunter

Deko & DIY im **Dopamin-Stil**

CV

Inhalt

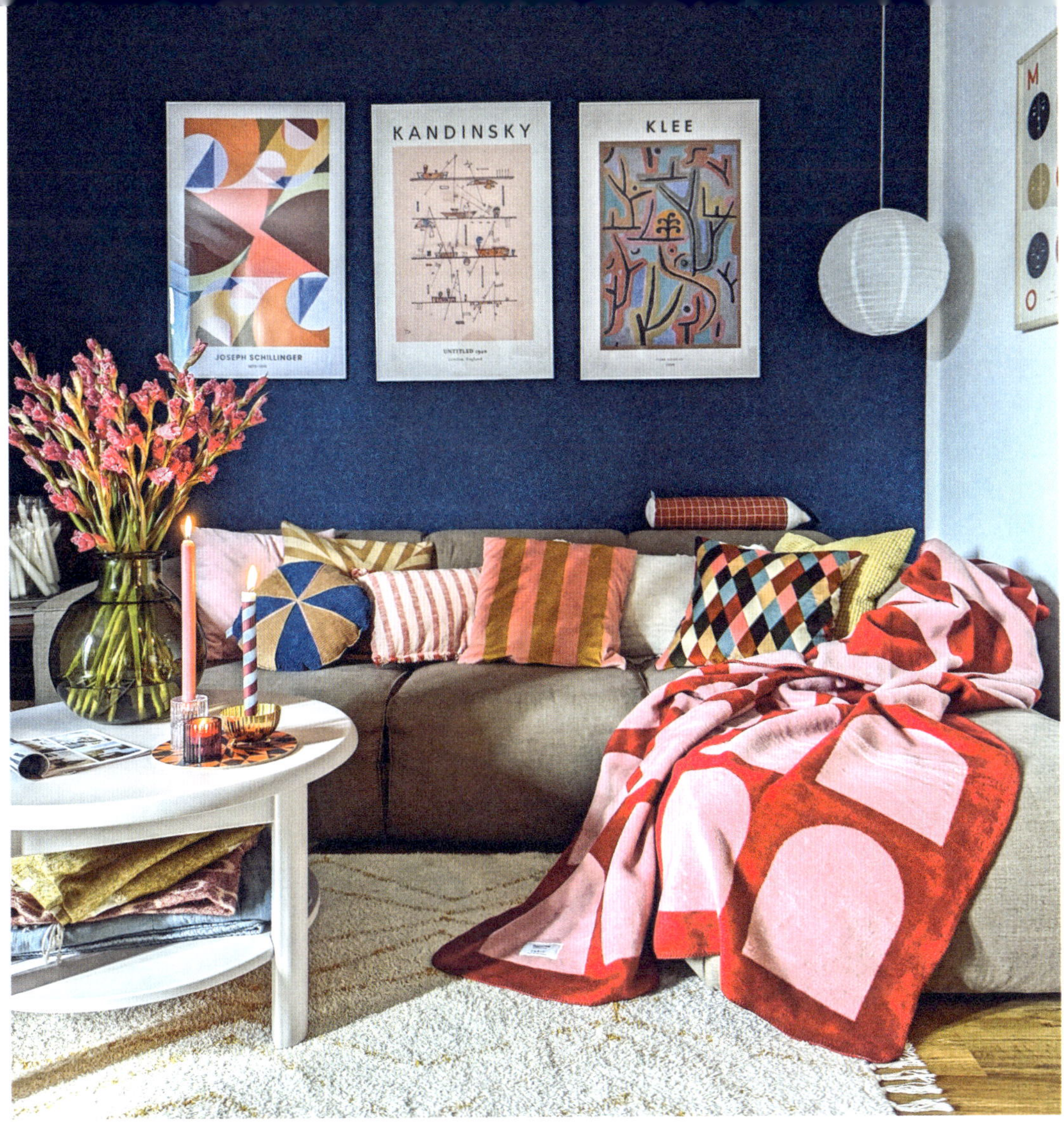
KANDINSKY
KLEE
JOSEPH SCHILLINGER

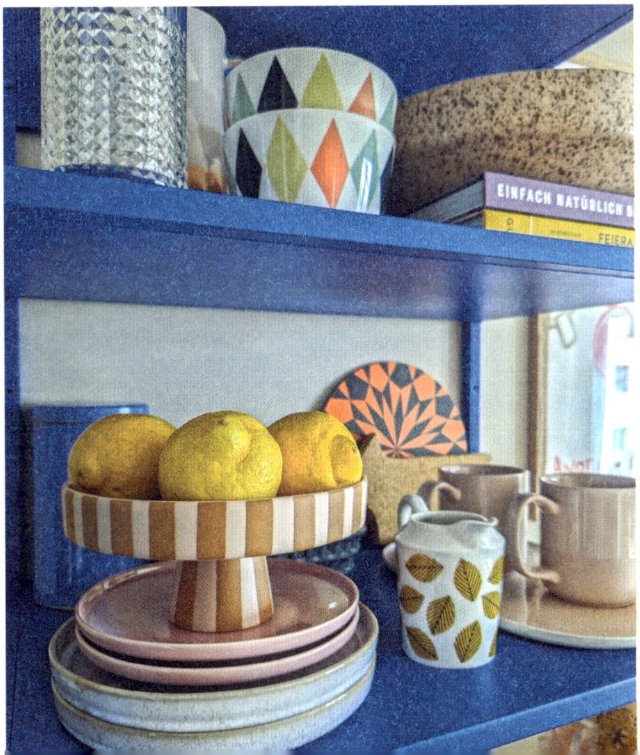
EINFACH NATÜRLICH

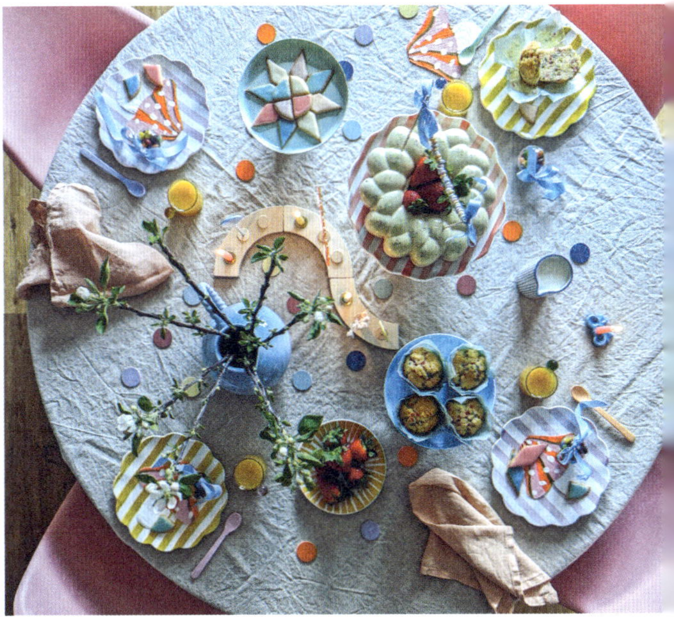

Hereinspaziert!

Willkommen in unserem kleinen, bunten Reich. Nimm Platz, genieß ein Stück Kuchen, eine Tasse Kaffee und lass die farbenfrohe Atmosphäre auf dich wirken – im Idealfall macht sie dich schon beim Betrachten glücklich. Denn lass mich direkt mit der Tür ins Haus fallen: Genau das ist das Ziel des Dopamin-Dekors.

Bevor wir ins Detail gehen, möchte ich mich noch kurz vorstellen: Ich bin Susi und lebe mit meinem Mann und unseren zwei Kindern in dieser Wohnung, zur Miete. Ich betone die Mietsituation besonders, da wir perspektivisch gern ein Eigenheim mit wesentlich mehr Platz hätten und bereits eifrig danach suchen. Umso schöner finde ich den Gedanken, unsere aktuelle Wohnung in Berlin, in der unsere Kinder ihre ersten Lebensjahre verbracht haben, für immer in einem Buch verewigt zu wissen.

Wir mögen unsere vier Wände wirklich gern, aber drei Zimmer mit insgesamt guten 70 Quadratmetern sind auf Dauer nicht mehr ausreichend für unsere Bedürfnisse. Ein zweites Kinderzimmer, mehr Stauraum und eine größere Küche fänden wir wirklich schön.

Bis es allerdings so weit ist, werden die aktuellen Räume keinesfalls stiefmütterlich behandelt, sondern kontinuierlich optimiert und verändert. Stillstand gibt es bei uns nicht, und unser Bekanntenkreis witzelt bereits, welche Wand oder welches Möbel als Nächstes überarbeitet wird ...

Einrichten ist für mich ein Prozess und funktioniert (leider) nicht von heute auf morgen. Raumgefühl muss entstehen, Funktionen und Nutzungsanforderungen kristallisieren sich heraus, und Farben sowie Möbel müssen sich gegenseitig finden. Kurz: Man muss Räume fühlen und braucht etwas Geduld.

Seit unserem Einzug vor vier Jahren ist hier viel passiert, und unsere Wohnung war während der Elternzeit mit unserem Sohn Astro meine kreative Spielwiese. Ich habe meine große Leidenschaft für Farben und Muster entdeckt, gebrauchte Schnäppchenmöbel aufgearbeitet und all meine bunten DIY-Projekte auf Instagram geteilt. Kaum vorstellbar, dass unsere vorherige Wohnung noch komplett schwarz-weiß eingerichtet war.

In meinem früheren Leben habe ich Pädagogik studiert und viele Jahre in unterschiedlichen Kitas gearbeitet. Ich durfte u. a. Raumkonzepte für Spiel-, Bewegungs- und Ruheräume planen und habe jede Menge gebastelt. Ich habe so viel gebastelt, dass ich es eine Zeit lang wirklich nicht mehr mochte und eine Pause von Tusche, Leim und Krepppapier dringend nötig war. Danach konnte ich wieder voller Motivation loslegen!

Dieses Buch beinhaltet nun rund 40 DIY-Ideen für Jugendliche und Erwachsene – es ist bewusst kein Bastelbuch für Kinder geworden, denn ich bin der Meinung, vor allem Eltern, Erzieher*innen und Lehrer*innen dürfen auch abseits ihrer Schützlinge kreativ sein, ein eigenes Hobby haben, Dinge erschaffen, die nicht zwangsläufig die Handschrift eines (Klein)Kindes tragen und einfach mal nur bei sich sein. Apropos bei sich sein: Besonders nachts, wenn alle anderen schlafen, bin ich voll in meinem Element. Ich genieße die Ruhe, teste Materialien und Techniken aus oder suche nach neuen Ideen.

Ich freue mich unglaublich, dass du nun dieses Buch in den Händen hältst und dich auf eine Roomtour mit mir begibst. In jeder Ecke gibt es kleine Farbtupfer zu entdecken, die auch du ganz einfach nachmachen kannst. Mir war wichtig, dass alle Ideen in diesem Buch auch ohne viel Equipment und handwerkliches Geschick gelingen und ein erster Schritt in Richtung farbenfrohes Wohnen sein können. Sind dir einige Farbkombinatio-

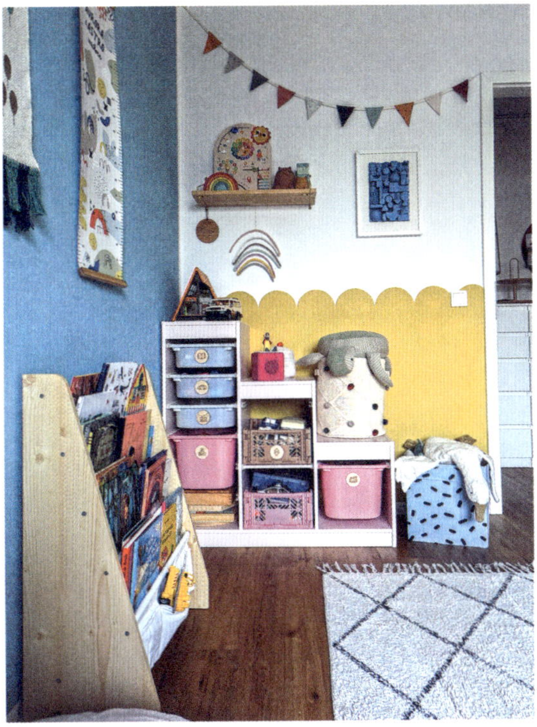

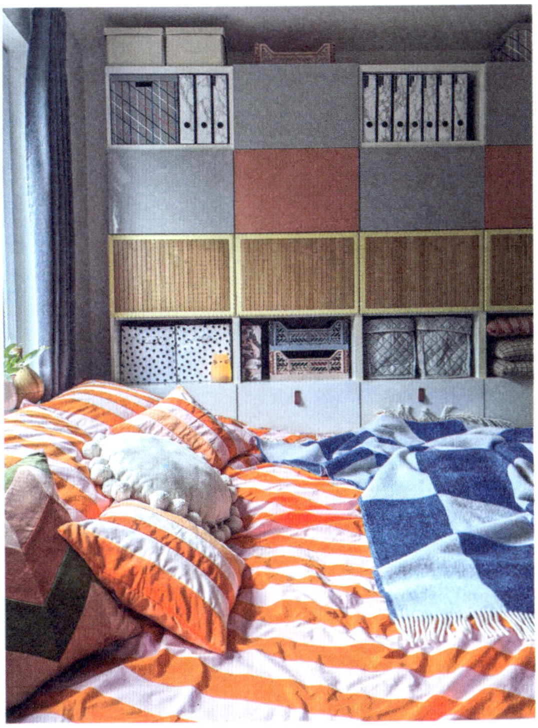

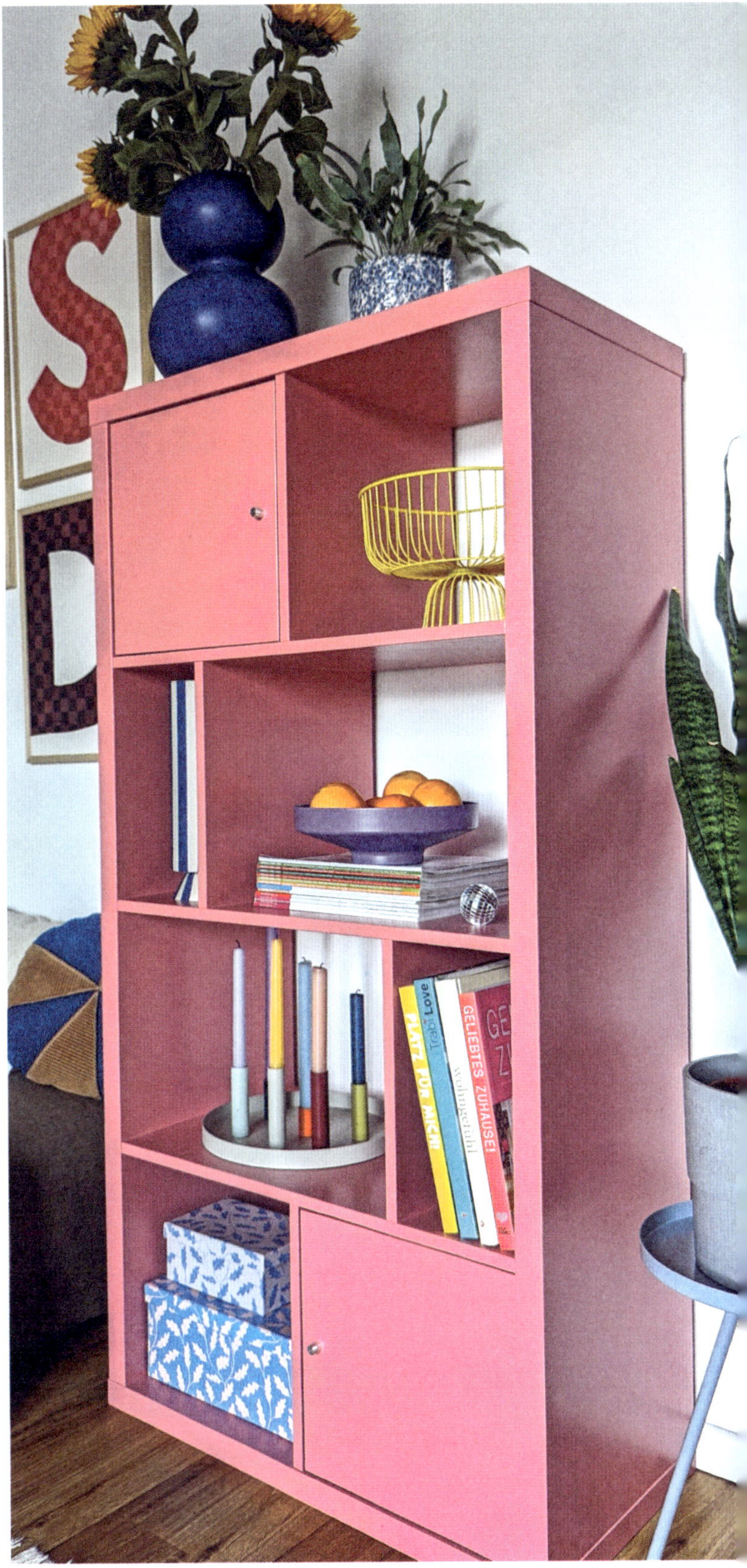
PLATZ FÜR MICH!
Trabi Love
Wohngefühl
GELIEBTES ZUHAUSE!

nen zu grell, dann passe sie einfach deinen persönlichen Vorlieben an. Sei mutig, probiere aus, verlasse deine Komfortzone – es gibt kein richtig oder falsch. In der Liebe und in den eigenen vier Wänden ist alles erlaubt!

Meine Philosophie: Take it easy

Damit sind wir auch schon bei meiner Wohn- und Einrichtungsdevise: Einfach machen! Nichts muss von Anfang an perfekt sein, und alles kann und darf auch wieder revidiert werden. Nur weil ich ein Buch über den Dopamin-Trend schreibe, ist bei mir noch lange nicht alles kunterbunt und stylisch wie in einem Hochglanzmagazin. Wir wohnen in keinem Showroom, sondern in unserem Zuhause. Hier gibt es sogar noch Elemente aus meiner Shabby Chic- und Boho-Ära, die nicht einfach entsorgt werden, nur weil ich es jetzt bunt treibe. Was ich damit sagen will: Tastet euch in kleinen Schritten voran. Tauscht die Kissen auf dem Sofa aus, hängt ein neues Poster auf, lackiert einen kleinen Hocker in einer knalligen Farbe. Habt nur keine Angst!

Wahrscheinlich stöbere ich daher so gern nach Second-Hand-Möbeln, denn je günstiger ein Stück war, desto hemmungsloser und mutiger bin ich in seiner (Um)Gestaltung. Also überarbeitet nach Möglichkeit nicht direkt den 1.000-Euro-Esstisch, sondern ein Kleinmöbel vom Dachboden, Sperrmüll oder dem Discounter. Was könnt ihr schon verlieren? Im Bestfall setzt ihr damit den Grundstein für frischen Wind in euren vier Wänden, und dafür genügen häufig schon ein paar Statement Pieces.

Unsere Küche ist beispielsweise schneeweiß und ziemlich langweilig, aber durch eine Klebefolie an der Rückwand, gemusterte Geschirrtücher und bunte Accessoires passt sie im Handumdrehen zu unserem aktuellen Wohnkonzept. Ich sage bewusst „aktuelles" Wohnkonzept, denn möglicherweise gefällt uns in einem Jahr schon wieder etwas ganz anderes. Daher bleibt die langlebige Basis unserer Einrichtung auch neutral: Unser Sofa ist braun, die Kleiderschränke weiß, die Vorhänge einfarbig. Sie bilden die dezente Bühne für alles Farbige und Gemusterte.

Daher mein Tipp: Befreit euch vom Anspruch des perfekten Zuhauses. Spielt ein bisschen herum, habt Spaß am Einrichten und lasst euch inspirieren. Der lateinische Ursprung des Wortes „Inspiration" bedeutet „Einhauchen", und genau das ist das Ziel: Füllt euch und eure Räume mit einem Hauch Farbe und Fröhlichkeit. Ob dieser Hauch rot gestreift oder grün kariert, kräftig warm oder leicht und kühl ist, liegt ganz bei euch. Euer Zuhause darf eure Handschrift tragen, und das ist die einzig richtige.

Vom Wohnglück und anderen Süchten

Ding Dong. Das Glück hat an der Tür geklingelt und hat den Dopamin-Trend im Gepäck. Lassen wir es hinein und finden heraus, was es mit uns und unserer Einrichtung macht.

Dopamin ist ein Neurotransmitter im menschlichen Körper und u. a. für Gefühle wie Vorfreude, Erregung, Glück und Motivation verantwortlich. Gutes Essen, eine herzliche Umarmung, eine freudige Nachricht, sportlicher Erfolg, ein hübscher visueller Reiz – all das lässt in der Regel unseren Dopaminspiegel ansteigen und uns zufrieden durchatmen. Nun hält der Stoff, der uns glücklich macht, auch im Interior-Bereich Einzug und entlockt beim Betreten eines Raumes so manch ein freudiges WOW!

Was macht diesen noch recht jungen Wohntrend also so einzigartig und beflügelnd? Es ist das Spiel aus Farben, Formen, Texturen und Mustern, gepaart mit Individualität und Humor. Dopamin-Design nimmt sich selbst nicht zu ernst, lässt Raum für kleine Skurrilitäten und persönliche Vorlieben. Grob könnte man sagen, dass entsprechende Räume durch kräftige (gern komplementäre) Farben, geschwungene Formen und grafische Muster aus der Menge herausstechen. Es ist definitiv kein Trend für Minimalisten, denn es darf gern von allem ein klein bisschen zu viel sein. Hier ein nettes Accessoire, da ein buntes Souvenir von der letzten

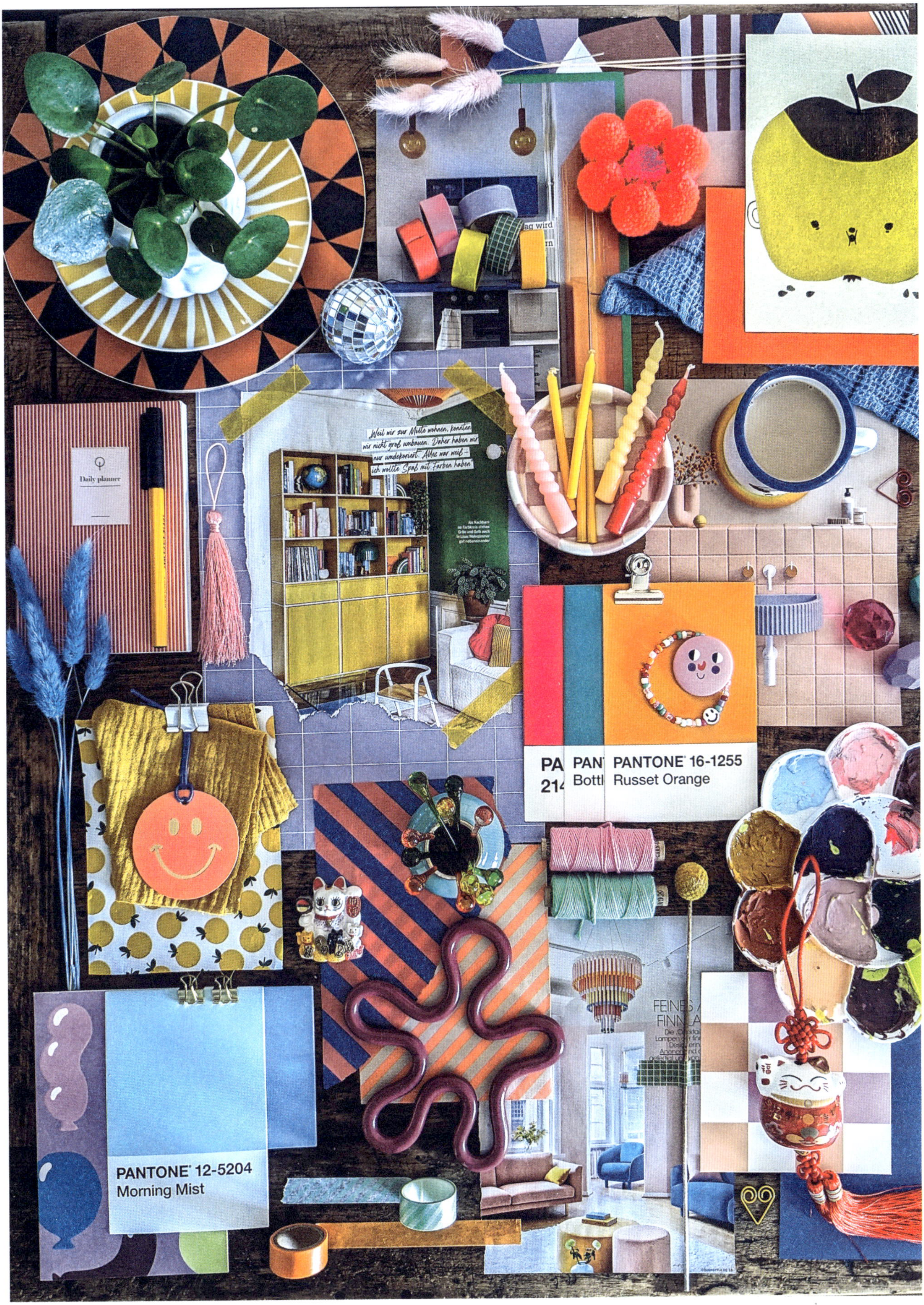

Weil wir zur Miete wohnen, konnten wir nicht groß umbauen. Daher haben wir nur umdekoriert. Alles war weiß – ich wollte Spaß mit Farben haben
Daily planner
PANTONE 16-1255
Russet Orange
PANTONE 12-5204
Morning Mist

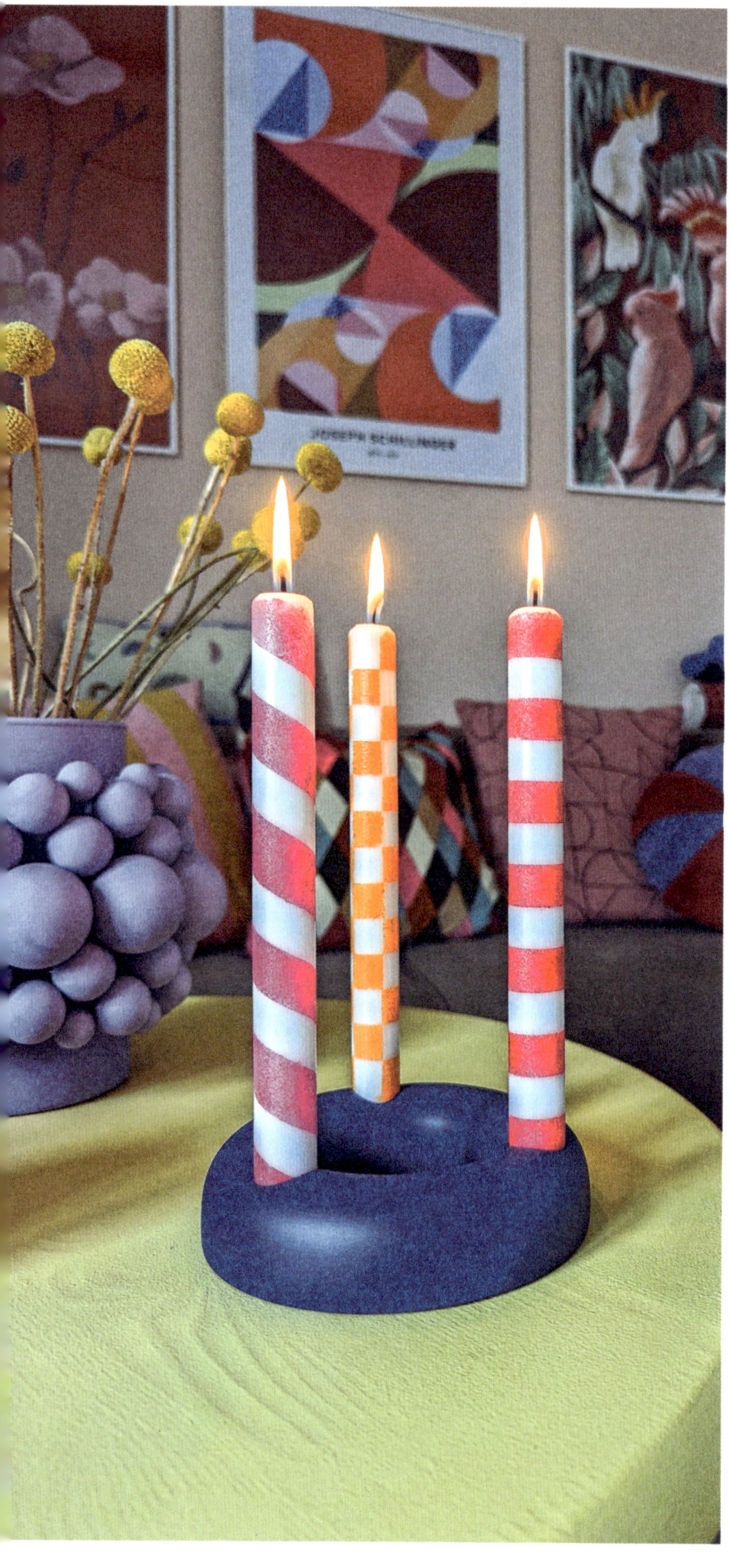
JOSEPH SCHILLINGER

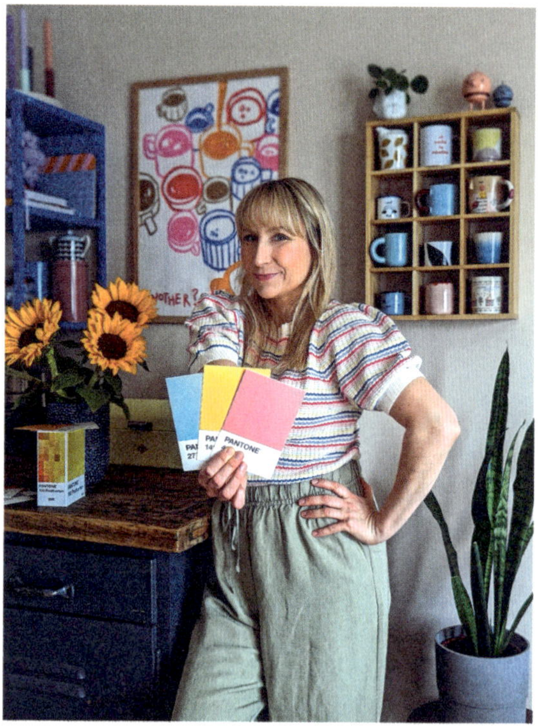
PANTONE

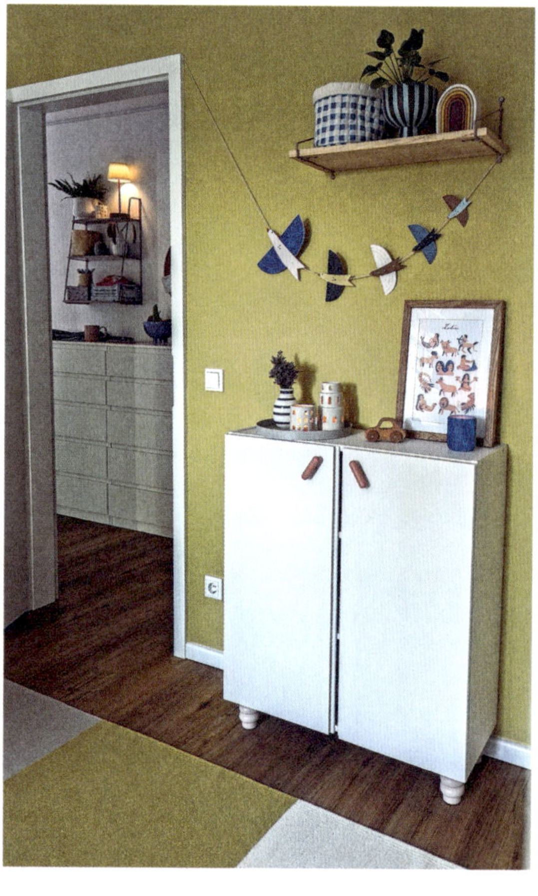

Reise – Dopamin-Dekor ist das Interior-Wimmelbuch: Überall gibt es ein kleines Detail zu entdecken, und wir spüren wieder diese kindliche Freude beim Suchen und Finden.

Gerade in wirtschaftlichen oder politischen Krisenzeiten sollte der private Rückzugsort ein Gegengewicht bilden und Unbekümmertheit vermitteln. Das Dopamin-Dekor versetzt uns stilistisch in unser Kinderzimmer zurück, in dem alles erlaubt und kunterbunt war. Sammelfiguren, Starposter oder der Traumfänger über dem Bett – alles, was uns in jungen Jahren stolz und glücklich gemacht hat, adaptieren wir nun in die Gegenwart und verleihen ihm einen coolen Twist. Schöne Stücke werden zur Schau gestellt, mengenmäßig wird gern etwas übertrieben, und die Farbpalette kennt keinen Horizont.

Auch wenn wir von Nostalgie sprechen und es keine wirklichen No-Gos gibt, sollte der Dopamin-Stil nicht allzu romantisch interpretiert werden. Blümchen, Rüschen und Patina finden sich eher selten, viel mehr wird mit klaren geometrischen Formen, starken Farben und viel Haptik gespielt. Die Räume versprühen Optimismus und Spaß, spiegeln Persönlichkeit wider und berauschen wie so manch ein Suchtmittel.

Aber Achtung: Ich übernehme keine Haftung für etwaige Abhängigkeiten und Sammelleidenschaften! Ich selbst habe eine ausgeprägte Schwäche für schöne Dinge und besitze deutlich zu viele Textilien, Poster und Keramikschätze. Doch ich weiß sie gut zu integrieren und habe so manch einen Aufbewahrungs- und Ordnungstipp für dich parat. Das kleine Wohnglück nimmt manchmal ungeahnte Dimensionen an.

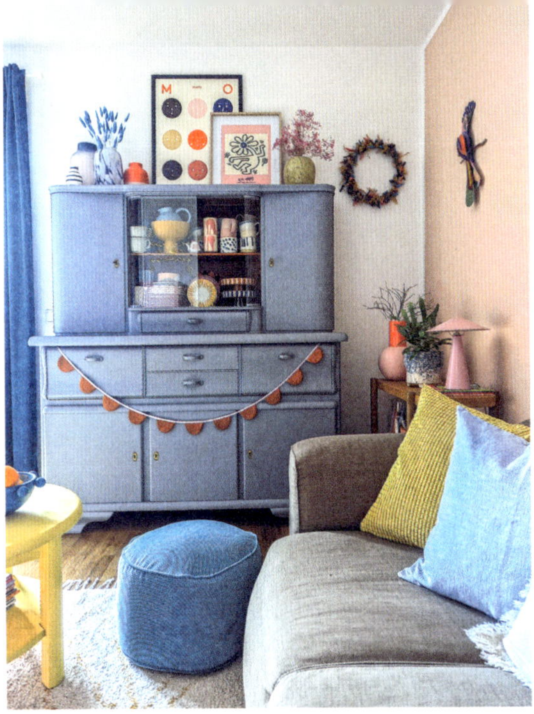

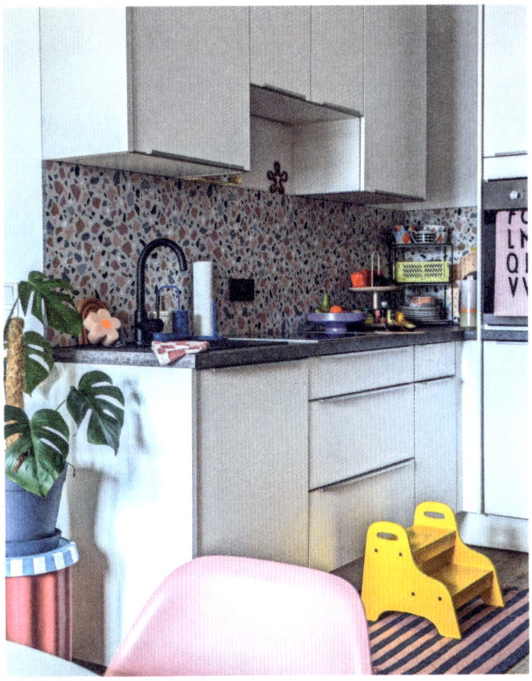

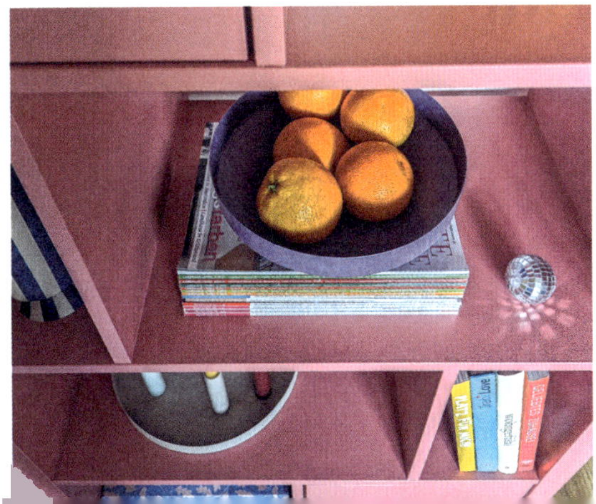

Die Basis: Farbpalette, Material, Technik

Das Zitat „Mode vergeht, Stil bleibt." wurde einst von Coco Chanel geprägt und lässt sich ebenso wunderbar auf den Interior-Bereich übertragen, welcher ähnlich der Fashionwelt von schnelllebigen Trends gekennzeichnet ist. Dabei sind Trends keineswegs schlecht, denn sie machen unseren Alltag abwechslungsreicher und kreativer. Doch was bleibt, wenn die neueste Mode vorübergezogen ist?

Die Antwort lautet beim Einrichten wie beim Einkleiden: ein zeitloser Signature Look, der die eigene Persönlichkeit unterstreicht und sich aufs Wesentliche konzentriert. Hätten wir nicht alle gern einen unverwechselbaren Stil, der zu unserem Markenzeichen wird, egal ob gerade cleaner Purismus, skandinavische Coolness oder verspielte Romantik angesagt ist? Möglich wird dies durch eine übergeordnete Farbpalette, welche auch Trendhopping überdauert und sich wie ein roter Faden durch unsere Wohnräume zieht. Ich liebe Sprunghaftigkeit und Experimentierfreude beim Einrichten, doch farblich bleibe ich mir stets treu. Bei meinen Wohnfarben weiß ich ziemlich genau, was zueinander sowie zu uns passt und ein langlebiges Fundament bildet.

Im Folgenden möchte ich dir in drei Schritten helfen, deinen persönlichen Farbstil kennenzulernen, welchen wir anschließend zu einer individuellen Dopamin-Farbpalette ausbauen.

Da der Dopamin-Trend, wie eingangs beschrieben, so individuell und facettenreich wie kaum ein anderer Wohntrend ist, kann und soll er in jedem Zuhause unterschiedlich interpretiert werden. Farbe und vor allem Farbkombinationen spielen dabei immer eine vordergründige Rolle, doch was sind deine persönlichen Dopamin-Farben? Wie geht stilvoll bunt, ohne willkürlich zu wirken?

Gar nicht so einfach, da es doch eigentlich keine Regeln gibt ...

Ein guter Anfang ist eine Bestandsaufnahme des aktuellen Interieurs. Welche Töne und Materialien herrschen bereits vor? Gibt es eine Lieblingsfarbe oder ein tonangebendes Möbelstück? Welche Farbtöne und -schattierungen begleiten dich schon über Jahre hinweg und geben dir Sicherheit?

Ich finde es ratsam, zwei bis drei vorherrschende Farben auszumachen, welche dann stets als Ausgangspunkt beim Styling eines Raumes dienen. In unserer Wohnung sind dies eindeutig diverse Schattierungen von Rosa und Blau sowie helle Möbel. Diese Favoriten bilden unsere Basis und sind im Idealfall bereits in einigen Einrichtungs- und Deko-Elementen zu finden. Auf dieser Grundlage kann später herausgefunden werden, welcher weitere Farbton als spannender Dopamin-Gegenspieler integriert werden kann.

Nachdem geschaut wurde, was bereits vorhanden ist, kann im nächsten Schritt andersherum überlegt werden, mit welchen Farben du dich in deinen Wohnräumen überhaupt nicht gern umgeben möchtest. Der Zugang über das Ausschlussverfahren fällt häufig leichter, als konkret zu benennen, was man will, wenn man es doch selbst noch nicht mit Sicherheit weiß. Ich mag zum Beispiel weder Grüntöne noch Schwarz, bzw. sind mir persönlich sehr dunkle Farben zu hart.

Damit ist an diesem Punkt bekannt, zu welchen Farben du in der Vergangenheit bevorzugt gegriffen hast und welche Töne auch in der Zukunft eher gemieden werden sollten. Ein Blick auf den zwölfteiligen Farb-

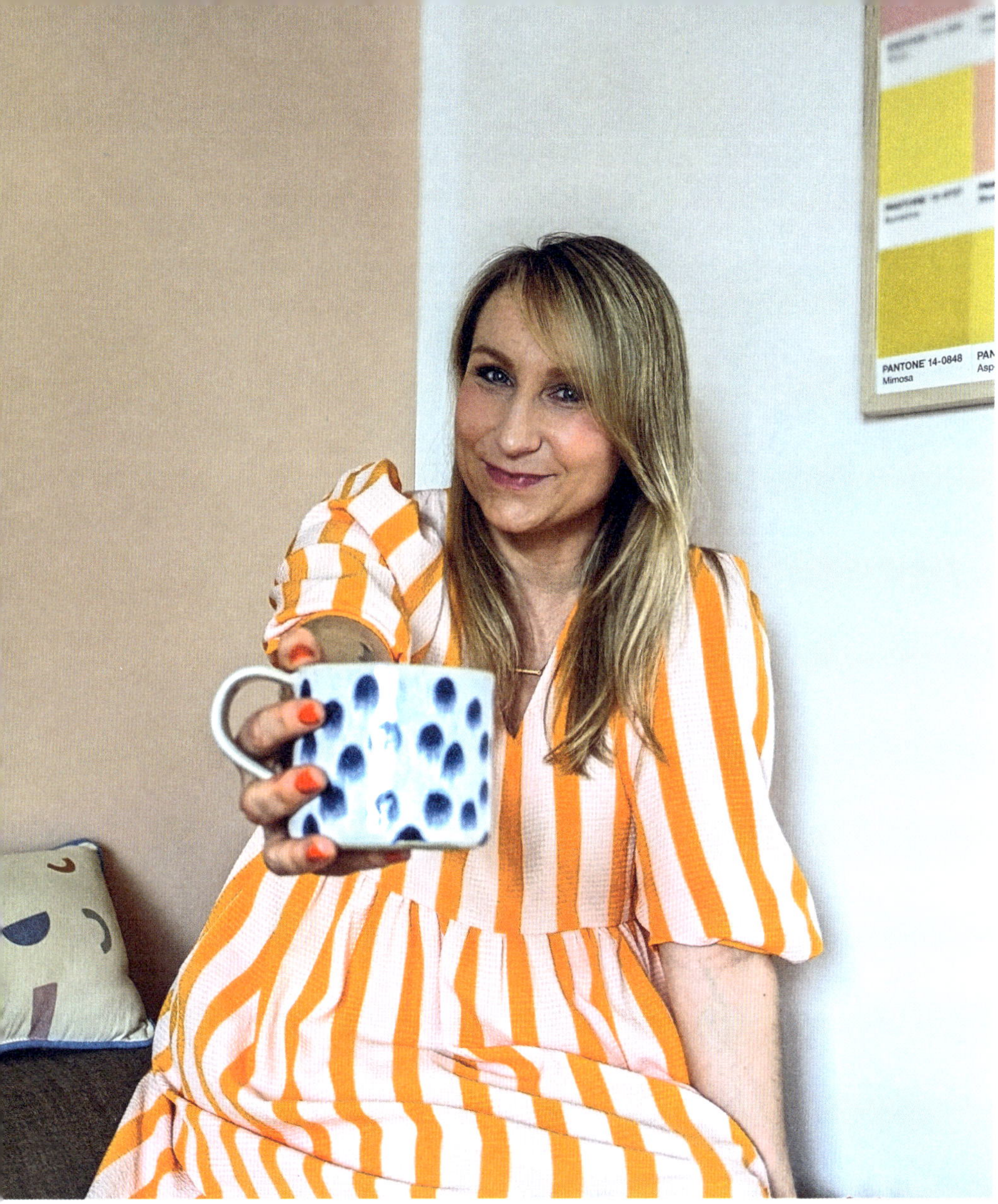
PANTONE 14-0848
Mimosa

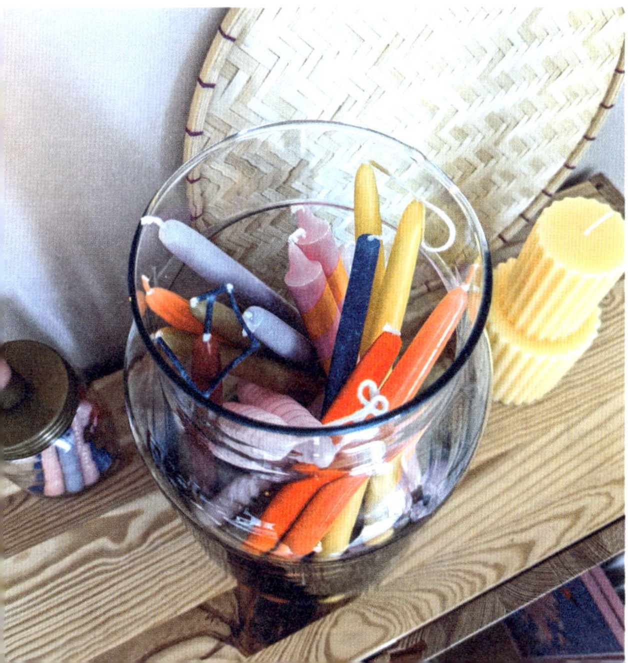

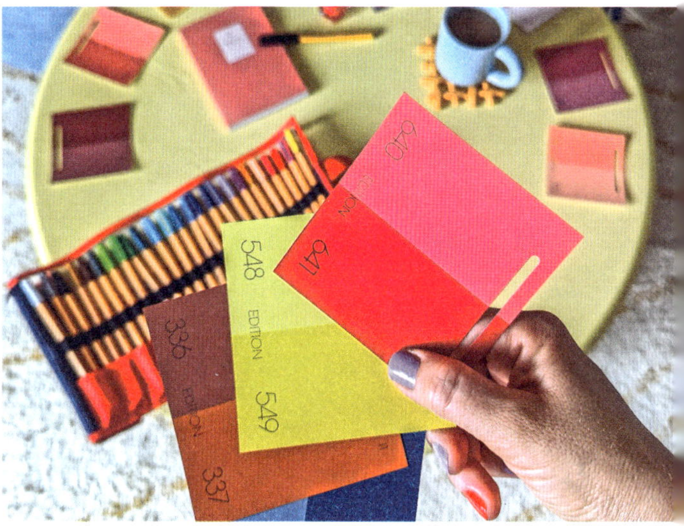
548
EDITION
549
336
337

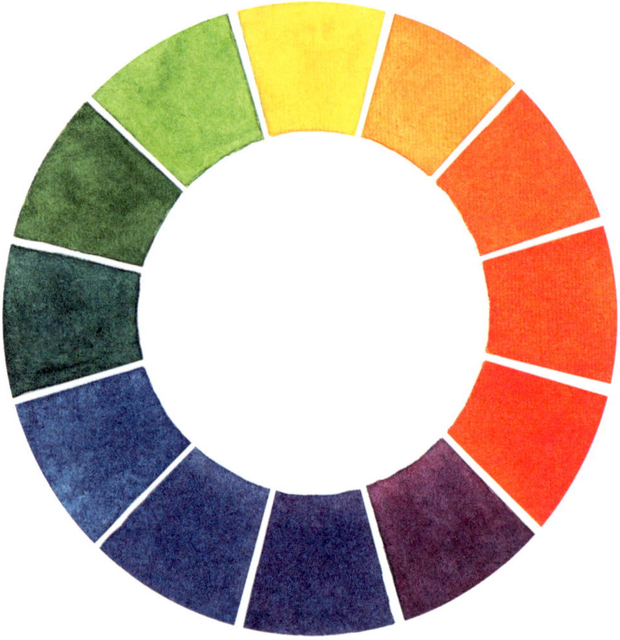

kreis nach Johannes Itten offenbart nun, welches persönliche Dopamin-Spektrum sich aus diesem Wissen ergibt.

Werden die zwei oder drei bereits vorhandenen Interior-Farben im Kreis markiert und die No-Gos gestrichen, ergibt sich aus dem Rest ein individuelles Portfolio. Die Farben gegenüber den Favoriten nennen sich Komplementärfarben und erzeugen in Kombination kräftige Kontraste. Diese Töne pushen sich gegenseitig und polarisieren stark. Rosa/Senfgelb, Hellblau/Braun oder Flieder/Grün sehen besonders in Blockstreifen oder im Schachbrettmuster toll nebeneinander aus und gehören zu den klassischen Kombinationen.

Die Farbtöne direkt neben den Favoriten sind aus derselben Farbfamilie und erschaffen deutlich mehr Harmonie statt visueller Reibung, da ihr Grundton derselbe ist. Auch diese Nachbarn des Farbkreises sind im Dopamin-Dekor überall zu finden und erzeugen durch ihr gekonntes Zusammenspiel einen echten Feel-Good-Look. Man denke nur an Rot/Orange, Pink/Blau oder die Dreier-Kombi Petrol/Mint/Ocker.

Ob die Farben des Kreises nun rein verwendet, mit kleinsten Mengen Weiß in Richtung Pastell angemischt oder mit einem Tropfen dunkler Farbe in einen warmen, satten Ton verwandelt werden, ist meist sehr stimmungs- und jahreszeitenabhängig. Pastellige Farben wirken in der Regel frisch, kühl, positiv und zart; wohingegen kräftige, abgedunkelte Töne Wärme, Behaglichkeit und Schutz vermitteln. Daher ist es auch selbsterklärend, dass wir uns im Winter nach einer schützenden Höhle und im Sommer nach luftigen Räumen sehnen.

Im Idealfall sollte nun bekannt sein, welche Farbtöne den persönlichen Stil am besten widerspiegeln und gleichzeitig spannende Akzente beim Einrichten in Anlehnung an das Dopamin-Dekor ermöglichen. Falls bei dieser kleinen Analyse am Ende neben den Nichtfarben Weiß und Schwarz nur eine zusätzliche Farbfamilie übrig geblieben sein sollte, ist auch dies völlig in Ordnung und kein k.-o.-Kriterium für das bunte Treiben. Auch Ton-in-Ton-Arrangements haben eine beeindruckende Wirkung und können uns in ihren Bann ziehen. Um ein starkes Statement zu setzen, darf in diesem Fall gern etwas größer gedacht werden und die eine Farbe flächig im Raum zum Einsatz kommen.. Man stelle sich ein rosa Samtsofa vor einer pinken Wand oder einen grünen Schreibtischstuhl in einem Arbeitszimmer voller Grünpflanzen vor.

Ein Blick in den Bastelschrank

Es kann losgehen! Bevor du dir das erste Projekt aus diesem Buch herauspickst, sollten wir einen kurzen Blick auf die Materialien und Werkzeuge werfen. Keine Panik, die meisten Dinge wirst du bereits zu Hause haben, eine Alternative finden oder unkompliziert und günstig kaufen können. Nichts ist frustrierender, als mitten im Geschehen festzustellen, dass Spezialbohrer XY fehlt. Daher sind alle Anleitungen möglichst so konzipiert, dass maximal ein kurzer Besuch im Heim- und Gartenmarkt erforderlich ist, bevor du zur Tat schreiten kannst. Manchmal tut es auch einfach die Nagelschere an Stelle eines speziellen Tools.

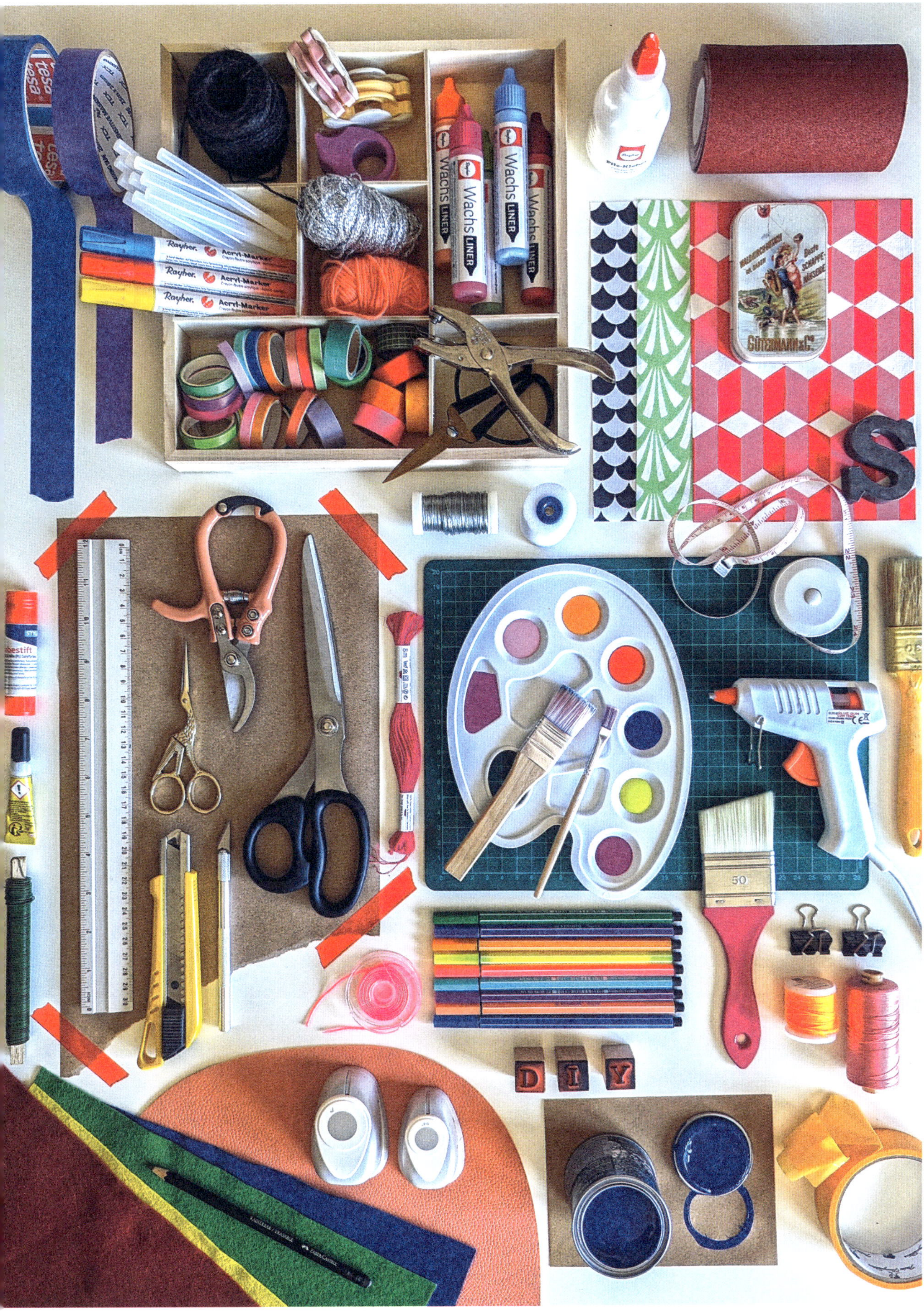

FOLGENDE HILFSMITTEL ERLEICHTERN DAS KREATIV-WERDEN

- Scharfe Scheren in zwei Größen
- Bastelskalpell (alternativ Cuttermesser)
- Schneidematte (alternativ Schneidebrett)
- Alu-Lineal und Maßband
- Malerkrepp, Klebeband und Masking Tape
- Heißklebepistole
- Transparenter Alleskleber
- Montage- und Sekundenkleber
- Bleistift
- Wasserfeste Stifte oder Acrylstifte
- Flüssige Acrylfarbe
- Kreidefarbe zum Sprühen
- Pinsel
- Kleine Farbwalze
- Kordel, Wolle, Garn
- Bindedraht
- Papier und Pappe
- Feine Handsäge
- Bohrmaschine mit Holzbohrern (eignen sich auch für Plastik)
- Schleifpapier (universelle 150er-Körnung)

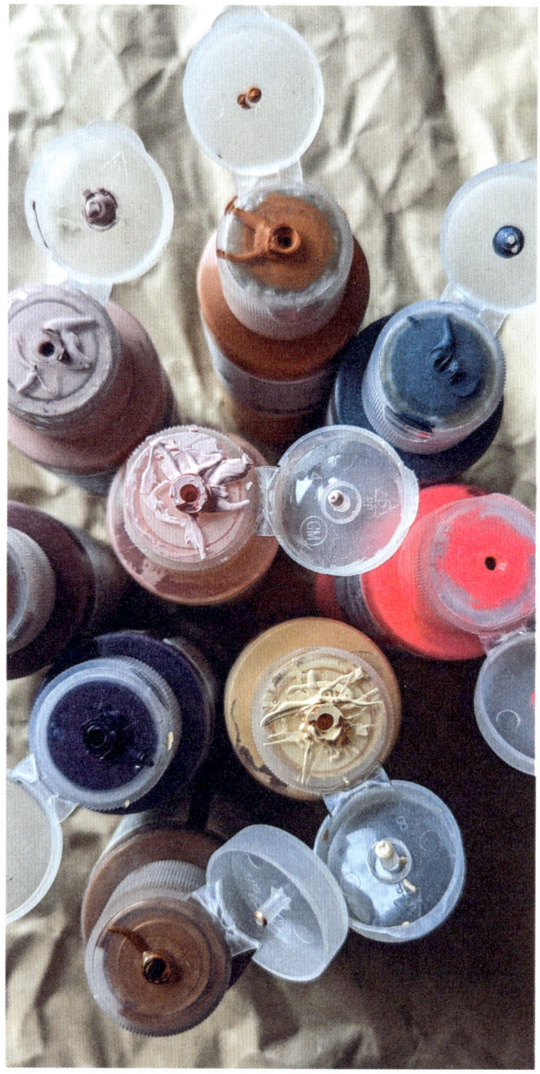

Mit dieser Grundausstattung könnt ihr bereits den halben Hausstand umgestalten und unzählige Dekorationselemente im Dopamin-Dekor erschaffen. Mein Mann witzelt gern, dass ich mit der Heißklebepistole in der einen und der Spraydose in der anderen Hand die Welt retten könnte. Bei mir wird tatsächlich (fast) alles angesprüht und festgeklebt – manchmal geht es eben doch nur um die äußeren Werte.

Die meisten Materialien sind wirklich erschwinglich und an jeder Ecke zu bekommen. Lediglich bei drei Dingen achte ich stets auf Qualität und greife ggf. auch etwas tiefer in die Tasche: Pinsel und Walzen ohne Haarverlust, deckende Farben und Lacke sowie hochwertiges Klebeband für saubere Kanten. Damit erspart ihr euch am Ende viel Mühe und Zeit.

Gern entwende ich übrigens auch Spielzeuge unserer Kinder zum Basteln, aber dazu später mehr …

Alle weiteren Angaben zu den Materialien und Maßen findest du immer zu Beginn der jeweiligen Anleitung.

Die Farbwalze schwingen: Wände streichen und Kleinmöbel lackieren

Bevor neue Wohnaccessoires im Folgenden selbst gebastelt oder gar gekauft werden, kann ebenso über die farbliche Umgestaltung von Wänden und Möbelstücken nachgedacht werden. Ein Kübel Farbe ist schnell besorgt und verleiht Altbewährtem in kürzester Zeit ein frisches Erscheinungsbild.

Vorweg: Ich bin Autodidakt und kein Profi. Ich bin Perfektionistin und Tochter meines Papas. All mein technisches Wissen habe ich von ihm, dem Internet oder aus Fehlern gelernt. Über Jahre hinweg habe ich ausprobiert, optimiert und daraus die für mich beste Vorgehensweise beim Malern und Lackieren herausgefunden.

Ich kann gar nicht genau sagen, welche der beiden Techniken ich bevorzuge, denn sowohl das Auftragen von Wandfarbe als auch von Lack ist für mich fast schon meditativ. Beim Streichen von Wänden empfinde ich die Vorarbeit als größten Minuspunkt, da Möbelrücken, Spachteln und sauberes Abkleben viel Zeit in Anspruch nehmen. Dafür ist der Effekt einer fertigen, farbigen Wand am Ende aber recht schnell erreicht und ein großflächiges Highlight. Beim Lackieren kann die Vorbereitungszeit ebenfalls länger ausfallen, falls das Möbelstück erst geschliffen werden muss. Ich verzichte aber meist darauf und stelle mich mit einer gründlichen Reinigung der Oberflächen zufrieden. Somit kann es schnell losgehen, wobei dann wiederum das Lackieren und Trocknen wesentlich mehr Zeit in Anspruch nehmen. In beiden Fällen empfiehlt sich Gründlichkeit und Ruhe, um ein sauberes Ergebnis zu erzielen.

WÄNDE STREICHEN

Mein Jugendzimmer Ende der 90er-Jahre war klassisch Gelb hinter einer blauen Wohnwand. Es folgte ein furchtbares Türkis, romantisches Altrosa zu Beginn meines Studiums, eine apfelgrüne WG-Küche sowie ein schwarzes Farbfeld in der ersten gemeinsamen Wohnung mit meinem Mann. Rückblickend habe ich

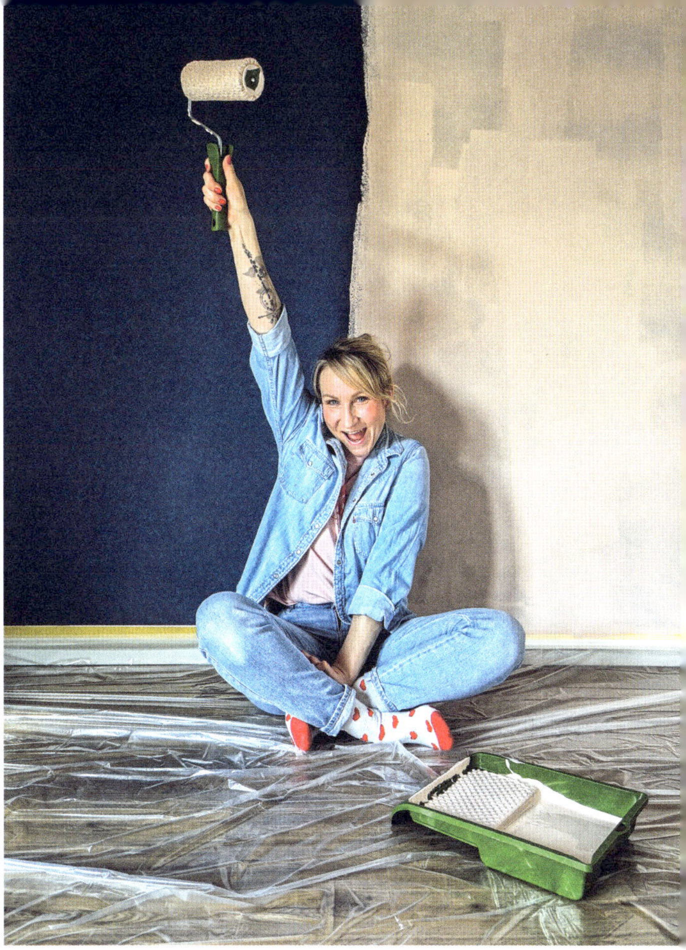

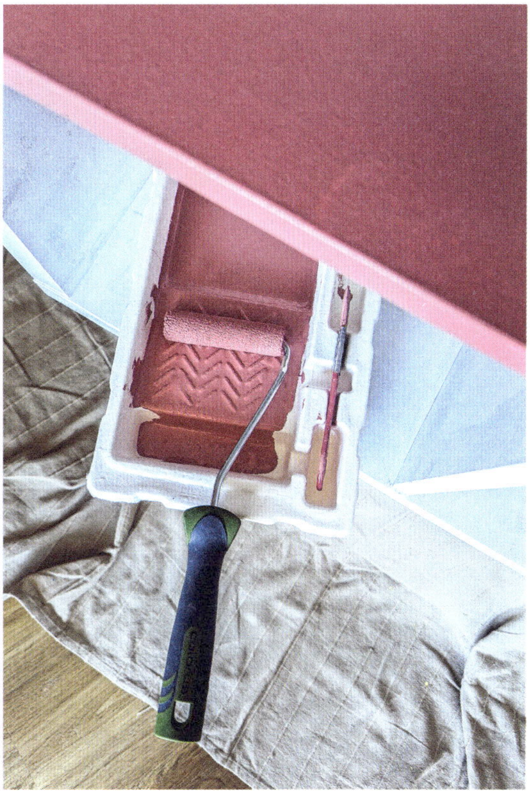

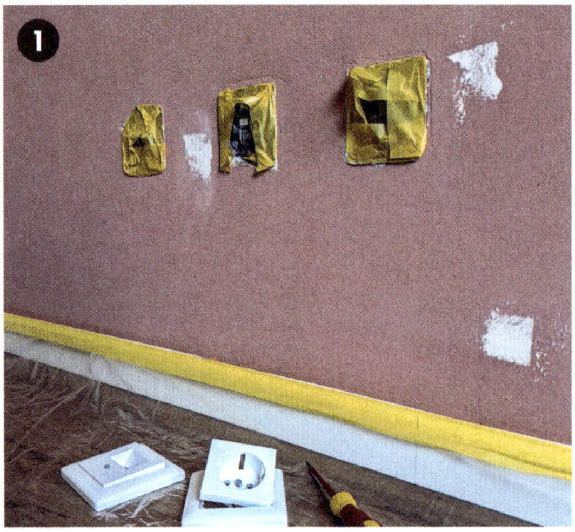

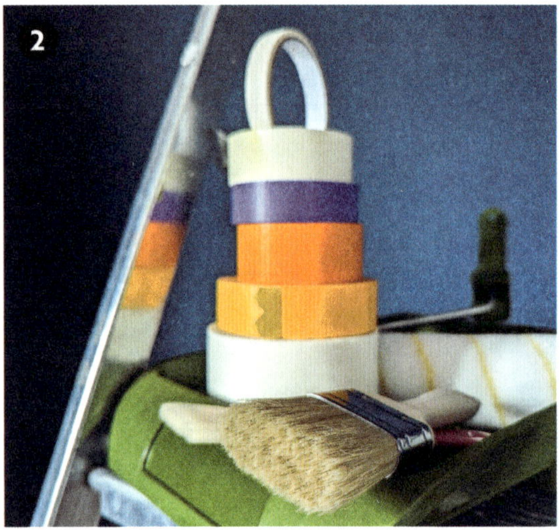

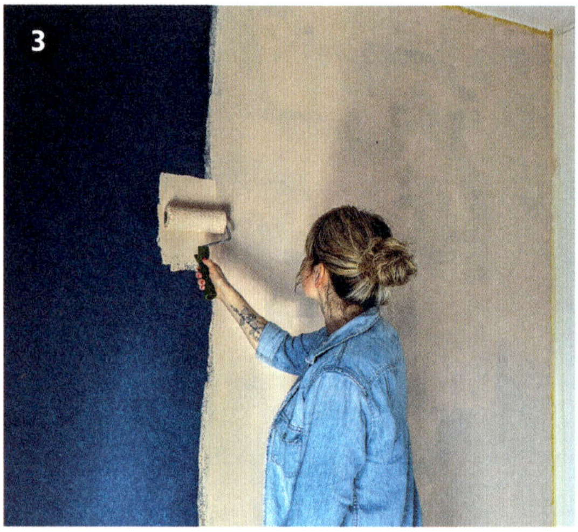

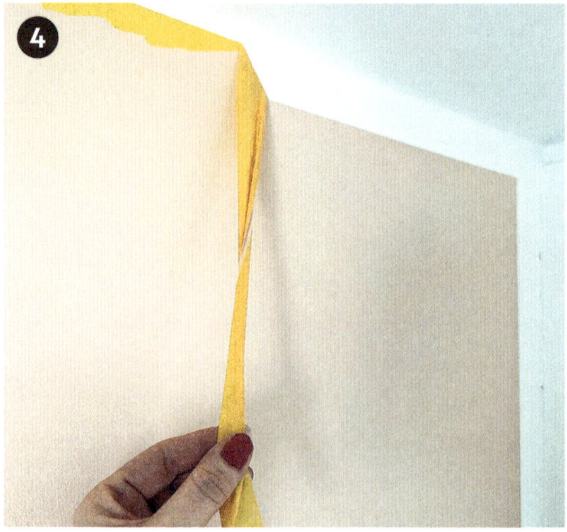

schon immer gern mit Farbe experimentiert, doch erst heute bin ich mir der Wirkung einer nicht-weißen Wand, egal ob dezent oder kräftig, richtig bewusst. Reinweiß wird als die unnatürlichste aller Farben bezeichnet und wirkt in Wohnräumen schnell steril und kühl, wohingegen farbige Wände Tiefe erzeugen und Möbelstücke in Szene setzen. Selbst weiße Möbel wirken vor einem farbigen Hintergrund weicher, da die Wandfarbe die komplette Stimmung eines Zimmers beeinflusst und harte Schatten schluckt. Es muss nicht gleich ein knalliges Orange oder Grün sein, aber selbst ein zartes Rosé oder Beige lässt farbenfrohe Wohnaccessoires direkt intensiver wirken und erzeugt parallel eine Wohlfühlatmosphäre.

SO WIRD'S GEMACHT

- Die Wandfläche ausmessen und die entsprechende Menge Farbe für zwei Anstriche besorgen.
- Im Baumarkt kann fast jeder Wunschton exakt angemischt oder aus einem umfangreichen Sortiment fertiger Farben gewählt werden. Vom heimischen Anmischen mit Abtönfarbe würde ich abraten, da nur selten das gewünschte Ergebnis erzielt wird.
- Die Wand freiräumen und Löcher oder Schadstellen mit Schnellspachtelmasse ausbessern und glatt schleifen.

- Staub, Spinnweben oder auch Schmutz und Fett komplett von der Wand entfernen.

- Steckdosen- und Lichtschalterblenden mit einem Schraubenzieher abmontieren (vorher Sicherung entfernen) und das Loch in der Wand abkleben. Ich persönlich bin kein Fan von rundum abgeklebten Steckdosen und Schaltern, da die Farbränder dabei niemals so sauber wie beim Abbau werden und die vermeintliche Zeitersparnis meist ein trügerischer Irrglaube ist. **(1)**

- Scheuerleisten, Türrahmen und Fenster sauber abkleben und den Boden mit einer Plane o. Ä. vor Farbspritzern schützen. **(2)**

- Die Farbfläche festlegen und ebenfalls mit gutem Kreppband abkleben. Ich lasse gern einen weißen Rand in der Breite des Klebebands um die farbige Wand frei, um der Fläche einen zusätzlichen Rahmen zu verleihen.

- Glatte Wände können nun direkt gestrichen werden. Strukturierte Oberflächen wie zum Beispiel Raufasertapete sollten entlang des Klebebands mit weißer Farbe oder Acryl abgedichtet werden, um zu verhindern, dass die Farbe unsauber unter den Malerkrepp fließt.

- Bei der eigentlichen Farbe starte ich mit einem Pinsel an allen Kanten und Ecken, bevor mit der Walze die großen Flächen gerollt werden. **(3)**

- In der Regel sind zwei Anstriche nötig. Ich empfehle immer bei Tageslicht zu arbeiten, um sich selbst keinen Schatten auf die Wand zu werfen und erkennen zu können, ob überall deckend gearbeitet wurde.

- Direkt nach dem Streichen das Klebeband behutsam abziehen und die Wand trocknen lassen. **(4)**

Zu Beginn des Kapitels „Kinderzimmer" (siehe Seite 132) findest du eine genaue Anleitung zum Gestalten einer mehrfarbigen Wand mit Muster.

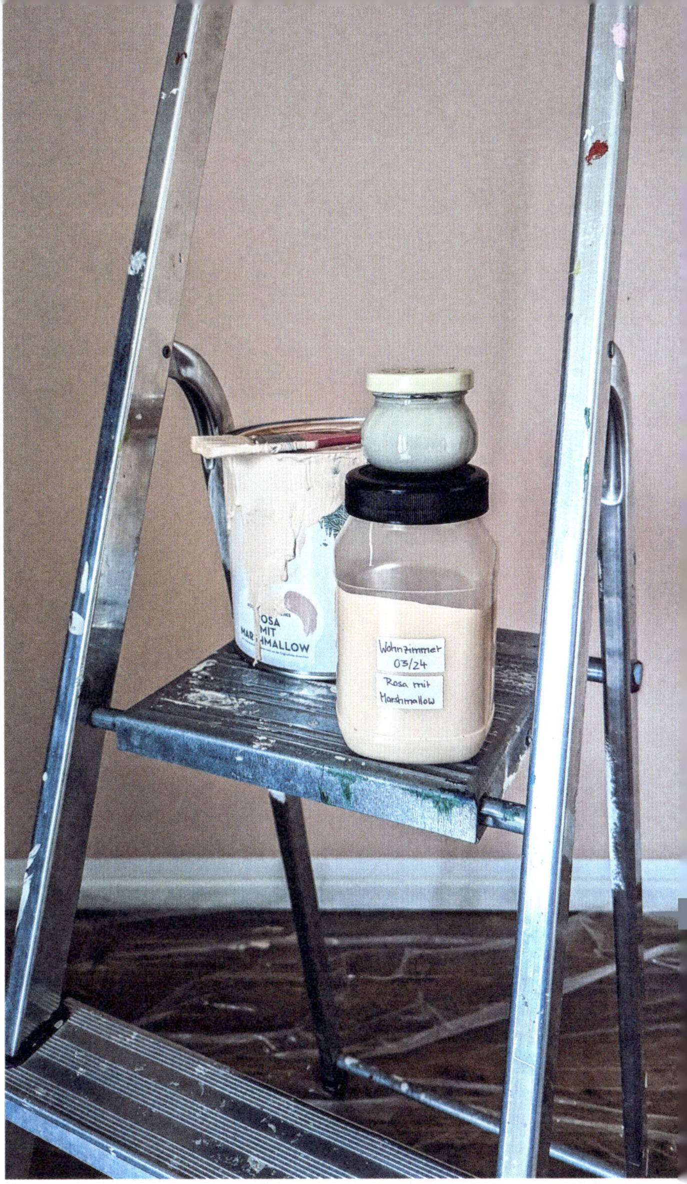

TIPP

Nach dem Malern alle Werkzeuge gründlich auswaschen und Farbreste in sauberen Schraubgläsern für etwaige Ausbesserungsarbeiten abfüllen. Ich habe mir angewöhnt, die Reste mit Farbnummer oder -name und Datum zu versehen.

MÖBEL LACKIEREN

Ich würde Neulingen immer dazu raten, mit einem kleinen, recht geradlinigen Möbelstück wie einem Nachttisch oder den Türen einer Kommode zu beginnen. Genau aus diesem Grund war mein erstes Lackprojekt auch unser riesiges 70 Jahre altes Küchenbuffet aus Familienbesitz. No risk, no fun ... Mittlerweile sind Hocker, Regale, Couchtisch und Kindermöbel hinzugekommen. Ach ja ... die komplette Inneneinrichtung unseres Wohnmobils habe ich auch schon von Braun auf Cremeweiß getrimmt.

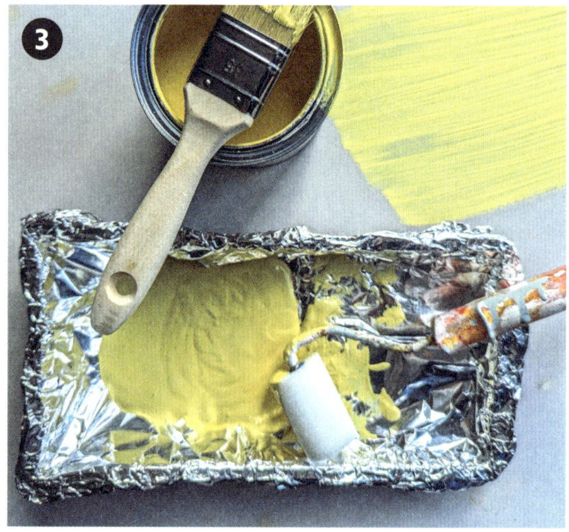

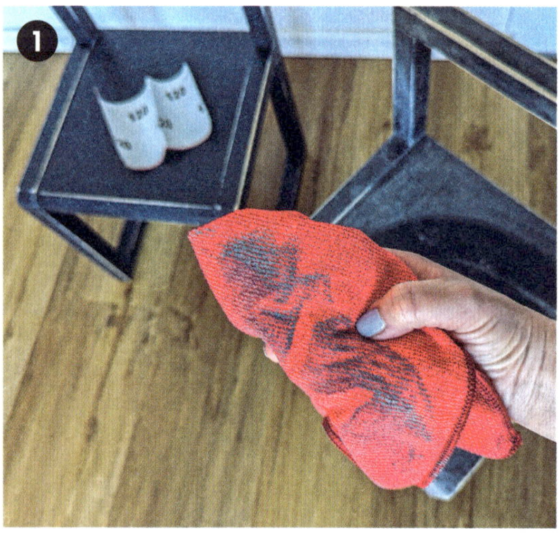

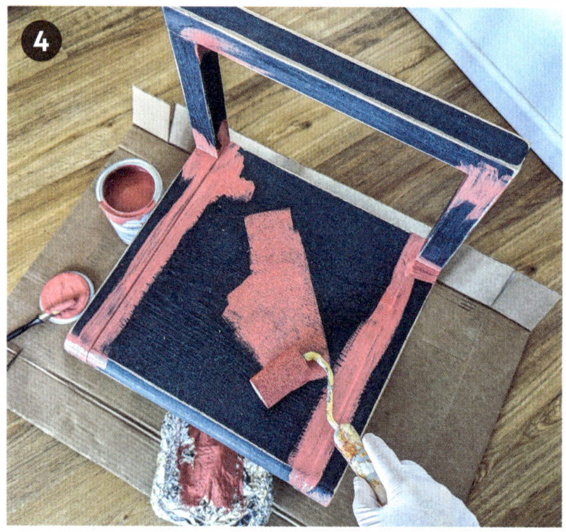

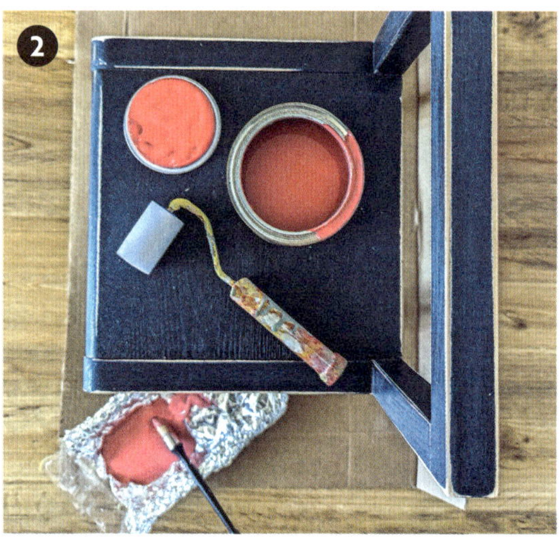

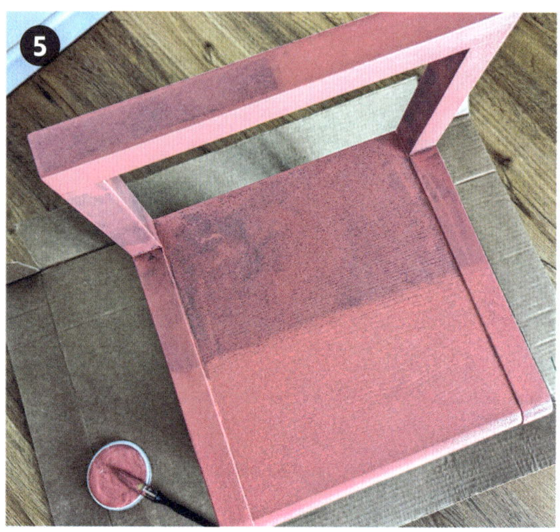

Mit Lack lassen sich veraltete oder abgenutzte Möbel einfach wunderbar auffrischen und wieder in die aktuelle Einrichtung integrieren. Schon ein kleines Detail wie der Rahmen eines Spiegels oder Bildes genügt, um dank eines frischen Anstrichs einem Raum neuen Charakter zu verleihen. Bei der richtigen Lackauswahl berät das Fachpersonal. Ich selbst bevorzuge Acryllacke mit einem seidenmatten Finish oder matte Kreidelacke aus der Spraydose.

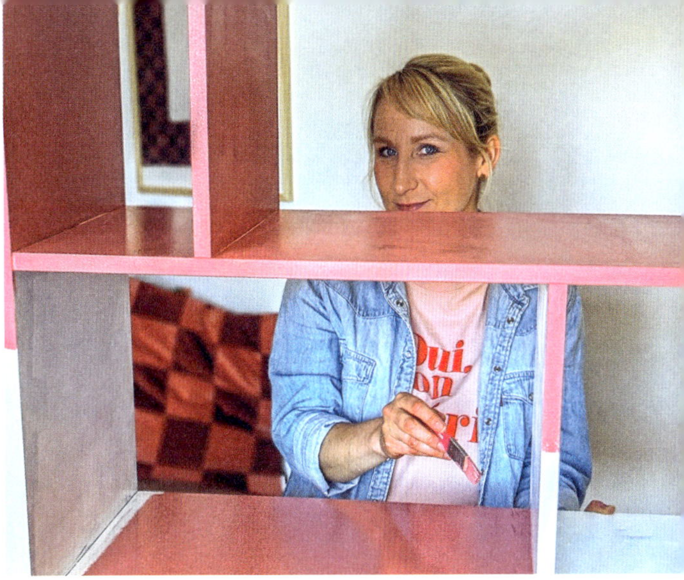

SO WIRD'S GEMACHT

- Das Möbelstück je nach Aufwand auseinanderbauen. Schranktüren und Einlegeböden würde ich immer entfernen, der Rest macht meist mehr Arbeit als Nutzen, muss aber individuell abgewägt werden.
- In jedem Fall alle Griffe und Füße abmontieren und Elemente, die nicht lackiert werden sollen, sauber abkleben. Nun alle Flächen gründlich mit Seifenlauge reinigen und trocken reiben.
- Bei Bedarf muss mit Reparaturspachtelmasse und Schleifpapier gearbeitet werden – zum Beispiel, wenn die Oberfläche beschädigt ist, sich ein früherer Lack löst oder sonstige Unebenheiten behoben werden müssen. **(1)**
- Sind die Flächen eben, sauber und staubfrei, kann ein Haftgrund aufgetragen werden. Ich nutze diesen nur bei sehr glatten Materialien wie Furnier oder Kunststoff, um sie für die Lackschicht griffiger zu machen. Alle Holzmöbel werden bei mir direkt nach der Reinigung mit farbigem Lack behandelt.
- Dazu den Boden abdecken, ggf. Arbeitshandschuhe anziehen und den Lack mit einem Stab in der Dose aufrühren. **(2)**
- In eine Farbwanne schütten und mit einem Pinsel die Ecken und schwer erreichbaren Stellen als Erstes bearbeiten. Tipp: Ich schlage die Wanne zuvor mit Alufolie aus – so muss ich sie nach getaner Arbeit nicht mit viel Wasser reinigen, sondern nur die Folie im Müll entsorgen. **(3)**
- Im Anschluss mit einer kleinen Lackierwalze die Flächen in geraden, durchgängigen Zügen lackieren. Da Lack recht schnell anzieht, streiche ich einzelne Bereiche nacheinander und nicht alle parallel. **(4)**
- Nach etwa vier Stunden sind die meisten Lacke oberflächlich so trocken, dass sie ein weiteres Mal überlackiert werden können. Zwei Anstriche sind immer nötig, in seltenen Fällen sogar drei. **(5)**

Ist das Möbelstück fertig lackiert, muss die Oberfläche mindestens 24 Stunden trocknen. Die Zeit zum vollständigen Aushärten variiert von Hersteller zu Hersteller und kann bis zu zwei Wochen dauern. Dann sollte guter Lack auch Stößen und Beanspruchungen standhalten.

TIPP

Damit in der Zwischenzeit das Werkzeug nicht ausgewaschen werden muss und der Lack daran nicht antrocknet, wickele ich Farbwanne und/oder Walze relativ luftdicht in einen Müllsack oder einen Gefrierbeutel ein. So kann man selbst nach mehreren Tagen damit direkt weiterarbeiten.

Kleiner Aufwand, große Wirkung

Um die eigenen vier Wände im Dopamin-Stil einzurichten, bedarf es natürlich nicht zwangsläufig einer kompletten Renovierung inklusive neuer Wände und Möbel, sondern vielmehr eines offenen Auges für das bereits Vorhandene. Möglicherweise wurden Kissen, Decken, Vasen und Bilder bisher einfach nur anders betrachtet und eher harmonisch zueinander kombiniert. Das Umdekorieren verschiedener Wohnaccessoires sowie ein spannendes Zusammenspiel aus Mustern, Texturen und Größen kann bereits eine tolle Wirkung erzielen und auf die Schnelle kleine Dopamin-Inseln im eigenen Zuhause erschaffen.

Der finanzielle Aufwand hält sich hierbei in überschaubaren Grenzen, und die große Bühne aus Sofa, Schränken, Fußboden und Wandfarbe bleibt vorerst unangetastet. Im Idealfall bildet sie eine neutrale Kulisse, vor der man unverbindlich testen kann, ob der farbenfrohe Wohnstil überhaupt zu einem passt.

Blumen, Pflanzen und anderes Grünzeug

Ich liebe frische Schnittblumen und Grünpflanzen in Wohnräumen! Sie verleihen Räumen im Nu Lebendigkeit und Spannung – sie wachsen, blühen und ... verwelken. Zugegebenermaßen verwelken Topfpflanzen bei mir ziemlich häufig, aber mittlerweile habe ich mich ganz gut damit arrangiert und unseren Bestand auf ein kleines, pflegeleichtes Sortiment reduziert, denn diverses Grünzeug darf beim Dopamin-Dekor einfach nicht fehlen. Die satten Farben und geschwungenen Formen der Blätter sind eins der einfachsten Gestaltmittel, um den Gute-Laune-Look zu erzielen. Gesellt sich dann noch ein witziger oder bunter Übertopf hinzu, integriert sich die Pflanze bereits perfekt in die restliche Einrichtung. Solch ein Topf eignet sich übrigens auch perfekt als kleines Einstiegsprojekt, um mit Farben und Mustern zu experimentieren. Er ist schnell beklebt, bemalt oder mit Strukturpaste bearbeitet. Anderenfalls gibt es mittlerweile auch zahlreiche Modelle mit Gesichtern, Streifen und in ausgefallenen Formen zu kaufen. Zu viele, wenn ihr meinen Geldbeutel fragt.

Bei Schnittblumen kenne ich hingegen keine Tabus und shoppe beim Floristen, was die jeweilige Saison hergibt. Zugegebenermaßen mein kleiner Luxusmoment im Alltag, der mich persönlich oft glücklicher als so mancher Restaurant- oder Friseurbesuch zurücklässt. Die deutlich günstigere Alternative wäre ein Streifzug durch die Natur: dank der „Handstraußregelung" darf man kleine Mengen nicht-artengeschützter Pflanzen für den privaten Bedarf in der freien Natur sammeln.

Besonders gern nutze ich diese Möglichkeit, um meine Vasen mit duftendem Flieder, Wilder Möhre oder Lärchenzweigen im Advent zu füllen. Aber egal, woher die Blumen und Äste stammen, am Ende drapiere ich sie voller Liebe in einer meiner zahlreichen Vasen. Dabei arrangiere ich rein intuitiv und kann dies auch nur jedem ans Herz legen: probiere aus, stecke um, kürze Stiele oder wechsele das Gefäß, bis du zufrieden bist. Meist habe ich anfangs keine Vorstellung, wie das Ergebnis am Ende aussehen wird.

Ich binde auch keine Sträuße im klassischen Sinne, sondern stecke die Stiele direkt in der Vase zusammen, bis ein stimmiges Bild entsteht. Wobei „stimmig" das falsche Wort ist – ich mag meine Blumenarrangements gern etwas wild und zottelig und spiele mit relativ langen Stielen herum. Ein schlichter Wohnzimmertisch versprüht in Windeseile Dopamin-Vibes, wenn er mit einem hohen Strauß roter und gelber Blüten in einer imposanten Vase geschmückt wird.

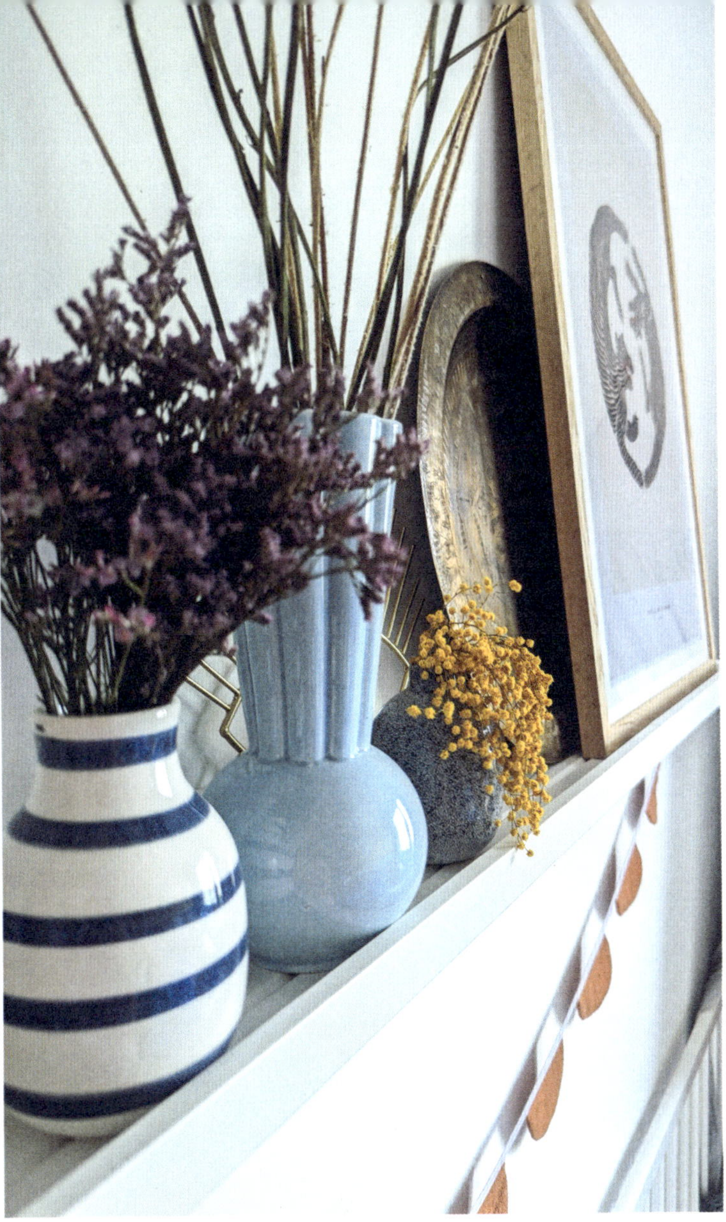

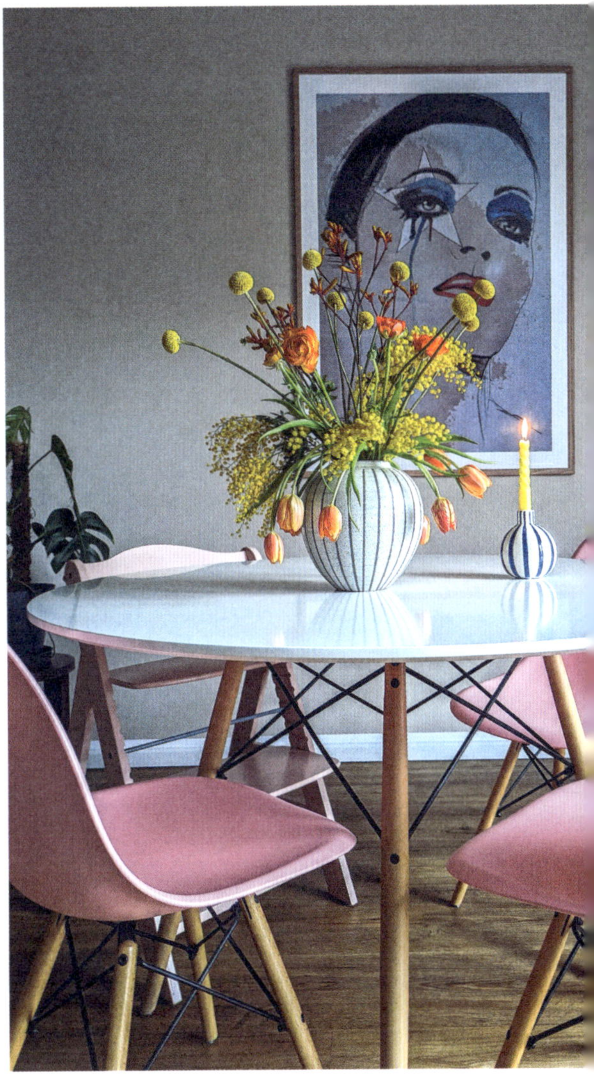

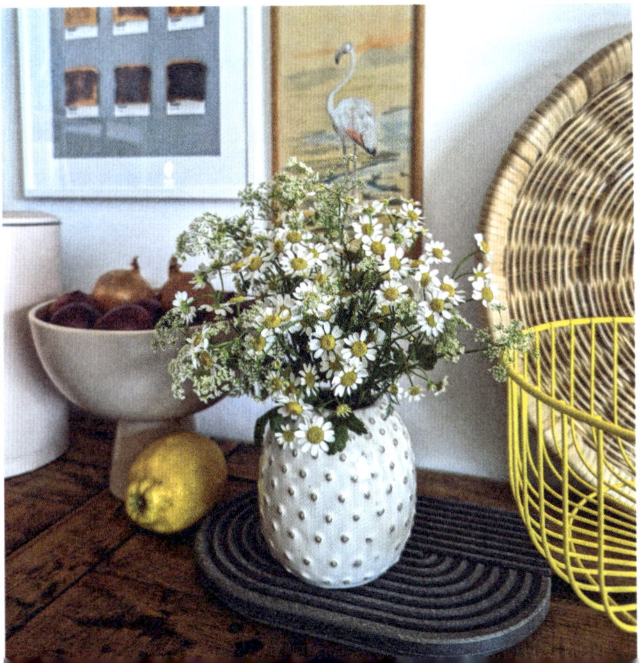

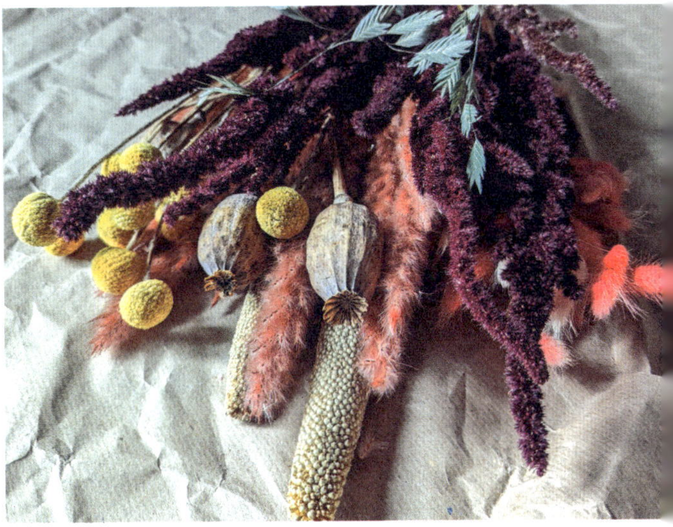

Wem Topfpflanzen zu pflegeintensiv und die wöchentlichen Schnittblumen zu vergänglich sind, könnte mit Trockenblumen in allen erdenklichen Farben sein großes Floristenglück finden. In den letzten Jahren hat sich die Palette konservierter Schönheiten enorm erweitert, und man bekommt sie heute in fast allen gängigen Deko-Geschäften zu vertretbaren Preisen. Der Vorreiter Pampasgras wurde längst von diversen getrockneten Blüten, Gräsern, Ästen und Getreiden abgelöst und ins moderne Hier und Jetzt transformiert. Ob als Strauß, Gesteck oder Kranz – Trockenblumen kennen kaum eine Haltbarkeitsgrenze und begleiten uns meist über Jahre hinweg. Leichtes Abstauben mit einem weichen Pinsel und das Meiden von zu viel direkter Sonne – mehr Pflegetipps gilt es nicht zu beachten.

Ich schlage meine Trockenblumen und Kränze vorsichtig in Papier ein und lagere sie je nach Saison unter oder auf dem Schrank. Zu meinen Favoriten zählen eingefärbtes Hasenschwänzchen (*Lagurus*), das gelbe Trommelstöckchen (*Craspedia*) und konservierte Hortensien in bunten Farben. Letzteres schafft man beim Trocknen zu Hause leider kaum, aufrechtzuerhalten, weshalb nicht alle Pflanzen zum DIY-Trocknen ohne Farbverlust geeignet sind – mühelos lassen sich hingegen Strandflieder, Schleierkraut und Distel in den eigenen vier Wänden für die Ewigkeit präparieren und dann dank ihres Volumens perfekt in Kränze und Gestecke einbinden.

PASSENDE PROJEKTE

- **Flower Bowl mit Klebeband** (Seite 64)
- **Blumenhocker mit Stauraum** (Seite 70)
- **Kranz aus Trockenblumen** (Seite 89)
- **Adventsbowl statt -kranz** (Seite 108)

Textilien – mein großes Laster

Um in Windeseile einen frischen Look zu kreieren, tausche ich unglaublich gern unsere Wohntextilien aus. Wir besitzen wohl mehr Bettwäsche, Tischdecken und Kissenhüllen als so manch mittelständische Pension. Nicht essenziel, aber wunderschön. Ein bunter Bettüberwurf, eine karierte Decke auf dem Tisch, ein wildes Sammelsurium an Couchkissen – das kennzeichnet nicht nur meine persönliche Handschrift, sondern auch den Dopamin Trend.

Wir erinnern uns: Dopamin-Design soll unser Zuhause in einen Ort der Leichtigkeit und des Glücks verwandeln. Wohnräume können durch Möbel zwar funktional sein, werden allerdings erst durch Textilien wohnlich und individuell. Sie bereichern nicht nur visuell, sondern auch akustisch. Vorhänge, Teppiche und Sitzpolster dämpfen den Hall eines Zimmers enorm und lassen uns im wahrsten Sinne des Wortes ruhig in die Kissen gleiten. Berühren wir mit unserer Haut weiche Stoffe, hat dies zusätzliche positive Auswirkungen auf unsere Psyche – wir fühlen uns geborgen und in vertrauter Umgebung. Die Haptik von Textilien lädt uns im Idealfall direkt zum Anfassen ein: Samt, Musselin, Wolle, Leinen, Cord – jeder Stoff hat seine Fangemeinde, und erlaubt ist, was gefällt.

Und dann kommen Farben und Muster ins Spiel! Leinenbettwäsche Ton in Ton wirkt unglaublich edel, doch ein Bett im bunten Streifenlook lässt uns voll kindlicher Freude in die Federn springen, schließlich haben wir früher sogar in Comic-Bettwäsche genächtigt. Beim Design der Textilien gibt es also keine No-Gos, allerdings hilft ein bisschen Feingefühl bei Auswahl und Zusammenstellung, um ein willkürlich wirkendes Chaos zu vermeiden. Hier gilt die Faustregel: entweder unterschiedliche Materialien oder verschiedene Muster miteinander kombinieren. Blümchen, Streifen, Punkte – kein Problem, aber dann gern alles aus einem ähnlichen Stoff wie beispielsweise Baumwolle oder aus einer gemeinsamen Farbfamilie gewählt. Im Umkehrschluss können diverse Strukturen wie Cord, Samt und Seersucker ebenfalls wunderbar

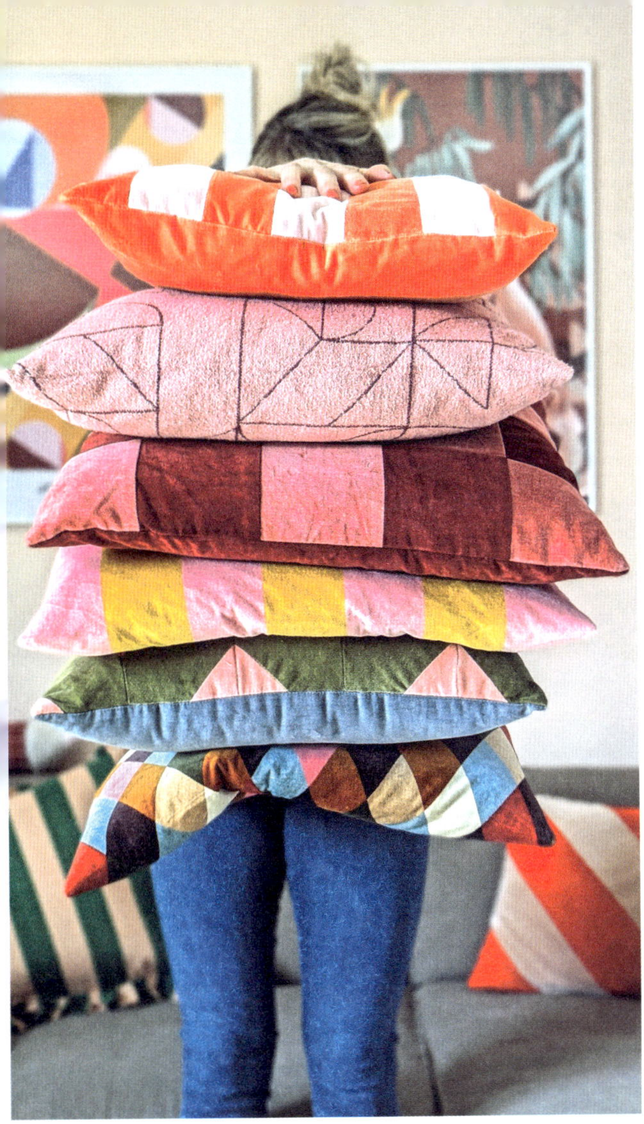

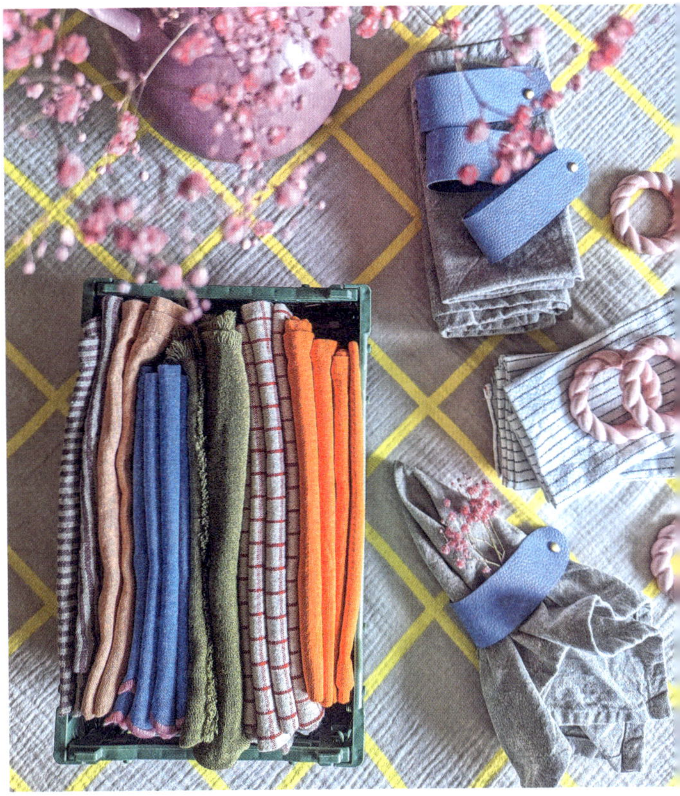

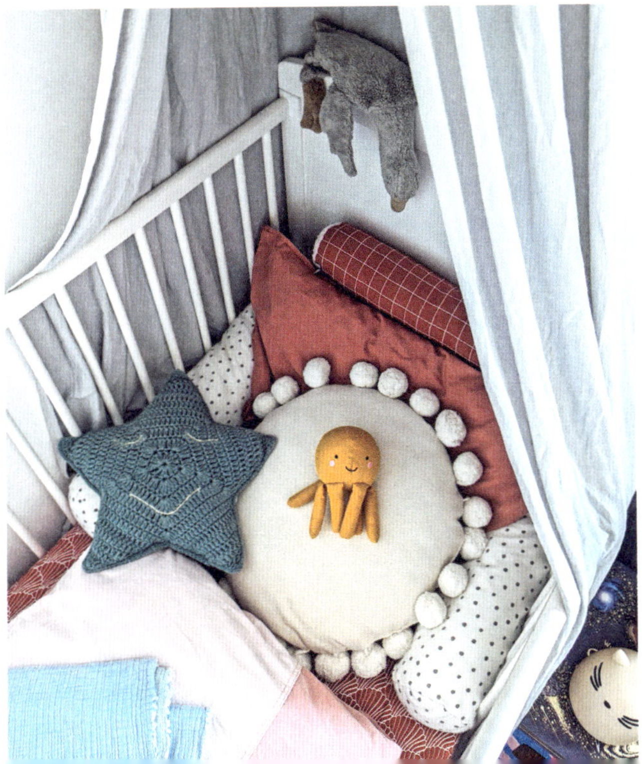

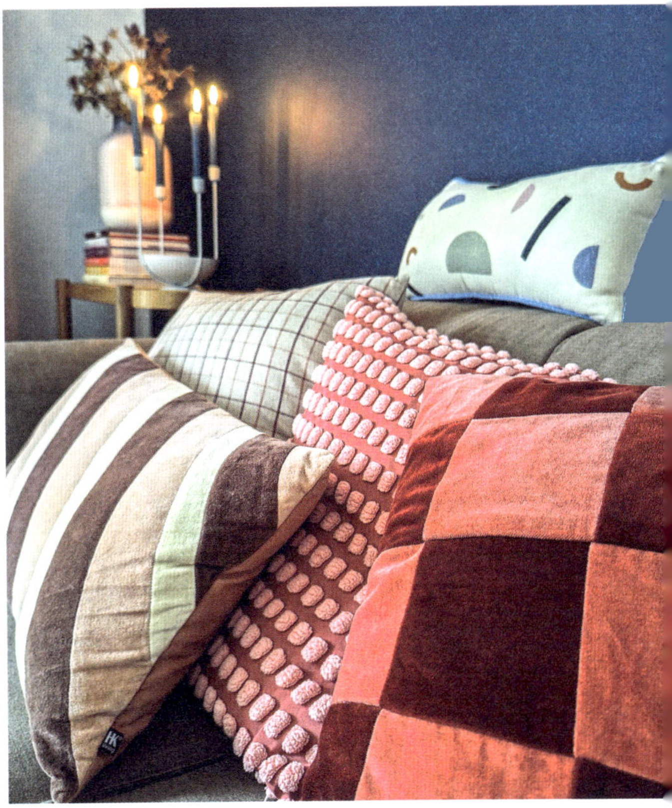

nebeneinander dekoriert werden, aber dann bevorzugt in einheitlichen grafischen Mustern wie Streifen und Karos.

Da Trends meist zeitlich limitiert sind, fasse ich kostspieligere Textilien wie unsere schweren Verdunklungsvorhänge oder hochwertige Teppiche beim Umstyling nicht an und belasse sie in einem zeitlosen Design. Dafür kann man sich bei oft unterschätzten Textilien des täglichen Gebrauchs wie Handtüchern, Bettwäsche, Topflappen oder Stoffservietten umso mehr austoben.

PASSENDE PROJEKTE

- **Gewebtes Platzset aus Kunstleder** (Seite 44)
- **Geometrische Fußmatte** (Seite 92)
- **Schnelle Serviettenringe aus Kunstleder** (Seite 100)
- **Spielteppich im Schachbrettmuster** (Seite 135)

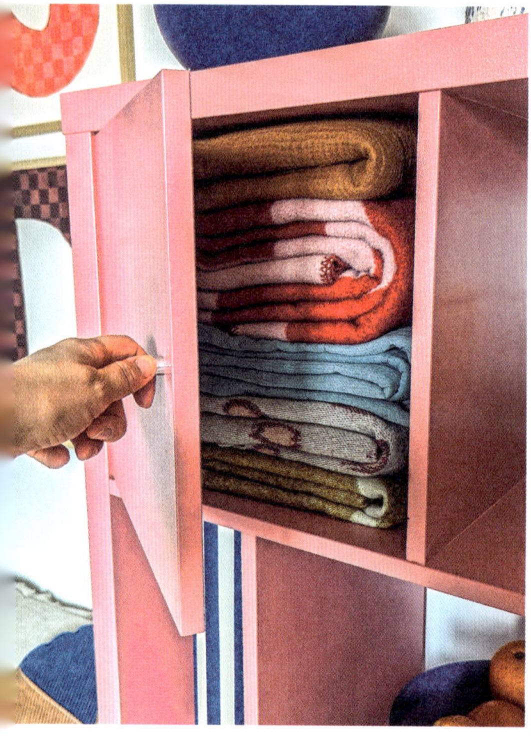

Keramik – mein noch größeres Laster

Das Kapitel „Keramik" sollten wir besser schnell überspringen, denn dabei setzt mein Verstand gelegentlich aus. Ob ein Mensch knapp 30 Vasen benötigt? Die Antwort könnt ihr erahnen ...

Was kann ich zu meiner Verteidigung sagen? Eine hübsche Tasse oder tolle Vase macht mich einfach glücklich. Steckt dann noch ein heißer Kaffee oder bunter Blumenstrauß darin, schießt der Hormonspiegel durch die Decke.

Meine Liebe zu schönen Gefäßen kommt mir beim Dopamin-Trend allerdings gleich in zweierlei Weise zugute: Einerseits ist Keramik der Oberbegriff für gebrannte und geformte Produkte – und Formen sind genau das, was wir beim Dopamin-Trend suchen. Geschwungene Krüge, wellige Vasen, runde Platten – all die organischen Formen rufen bei uns Wohlbehagen und Vollkommenheit hervor. Treffen sie im nächsten Schritt auf eine spannende Bemalung oder bunte Glasur, ist die Kombination perfekt.

Der zweite Vorteil ist, dass beim Dopamin-Dekor alles Liebgewonnene ganz öffentlich zur Schau gestellt werden darf. Der Platz hinter unseren Schranktüren würde sowieso nicht ausreichen, und so verwandeln sich vermeintliche Alltagsgegenstände wie Müslischale und Teekanne zu den schönsten Deko-Elementen. Wir besitzen wirklich viele offene Regale und Vitrinen, in denen meine Schätze aus Keramik und Glas in kleinen Grüppchen glänzen dürfen (und ehrlicherweise auch von Zeit zu Zeit einstauben).

Daher mein Appell: Öffne deine Schränke, stapele Teller und Schüsseln für alle sichtbar, lehne Platten und Brettchen an die Wand, dekoriere Regale mit leeren Vasen und Tortenplatten oder decke den Frühstückstisch auch unter der Woche mit dem „guten" Geschirr ein. Keramik ist ein sehr dankbares Gestaltmittel: funktional und hübsch in einem, jeder besitzt es, und das Prinzip Mix and Match kann hier wirklich hemmungslos ausgelebt werden.

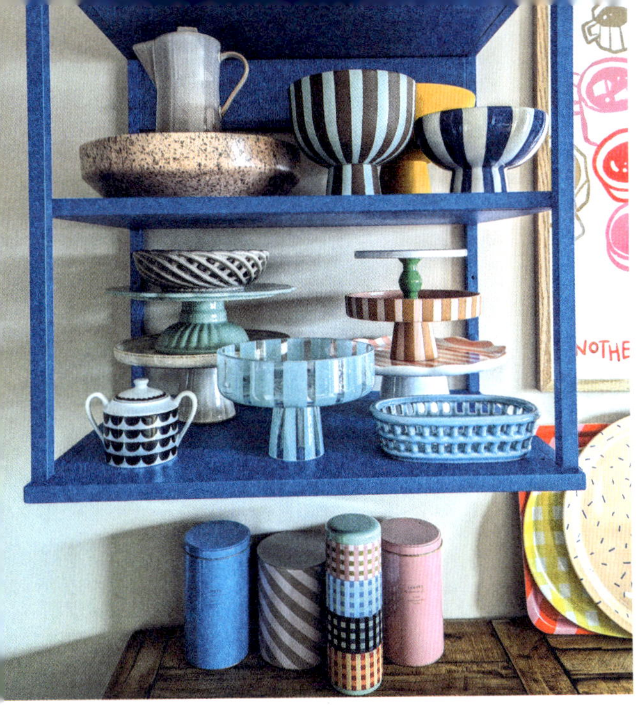

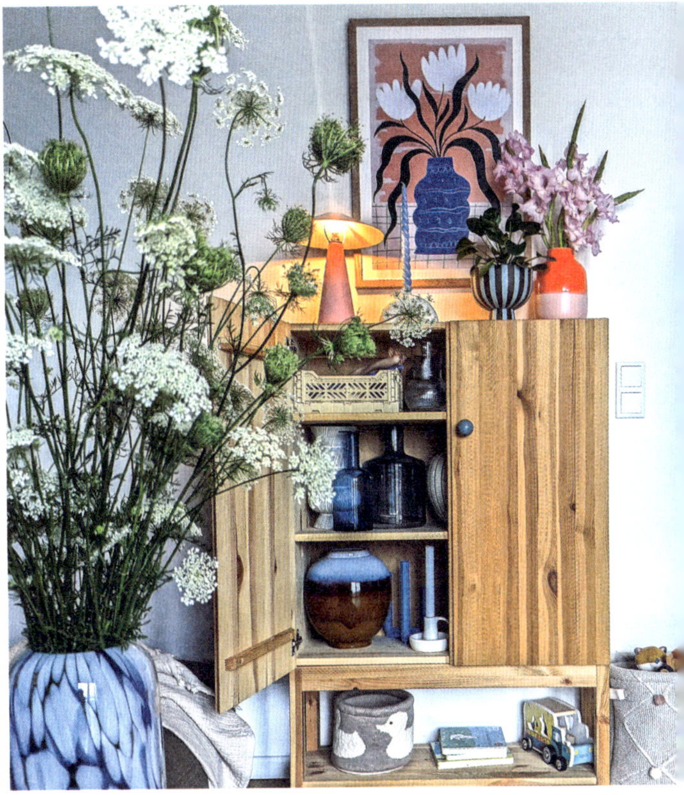

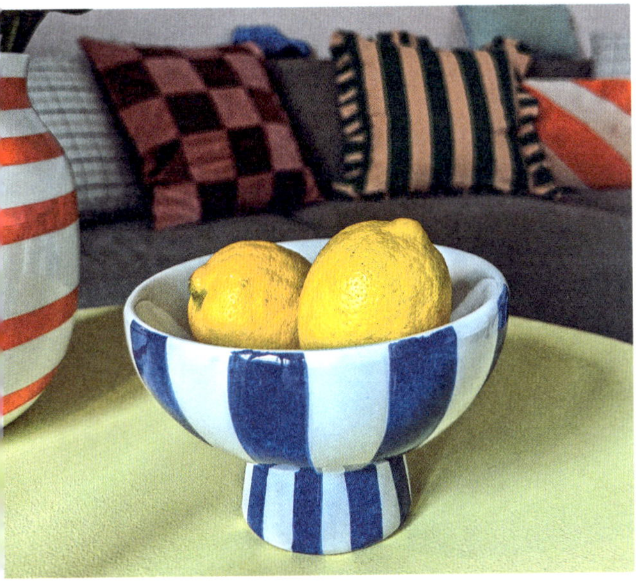

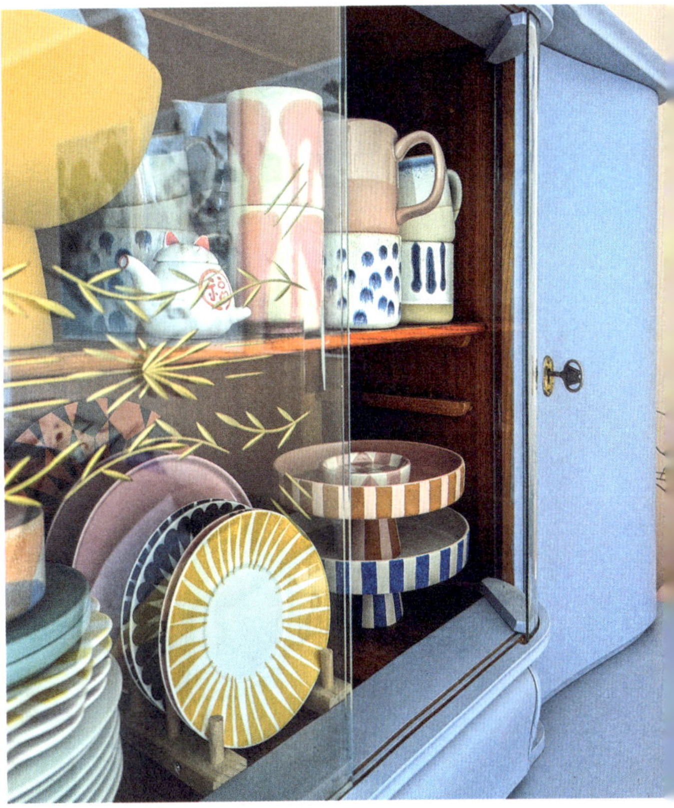

PASSENDE PROJEKTE

- Altglas-Vasen aus Modelliermasse (Seite 54)
- Bubble-Vase aus recycelten Weihnachtsbaumkugeln (Seite 58)
- Drip-Tassen (Seite 61)
- Wellenblende für Vasen (Seite 68)
- Dreierlei Untersetzer aus Polymer Clay (Seite 72)

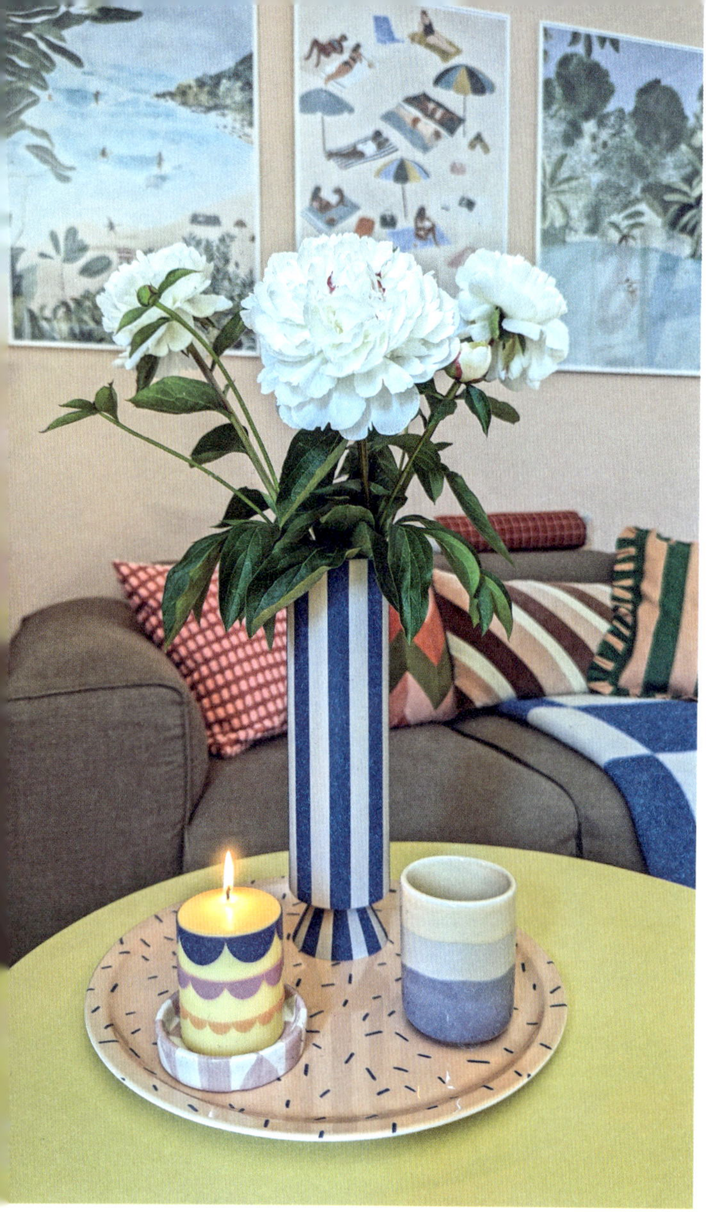

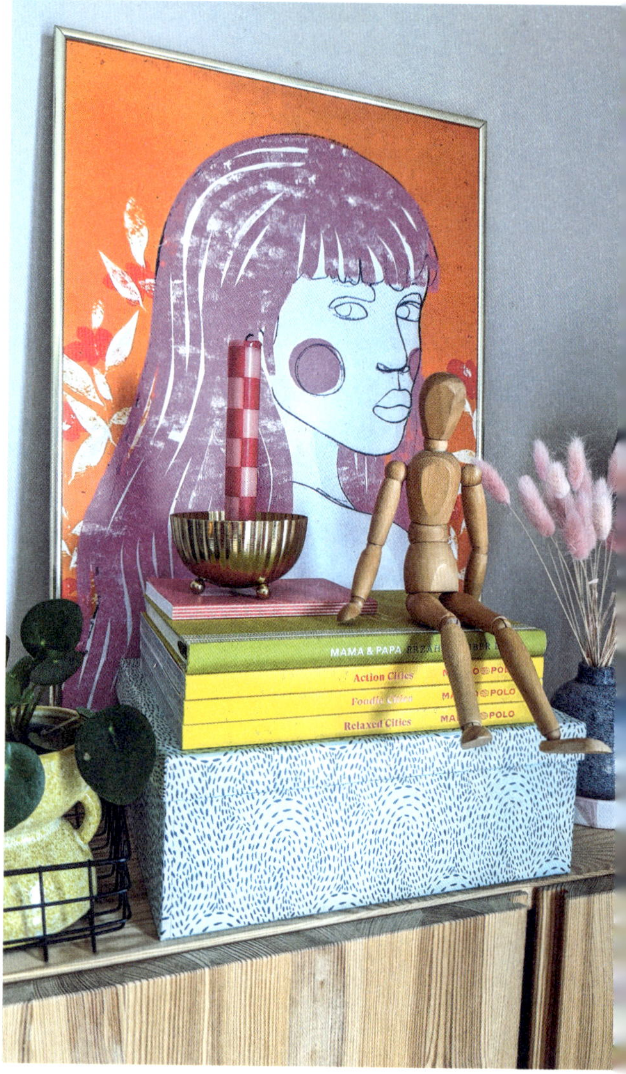
MAMA & PAPA
Action Cities
Relaxed Cities
MARCO POLO

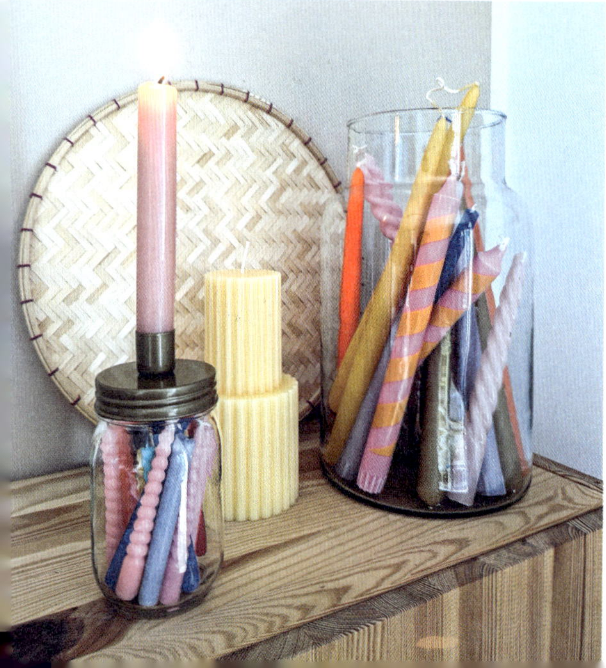

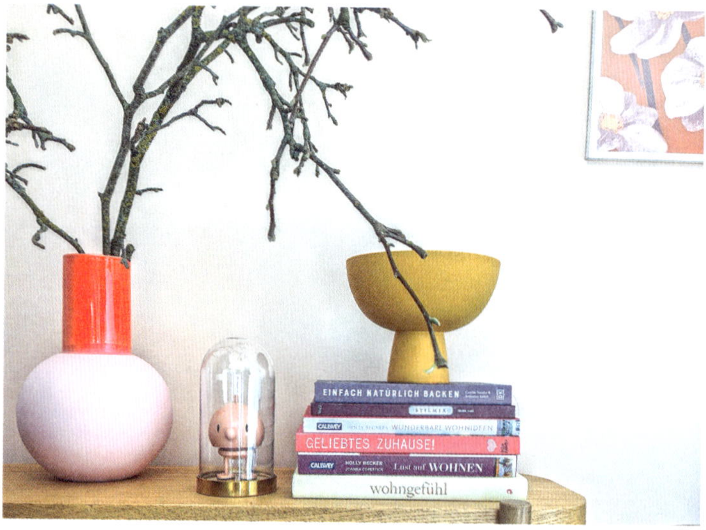
EINFACH NATÜRLICH BACKEN
GELIEBTES ZUHAUSE!
Lust auf WOHNEN
wohngefühl

Bunte Wohnaccessoires – horizontal dekorieren

Pflanzen, Textilien, Keramik – was kommt als Nächstes? Natürlich weitere Deko-Elemente wie Tabletts, Kerzen, Schatullen und Figuren, mit denen auf Sideboard oder Couchtisch kleine Arrangements gestaltet werden können. Ich schichte diese Wohnaccessoires am liebsten zu Stapeln aus mehreren Ebenen, um visuelle Spannung und Dimension zu erzeugen. Einige Magazine, coole Coffeetable-Bücher oder ein Tablett bilden meist die flache Grundlage, auf der dann hübsche Boxen, eine Tischleuchte oder kleine Skulpturen ihren Platz finden. Das Auge wird sofort von solchen Stillleben angezogen, da sie durch unterschiedliche Höhen und Materialien ein kleines Wimmelbild im großen Ganzen bilden.

Auch bei diesen Kompositionen können die wildesten Gegenstände nebeneinander großartig aussehen und gerade durch ihre Alltäglichkeit wunderbar humorvoll und sympathisch wirken. Seien es die Winkekatze aus dem letzten Urlaub, Schreibutensilien in einem Becher, Koch- und Bastelbücher im Mix, eine hübsche Streichholzschachtel, ein Tennisball unter einer Glasglocke – gerade der unerwartete Kontrast aus den verschiedensten Dingen, Materialien und Epochen lässt uns schmunzeln.

Um noch etwas mehr Farbe und Lebendigkeit in die horizontale Schichtung zu integrieren, toppe ich sie unglaublich gern mit haltbarem Obst wie Zitrusfrüchten, einem kleinen Blumenarrangement oder einer flackernden Kerze. Oh, Kerzen können so viel ... du wirst meine Begeisterung im Verlauf dieses Buches noch bemerken. Mehrere farbige Kerzen in unterschiedlicher Höhe nebeneinander oder in einem großen Glasgefäß angeordnet – und zack, die Deko steht. Manche Exemplare ähneln dank ihrer Form oder (Preis)Gestaltung wahren Kunstwerken, die man nicht anzuzünden wagt. Daher werde ich dir zeigen, wie du Kerzen mit einzigartigen Mustern unkompliziert selbst machen und dann guten Gewissens in Flammen setzen oder verschenken kannst.

TIPP

Großformatige Bildbände, hippe Kochbücher und edle Coffeetable-Bücher sehen im Regal großartig aus, haben aber in der Regel auch einen stolzen Preis. Es gibt mittlerweile wirklich gut gemachte Attrappen, wobei ich persönlich immer dazu tendieren würde, mit dem losen Schutzumschlag eines bereits vorhandenen Buches zu experimentieren. Mit etwas Glück verbirgt sich unter einem hässlichen Umschlag ein wunderschöner textiler Einband, oder der alte Weltatlas aus Schulzeiten wird mit hübschem Papier neu eingekleidet zum Eyecatcher.

PASSENDE PROJEKTE

- Geometrische Kerzen mit Wachsfolie verziert (Seite 38)
- Holzschale mit Kugeldekor (Seite 41)
- Kerzenständer aus Holzbausteinen (Seite 50)
- Gemusterte Kerzen dank Schwammtechnik (Seite 112)
- Konfettischalen aus Bügelperlen (Seite 138)
- Spielzeugboxen im Streifenlook (Seite 145)

An die Wand – vertikale Anreize schaffen

Auch die Wände bieten außerhalb eines neuen Anstrichs unzählige weitere Gestaltmöglichkeiten, die meiner Meinung nach viel zu wenig Beachtung finden. Wir stellen unsere Bodenfläche voll, doch die vierfache Fläche drumherum wird nicht selten völlig außer Acht gelassen. Die naheliegendste Option der Wandgestaltung sind wohl Poster, Bilderrahmen und Kunstwerke. Der Zugang zu einer riesigen Auswahl an Wandbildern ist dank zahlreicher Onlineshops ein Kinderspiel und eine schnelle Möglichkeit, Farbe und Individualität an die Wand zu bringen. Ich bin mittlerweile ein Fan von großflächigen, imposanten Postern, doch auch eine Collagenwand aus vielen kleinen unterschiedlichen Rahmen und Drucken bereitet sofort gute Laune.

Weitere Möglichkeiten, um das Auge des Betrachters in die komplette Höhe des Raumes zu lenken, sind textile Behänge wie Wandteppiche oder Makramee-Arbeiten, Girlanden und Wimpelketten, Kränze und dreidimensionale Wandobjekte, Mobiles und Pendelleuchten sowie Spiegel.

Bis auf Letzteres haben alle genannten Dinge keine tiefere Funktion – sie dienen einzig der Dekoration. Doch hübsches Aussehen ist beim Dopamin-Stil Funktion genug, denn wir befinden uns nicht im Minimalismus. Wir wollen zur Schau stellen, visuell (über) reizen und in Erinnerung bleiben. Bei jedem Besuch dürfen Gäste bei uns etwas Neues entdecken, jahreszeitlich andere Stimmungen und Motive wahrnehmen und gern mit dem positiven Gefühl gehen, dass sie bald wiederkommen möchten.

Trau dich also beim Dekorieren gern aus deiner Wohlfühlzone heraus und füge an dem Punkt, an dem du denkst, es sei bereits genug, mutig noch ein weiteres Element oder Muster hinzu. Frage ich meinen Mann vor einer neuen Idee nach seiner Meinung, ist nicht selten er die treibende Kraft und Verfechter der Philosophie „zu viel ist gerade genug".

TIPP

Die Frage nach der Lagerung all dieser schönen Stücke ist gerechtfertigt. Wechsele ich Bilder oder Objekte an der Wand aus, schütze ich sie je nach Format gerollt in Versandrohren, flach liegend in Dokumentenmappen oder vorsichtig eingeschlagen in Seiden- oder Packpapier. Im Anschluss wandern sie zur Lagerung unter unser Bett, auf den Schrank oder hinter die Kommode.

PASSENDE PROJEKTE

- **Hängelampe aus Kunststoffgeschirr** (Seite 47)
- **Organisches Mobile aus Pappe** (Seite 52)
- **Runder Kugel-Spiegel** (Seite 66)
- **Osterkranz aus Anzuchttöpfen** (Seite 76)
- **Wandbild aus Farbmusterkarten** (Seite 86)
- **Weihnachtsgirlande aus Eierkartons** (Seite 106)
- **Bommelkranz** (Seite 115)

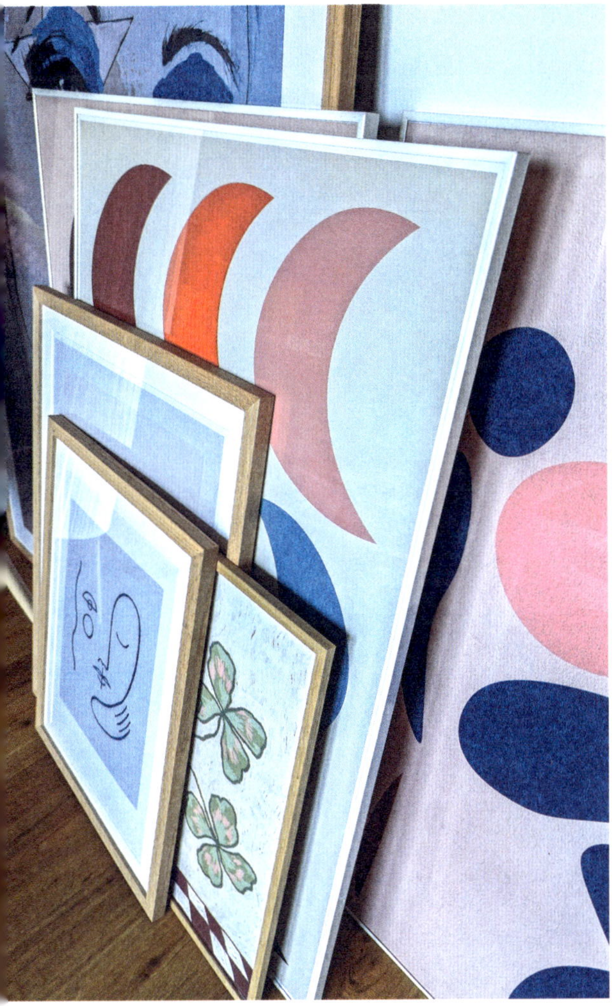

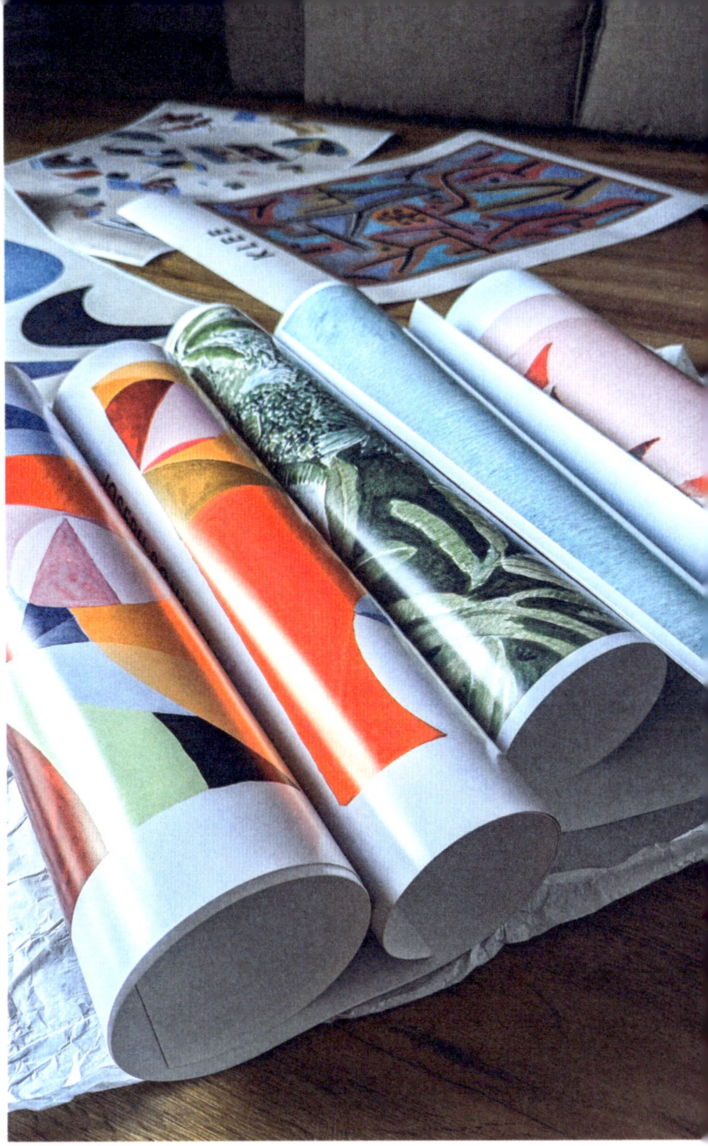

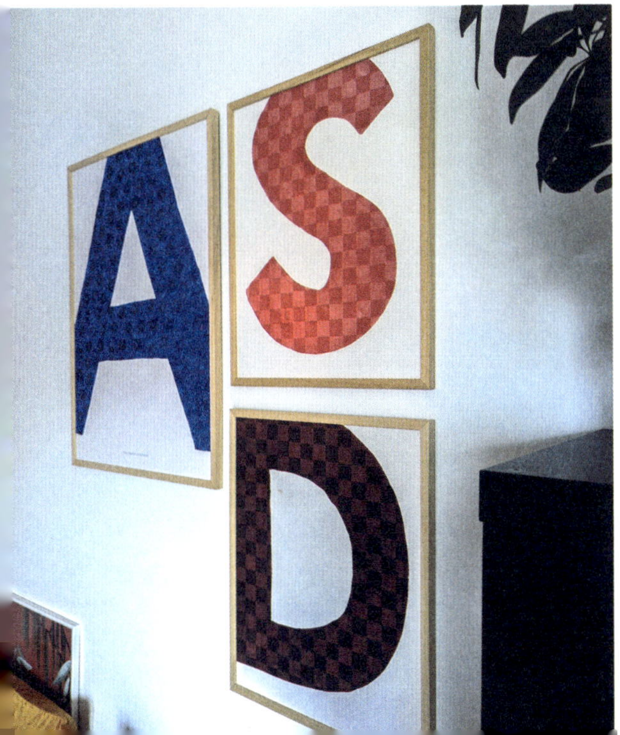
A
S
D

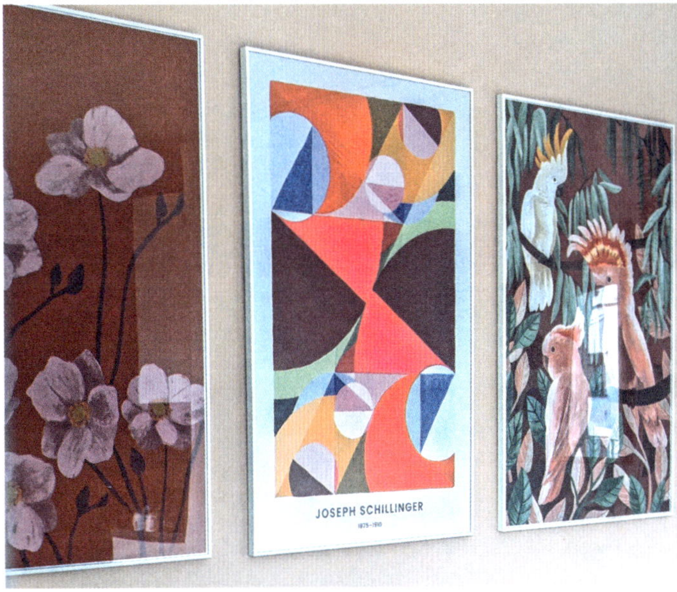
JOSEPH SCHILLINGER

Frühling & Sommer

Leichtigkeit und frische Farbe

Beginnen wir chronologisch im Frühjahr. Sobald die letzte Weihnachtsdeko im Keller verstaut, der Baum über die Balkonbrüstung geflogen und die erste Hyazinthe in den Einkaufskorb gewandert ist, gibt es für mich kein Halten mehr: Es wird wieder frisch und bunt.

Gelb, Lila und Rosa erwecken nicht nur die Natur, sondern auch unsere Wohnung. Kräftige, dunkle Farben verschwinden ebenso wie Felle und andere schwere Naturmaterialien in den Schränken und werden von luftigen Wohnaccessoires in Pastellfarben beerbt. Länger werdende Tage, die Leichtigkeit eines neu begonnenen Jahres und die Vorfreude auf den Sommer lassen auch meine Lust auf das ein oder andere neue Deko-Element wachsen. In diesem Kapitel findest du 15 kunterbunte Ideen, die sich vor allem durch ihre Rundungen und weichen Formen kennzeichnen. Neben den klassischen Streifen und Karos sind nämlich organische Formen wie Wellen und Bögen ein riesiges Thema im Dopamin-Dekor. Sie wirken weich, einladend und lebendig. Eine Kontur, die man sofort mit den Fingern nachfahren möchte, und dann noch in knalligen Farben. It's a match!

Am Ende findet sich wie in jedem Kapitel ein komplettes Tablesetting inklusive easy peasy Lieblingsrezept für eine süße Sünde.

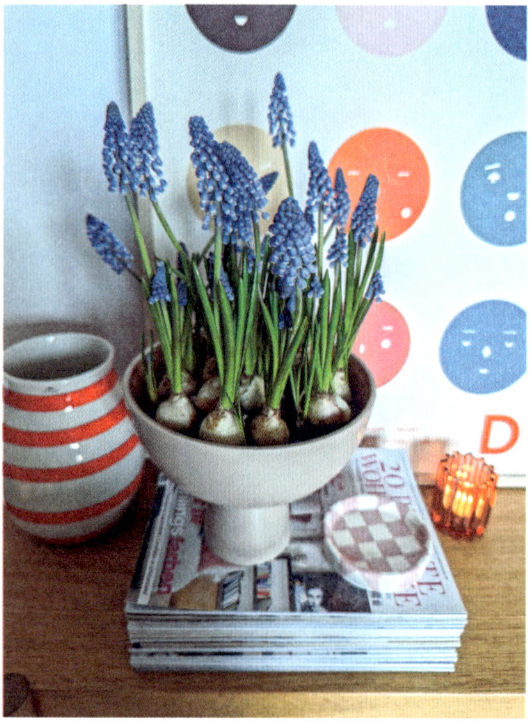

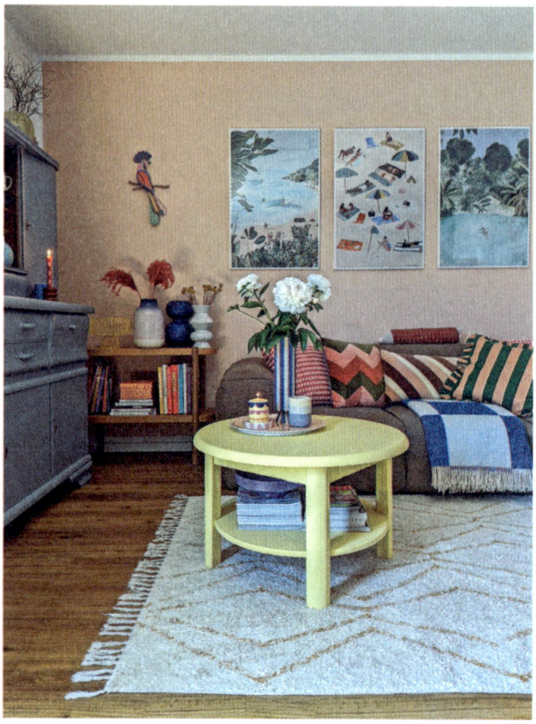

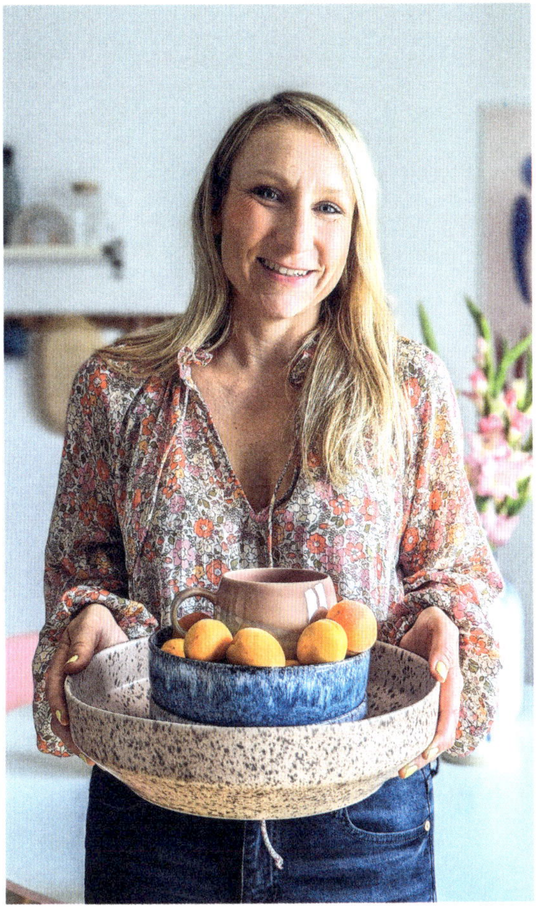

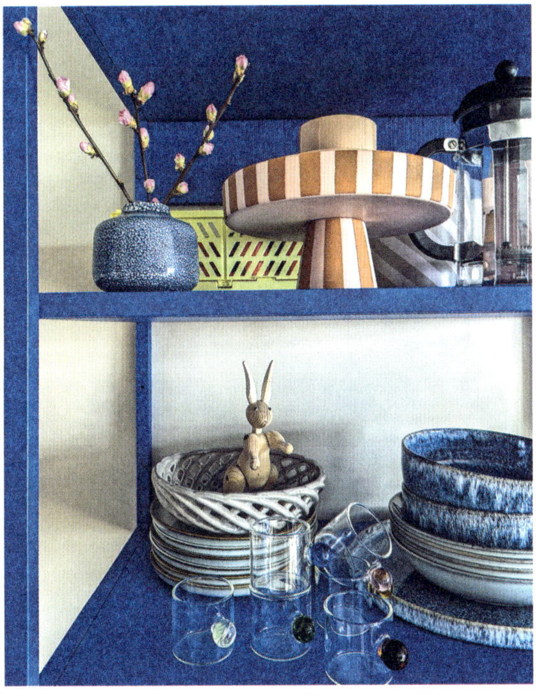

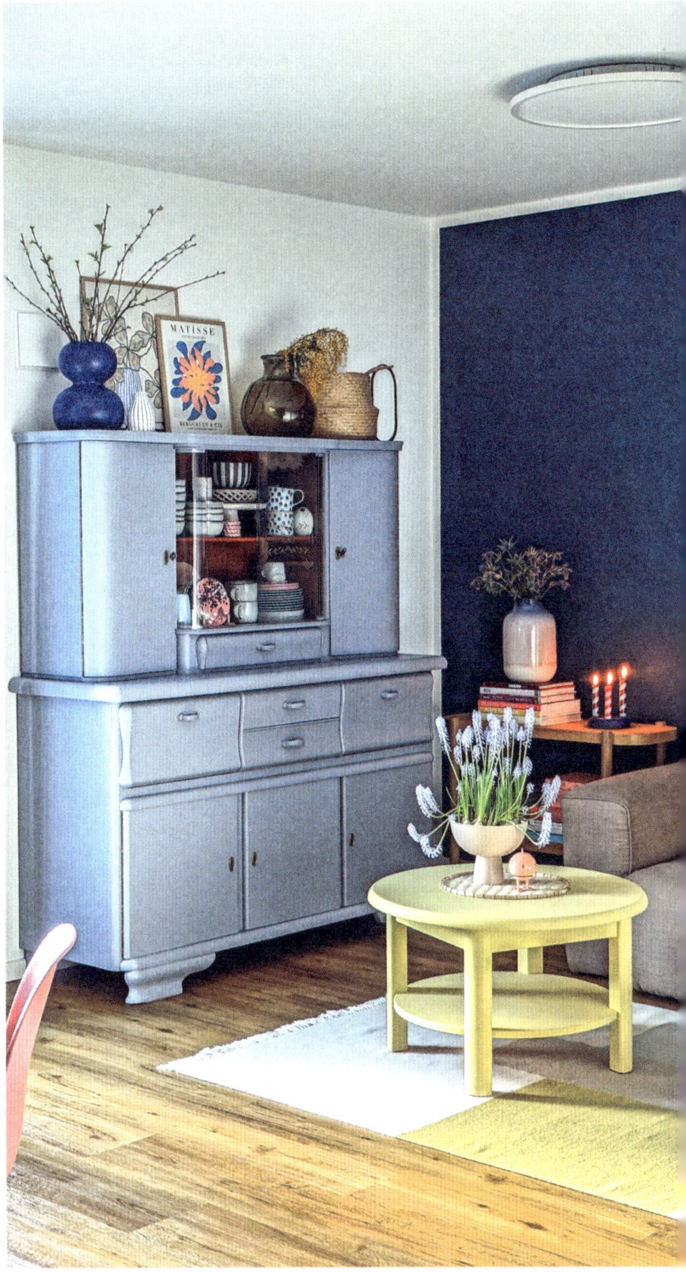
MATISSE

Geometrische Kerzen mit Wachsfolie verziert

Kerzen in Hülle und Fülle! Ich sagte es ja bereits: Für mich gibt es kein einfacheres und günstigeres Accessoire, um im Handumdrehen eine Stimmung im Raum zu erzeugen. Daher dürfen diese mit Wachsfolie verzierten Stab- und Blockkerzen auch als erstes Projekt ins Rennen gehen. Klassischerweise werden Taufkerzen auf eine ähnliche Art verziert, doch diese Exemplare sind ganzjährig hübsche Deko oder eine feine Geschenkidee zu jeder Gelegenheit.

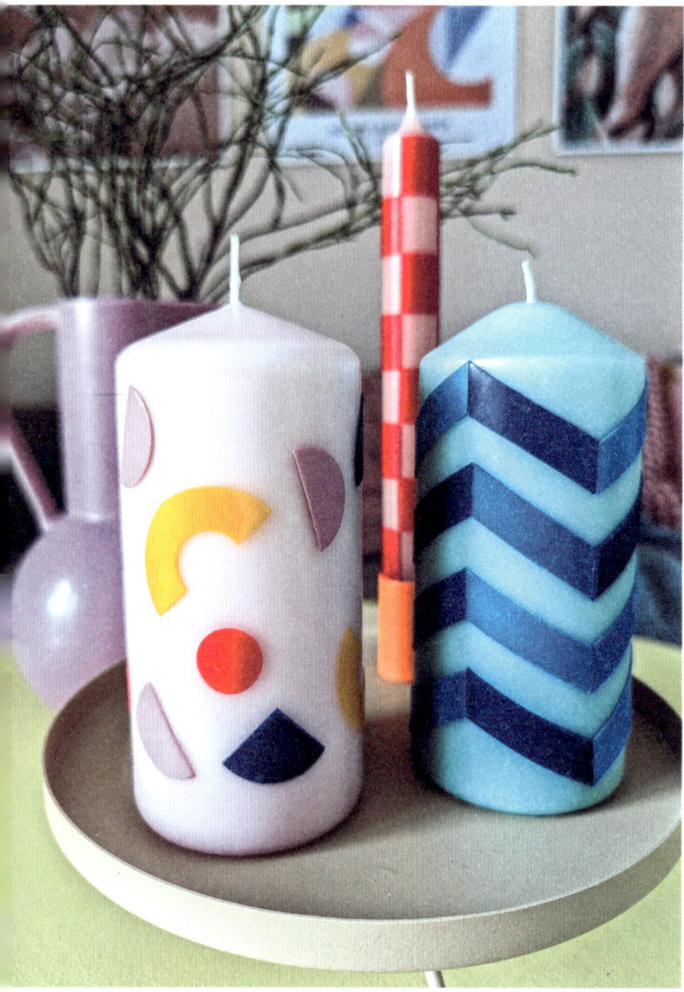

MATERIAL

- Stab- und Stumpenkerzen in verschiedenen Farben und Größen
- Verzierwachs in verschiedenen Farben (Rayer)
- Motivstanzer Kreis, Durchmesser 1,6 cm; 2,5 cm; 3,8 cm (Rayer)
- Bastelskalpell
- Schneidebrett oder -matte
- Lineal

TIPP

Wachsfolie lässt sich am besten bei Zimmertemperatur und mit warmen Händen verarbeiten. Um die Kreise mit dem Motivstanzer oder einer Plätzchenform auszustechen, ist es allerdings ratsam, die Wachsfolie vorab im Kühlschrank zu lagern, und erst nach dem Stanzen auf Raumtemperatur zu bringen. Der Arbeitsplatz sollte frei von Fusseln und Krümeln sein, da diese anderenfalls schnell auf der empfindlichen Oberfläche haften.

SO WIRD'S GEMACHT

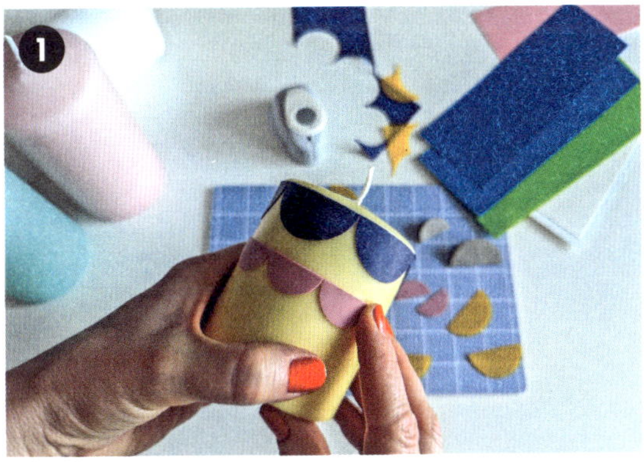

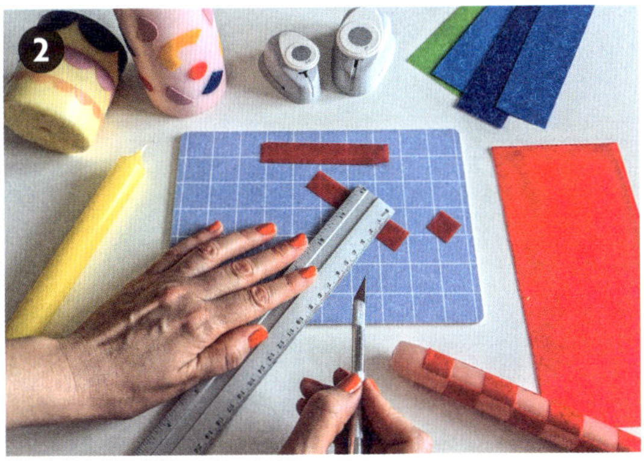

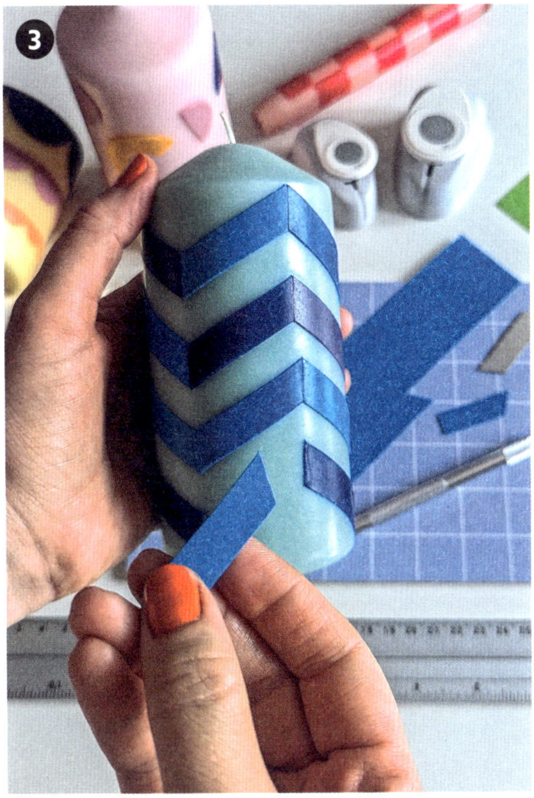

Variante 1:
Beliebige Kreise aus den Wachsplatten ausstanzen und mit dem Skalpell sauber halbieren oder vierteln.

Die Kreiselemente mit den warmen Fingern entweder in Reihe oder wild durcheinander auf die Kerzen drücken und solange halten, bis sie daran haften.

Variante 2:
Den Umfang einer Stabkerze messen und durch vier teilen. In meinem Fall: 7 cm Umfang : 4 = 1,75 cm.

Mit Lineal und Skalpell Quadrate mit dem entsprechenden Kantenmaß 1,75 x 1,75 cm zuschneiden und im Schachbrettmuster auf die Stabkerze kleben.

Variante 3:
Für das Chevron-Muster drei unterschiedliche Farben Verzierwachs in lange Streifen von 1,5 cm Breite schneiden und mithilfe einer Papierschablone in 4 cm lange Parallelogramme teilen.

Die Schablone dafür rechts und links mit einer beliebigen Schräge im gleichen Winkel und in die gleiche Richtung versehen.

Die Streifen dann am oberen Rand der Kerze beginnend im Wechsel auf und ab andrücken. Dabei auf gleiche Abstände und eine senkrechte Linie der Stoßkanten achten.

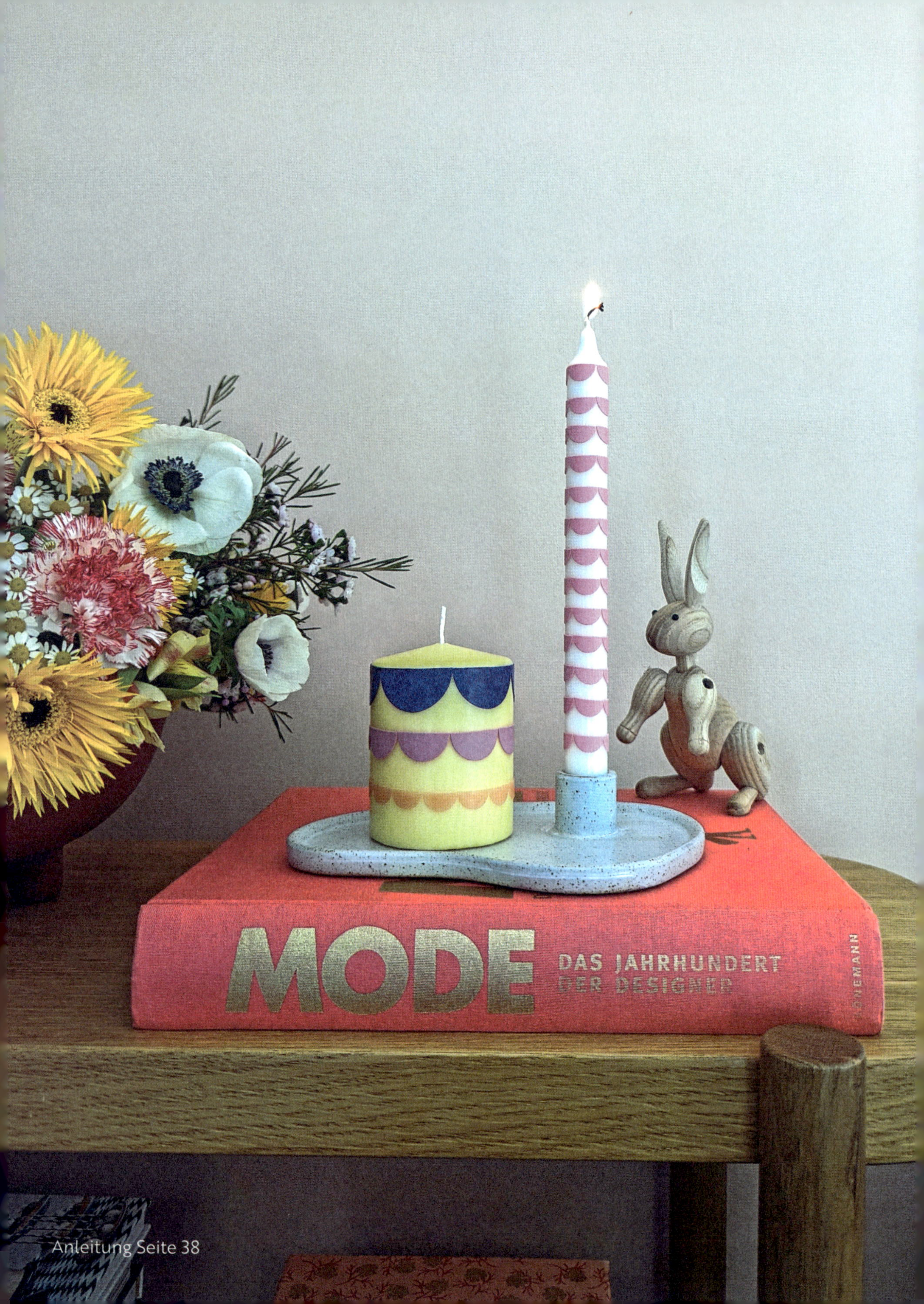

Anleitung Seite 38

Holzschale mit Kugeldekor

Diese Schale ist dank der aufgesetzten Kugeln am äußeren Rand ein optisches Highlight auf jedem Tisch und kann in der jeweiligen Lieblingsfarbe gestaltet werden. Dinge des täglichen Gebrauchs wie Schlüsselbund, Post oder Sonnenbrille werden in ihr zum eigenständigen Deko-Objekt.

MATERIAL

- Schale aus Holz oder Bambus, Durchmesser 20 cm
- 8 Rohholz-Kugeln ungebohrt, Durchmesser 3 cm (Rayer)
- Schleifpapier, 150er-Körnung
- Blaue Holzlasur
- Weiches Tuch
- Gummihandschuhe
- Sekundenkleber

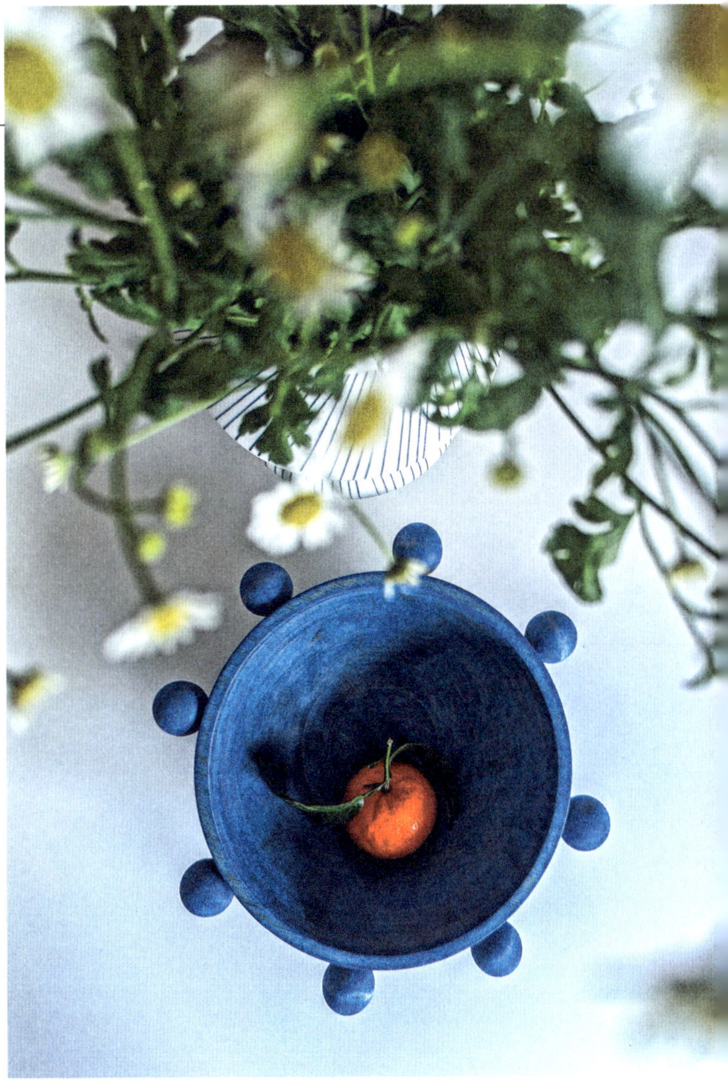

SO WIRD'S GEMACHT

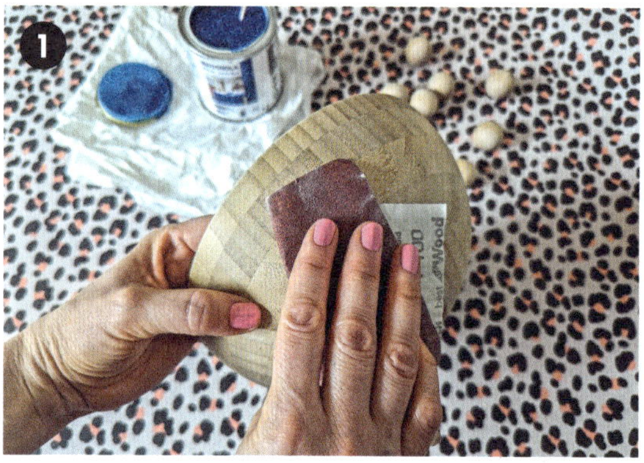

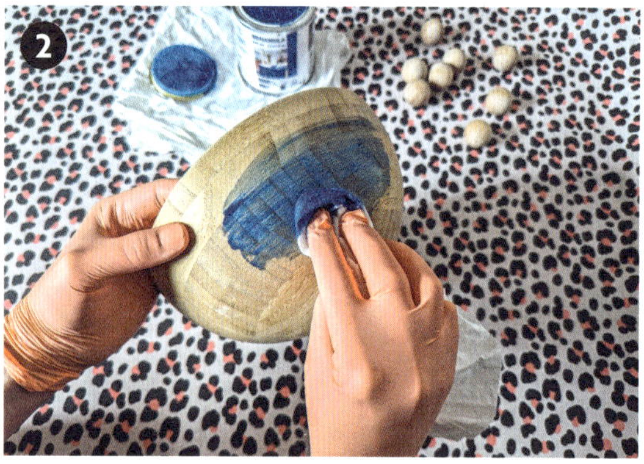

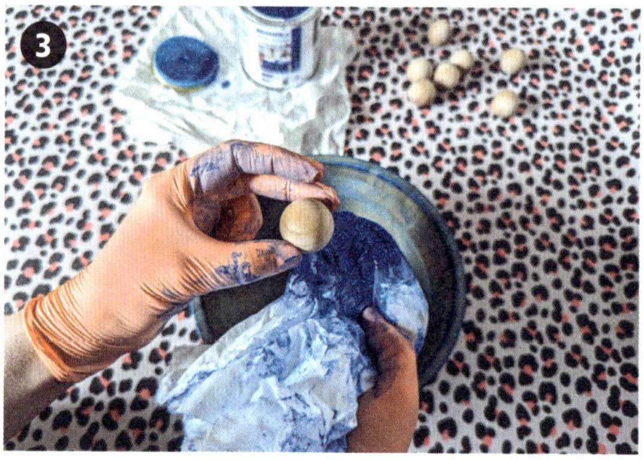

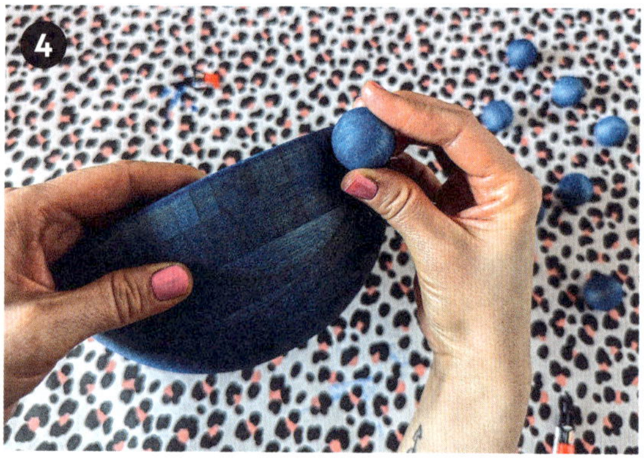

1. Schale und Kugeln mit dem Schleifpapier bearbeiten und von eventuellen Unebenheiten und Beschichtungen befreien.

2. Den Schleifstaub entfernen und die farbige Lasur mit einem Tuch auftragen. Dabei ist das Tragen von Handschuhen zu empfehlen.

3. Je nach gewünschter Intensität die Lasur in einer zweiten Schicht auftragen und gut durchtrocknen lassen.

4. Die Kugeln mit Sekundenkleber am oberen Rand der Schüssel befestigen. Dabei immer zuerst zwei gegenüberliegende Kugeln festkleben, damit die Abstände wie beim Schneiden einer Torte einheitlich werden.

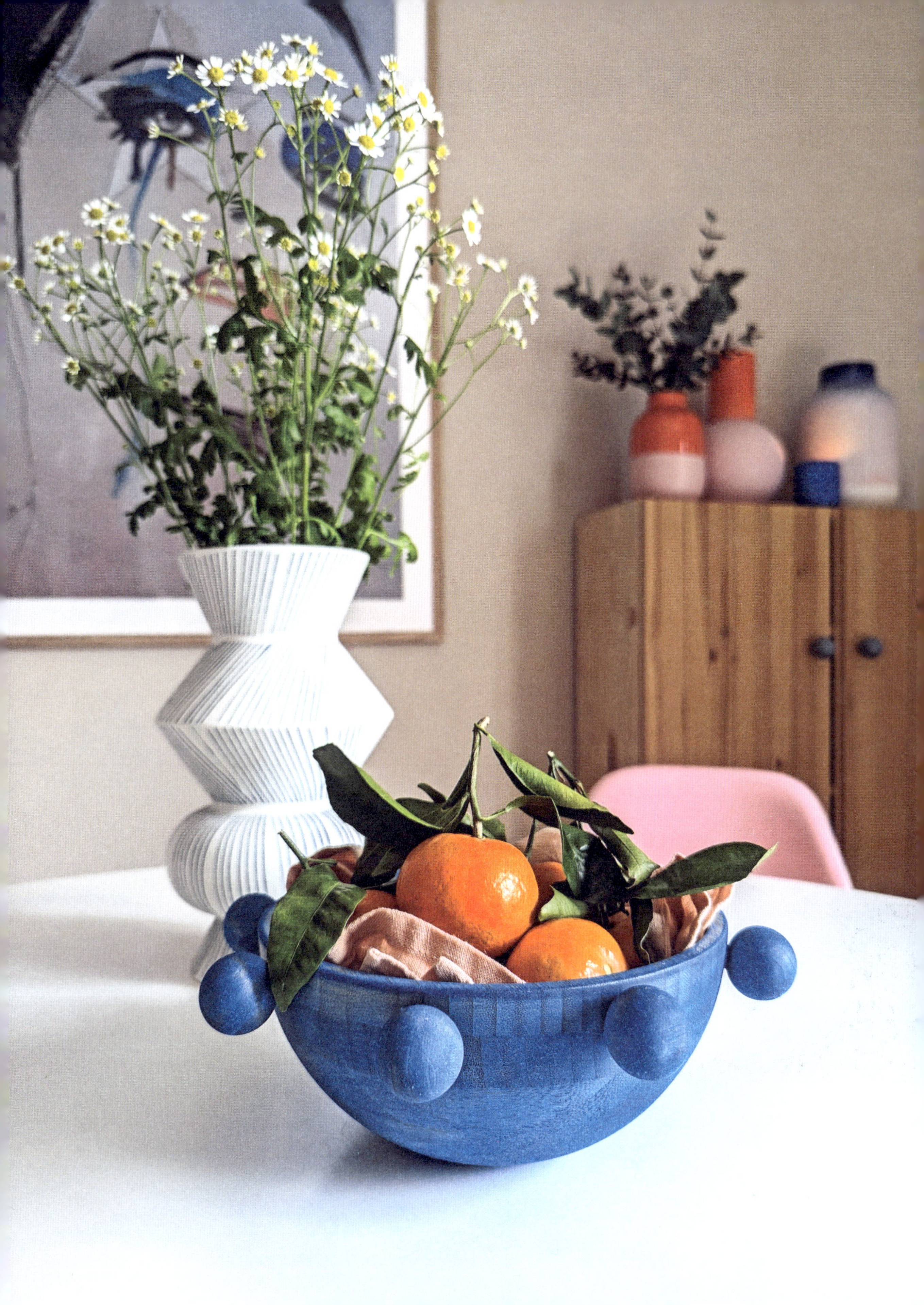

Gewebtes Platzset aus Kunstleder

Diese farbenfrohen Untersetzer schützen nicht nur eure Tischplatte, sondern verleihen ihr auch einen einmaligen Look. Eine spannende Haptik, Komplementärfarben und ein Rand aus organischen Halbkreisen entlocken garantiert jedem Gast ein anerkennendes Wort. Beim Vorbereiten der Schablonen und dem Zuschneiden des Kunstleders ist akkurates Arbeiten gefragt, doch der Aufwand zahlt sich am Ende doppelt und dreifach aus.

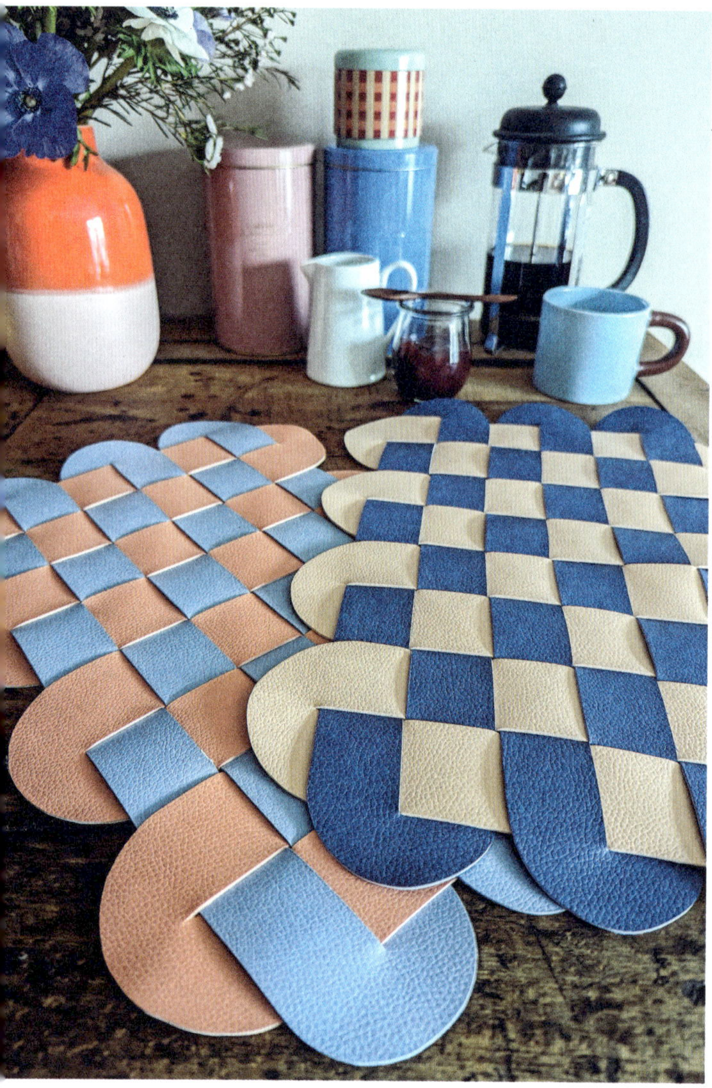

MATERIAL

- Kräftiges Papier, DIN A3
- Kunstleder in verschiedenen Farben, mind. 45 cm Breite (z. B.alte Platzsets, alternativ Filz, Fotokarton, dünner Kunststoff)
- Bleistift
- Lineal, Zirkel
- Schere, Cuttermesser
- Schneidematte
- Transparentes, starkes Klebeband

SO WIRD'S GEMACHT

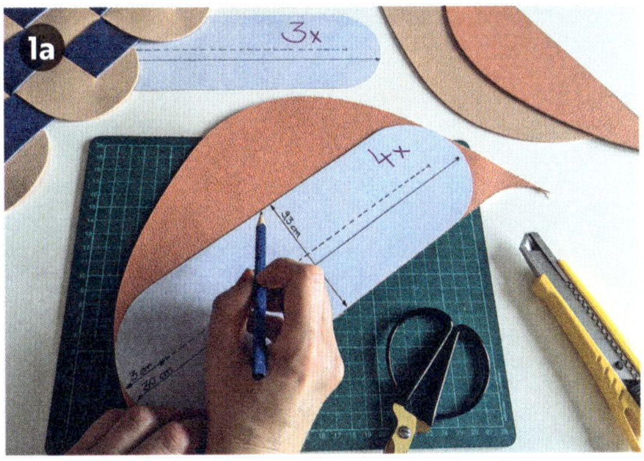

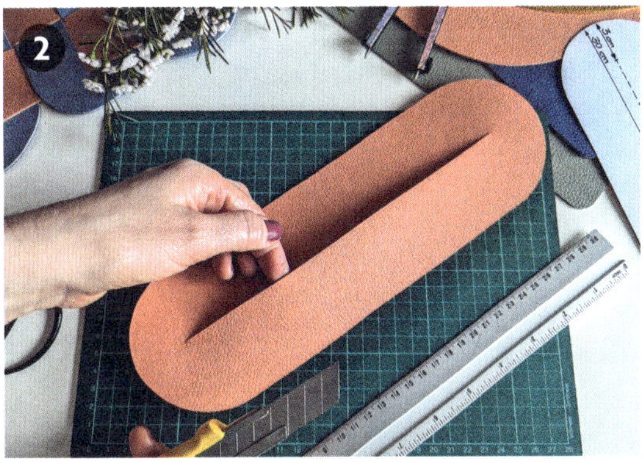

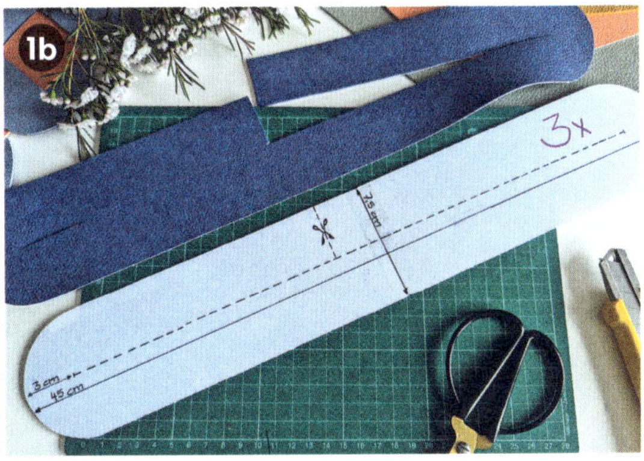

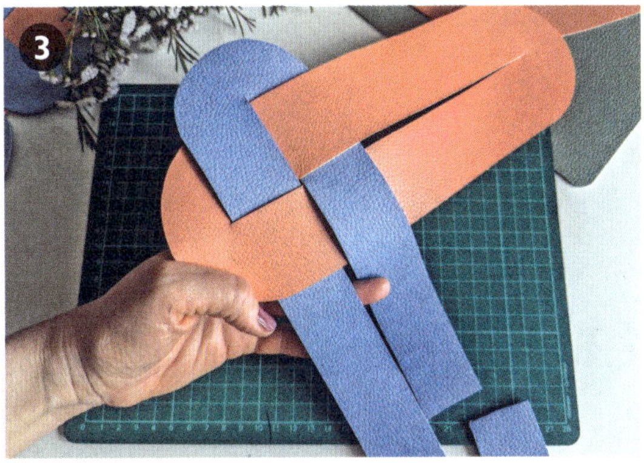

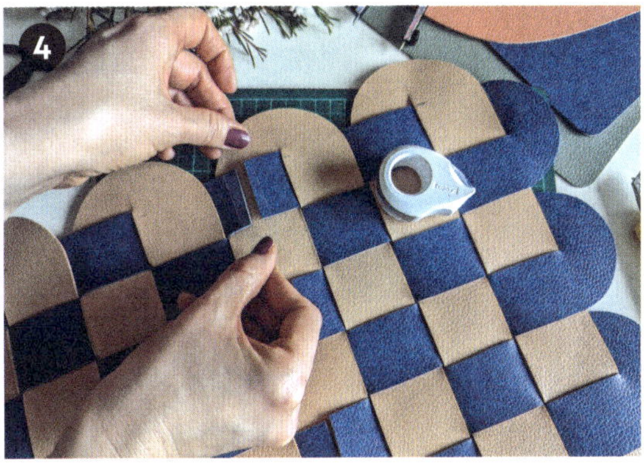

1. Im ersten Schritt werden zwei Schablonen aus stabilem Papier oder dünnem Kunststoff erstellt. Die längere Schablone ist 45 x 7,5 cm groß. Die kürzere Schablone misst 30 x 9,3 cm. Alle vier Enden werden mit Hilfe eines Zirkels abgerundet – der Radius beträgt jeweils die Hälfte der Breite des Streifens. Also 3,75 cm und 4,65 cm.

2. Diese Vorlagen nun auf das gewünschte Material übertragen und ausschneiden. Für ein Platzset wird der längere Streifen dreimal und der kürzere Streifen viermal benötigt. Alle sieben Streifen nun mit Lineal und Cutter längs der Mitte einschneiden (siehe gestrichelte Linie). Jeweils 3 cm vor den Enden stoppen.

3. Nun die Streifen miteinander verweben. Dabei die beiden Stränge der drei längeren Streifen abwechselnd über und unter den Schlitz der kürzeren Streifen ziehen. Zwischendurch und besonders beim letzten Streifen immer wieder straff und gerade ziehen und den mittigen Schnitt in seiner Breite maximal ausnutzen.

4. Am Ende die offenen Schnitte auf der Rückseite mit transparentem Klebeband schließen.

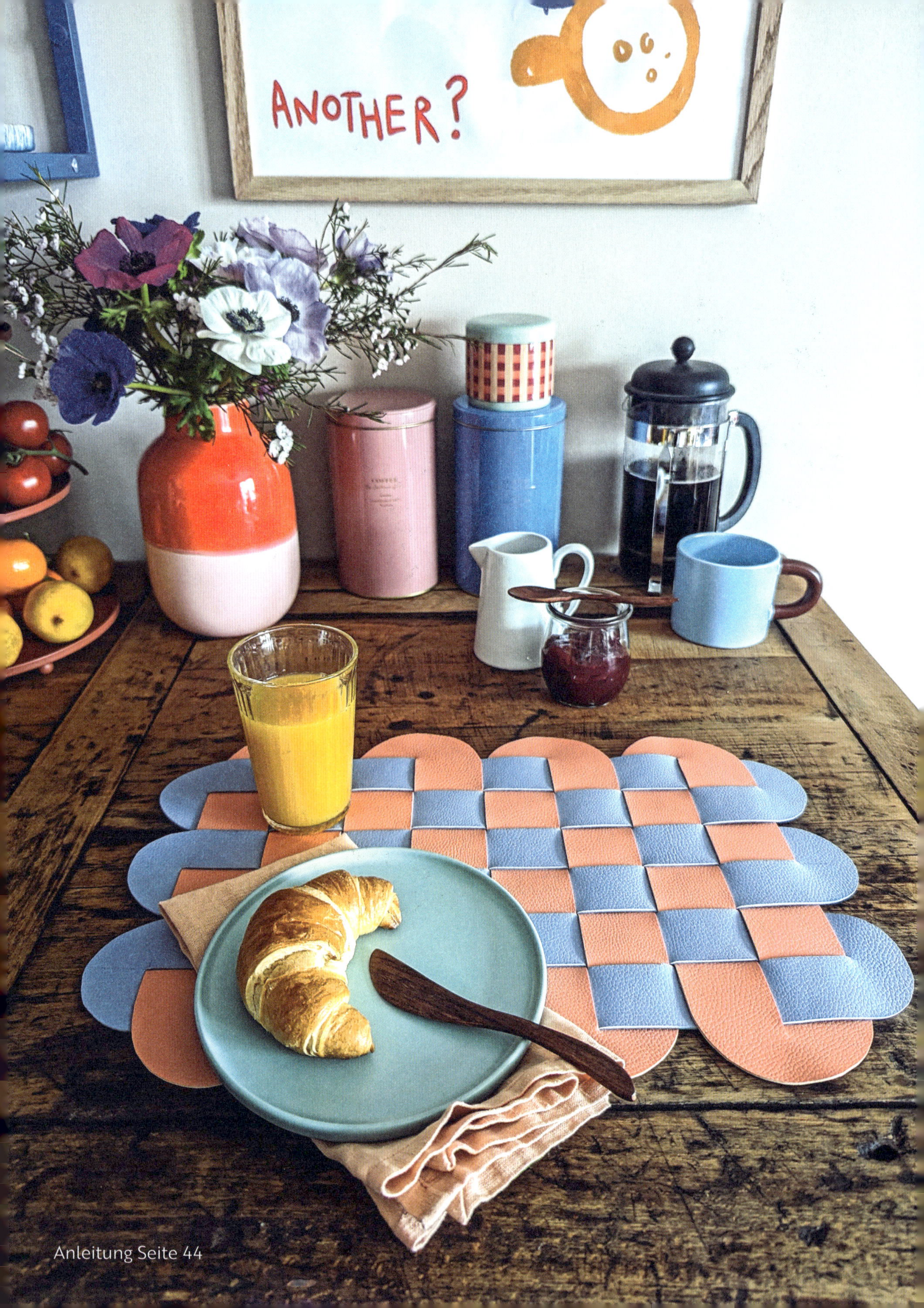

Anleitung Seite 44

Hängelampe aus Kunststoffgeschirr

Keine Panik – für diese Lampe müsst ihr keinerlei Kenntnis von Elektronik und Stromanschlüssen haben und werdet trotzdem mit einem stimmungsvollen Licht belohnt. Sie bietet sich besonders als kleine Lese- oder Arbeitsleuchte an Orten ohne Lampenanschluss an, denn das extra lange Kabel lässt sich mit Klebepunkten entlang der Zimmerdecke fast unsichtbar zur nächsten Steckdose führen.

MATERIAL

- Beliebige Teller, Schüsseln, Becher, Töpfe aus Kunststoff (z. B. Kindergeschirr)
- Lampenaufhängung mit Fassung, Schalter und Stecker, mind. 4 m Länge
- Bohrmaschine mit Holzbohrer, 8 mm (alternativ: Lochsäge, Durchmesser 3 cm)
- Spitze Schere
- Holzfeile
- Grobes Schleifpapier
- Sprühfarbe in mind. 3 Farbtönen

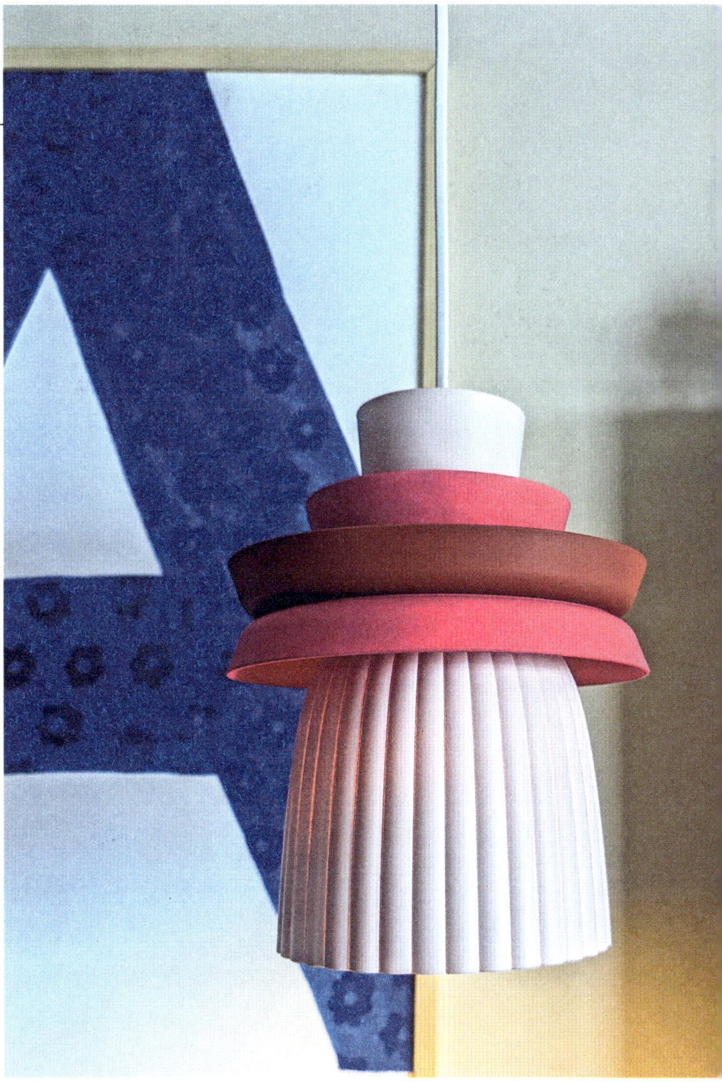

SO WIRD'S GEMACHT

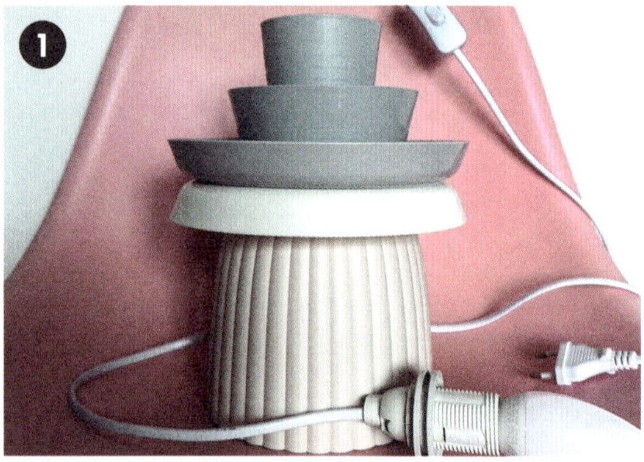

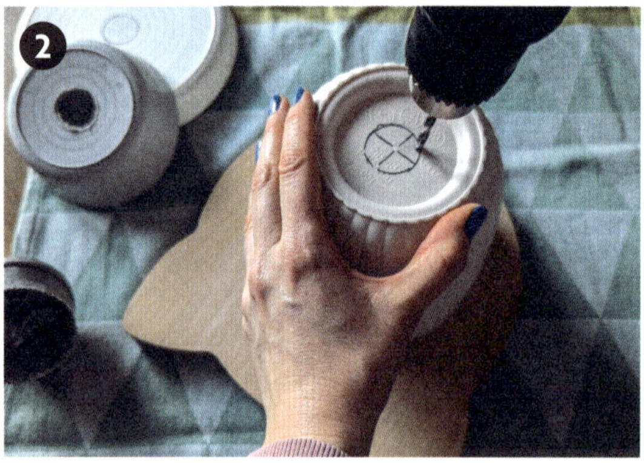

1. Die Kunststoffgefäße in- und aufeinander schichten, bis die gewünschte Form des Lampenschirms erreicht ist.

2. Mittig jeweils einen Kreis in der Größe der Lampenfassung einzeichnen. Diesen entweder mit einer passenden Lochsäge ausschneiden oder am äußeren Rand mit drei Bohrlöchern versehen.

3. Den Kreis nun mithilfe einer spitzen Schere von Bohrloch zu Bohrloch manuell ausschneiden.

4. Die Ränder des Kreises mit einer groben Holzfeile und Schleifpapier begradigen. Am Ende sieht man keine Unebenheiten mehr.

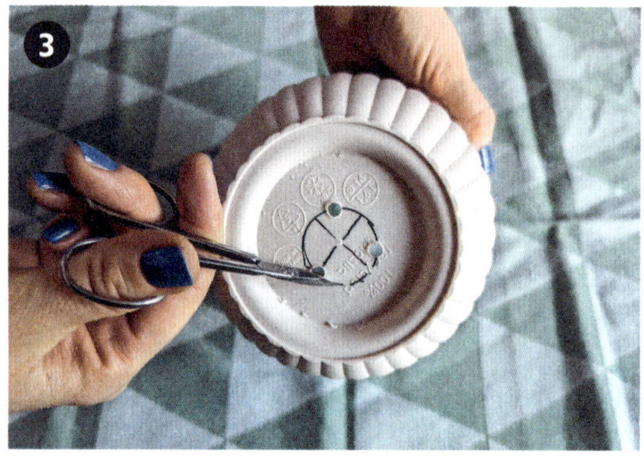

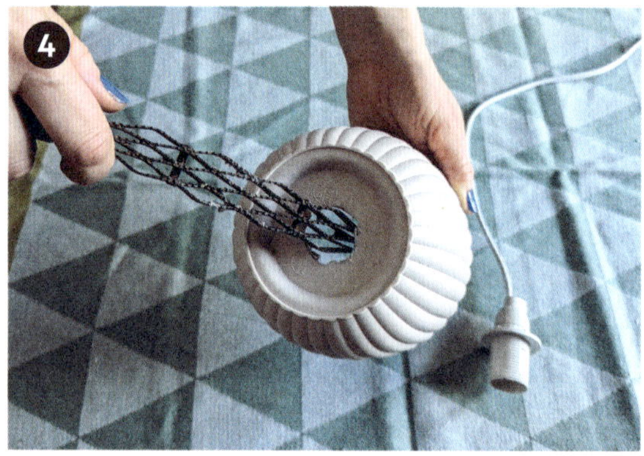

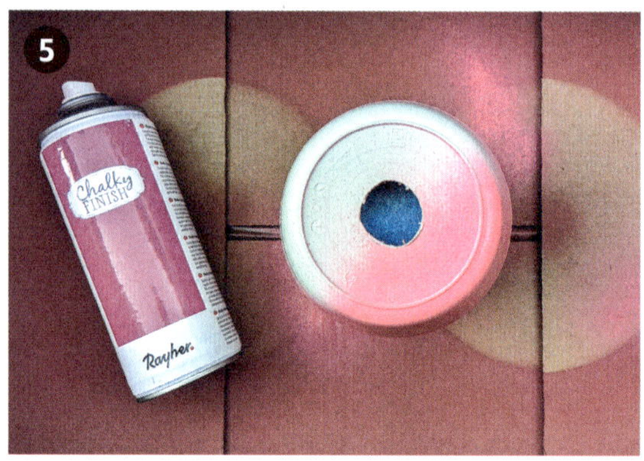

5. Nun alle Teile beidseitig mit zwei Schichten Farbe besprühen. Wenn alle Teile gut getrocknet sind, diese auf der Lampenfassung aufreihen und mit einer passenden Glühbirne als Abschluss versehen. Zum Schluss die Leuchte mit einem kleinen (Klebe)Haken an gewünschter Stelle an der Decke anbringen.

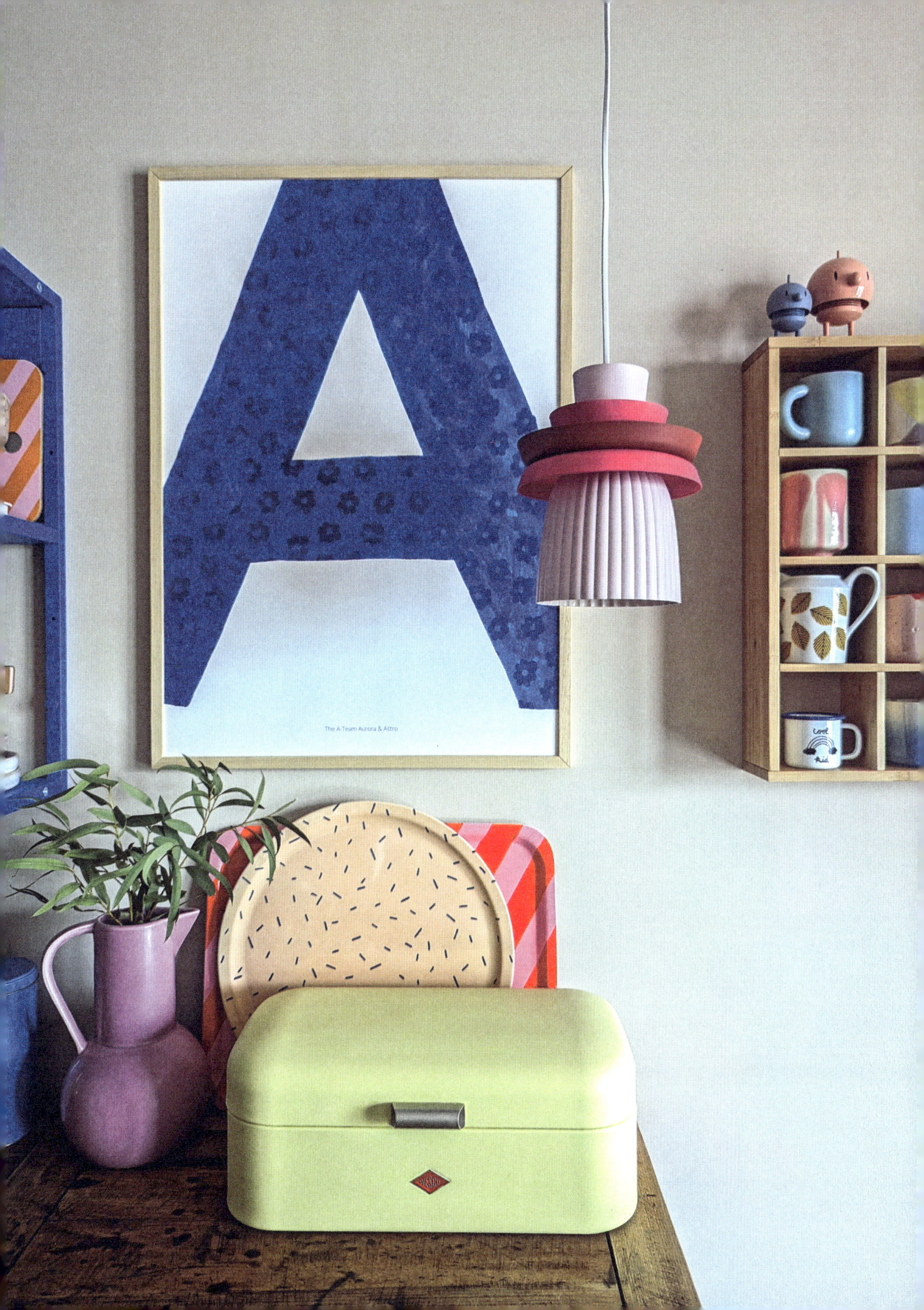
The A-Team Aurora & Astro
Cool
Kid

Kerzenständer aus Holzbausteinen

Nachdem wir uns gerade schon beim Kindergeschirr aus Kunststoff bedient haben, geht unser Raubzug für das nächste Leuchtmittel nun im Kinderzimmer weiter. Wir entwenden Holzbausteine. Diese gibt es alternativ auch günstig gebraucht oder neu zu kaufen. Bei diesen Kerzenständern trifft Neonfarbe auf Naturholz und die Physik wird durch die „schwebenden" Kugeln außer Kraft gesetzt.

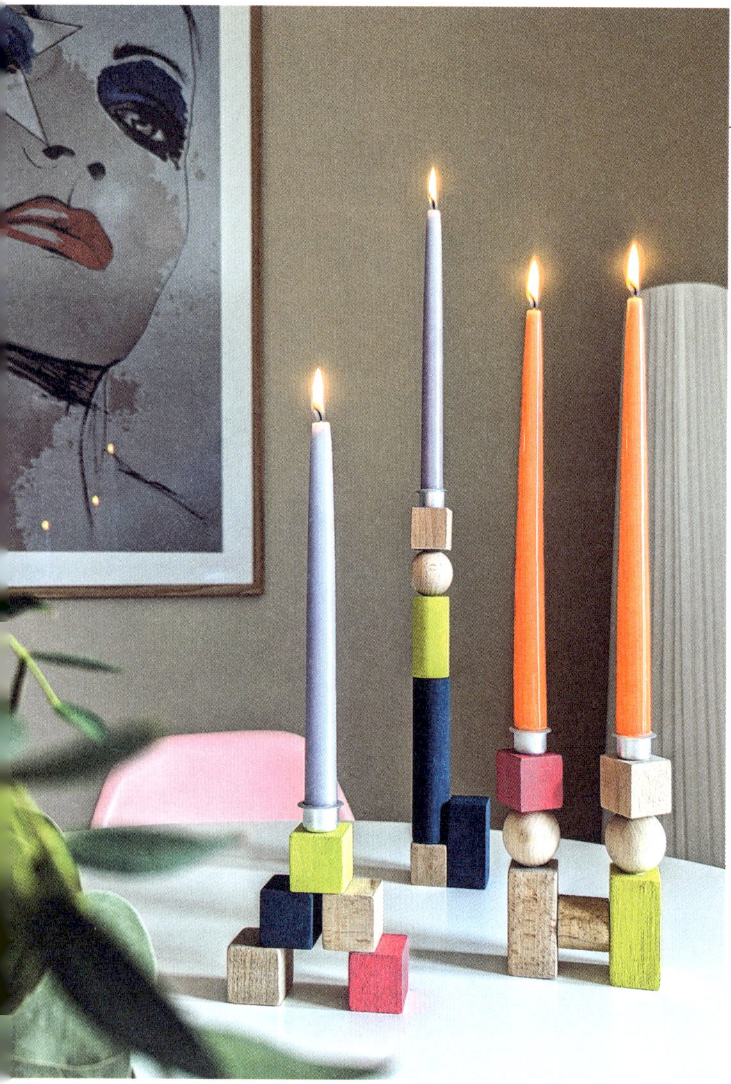

MATERIAL

- Holzbausteine in verschiedenen Formen und Größen
- Rohholz-Kugeln ungebohrt, Durchmesser 4 cm (Rayer)
- Schleifpapier, 150er-Körnung
- Acrylfarbe
- Pinsel
- Bohrmaschine mit Holzbohrer, 8 mm
- Montagekleber
- Kerzentüllen aus Metall, Durchmesser 2,2 cm (Rayer)
- Bunte Stabkerzen

TIPP

Die Kerzenständer wirken gerade durch ihre imposante Höhe und fragile Architektur sehr besonders. Brennende Kerzen mit einem Wachspunkt in der Kerzentülle befestigen und niemals unbeaufsichtigt lassen. LED-Kerzen aus Echtwachs stellen eine sicherere Alternative dar.

SO WIRD'S GEMACHT

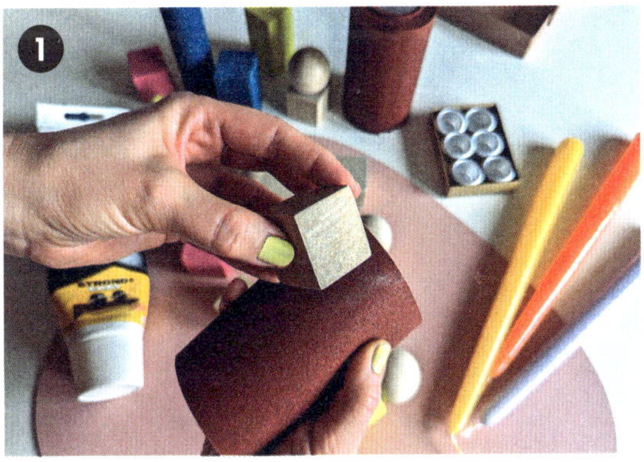

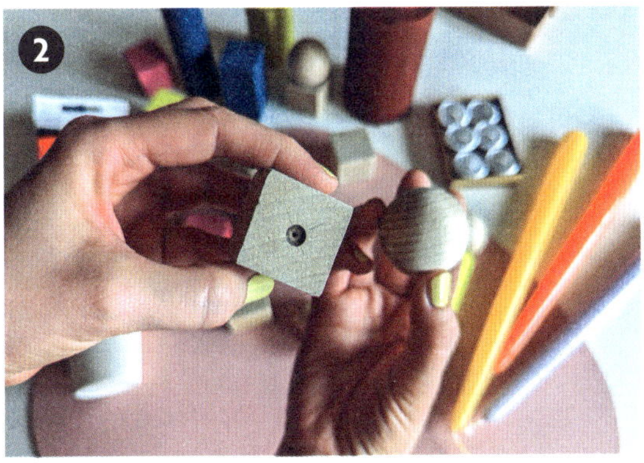

1. Alle Steine, Säulen und Kugeln je nach Notwendigkeit glatt schleifen, probehalber zu verschiedenen Kerzenständern zusammenlegen und einige Holzteile mit knalliger Acrylfarbe bepinseln. Die Grundfläche sollte immer aus mindestens zwei Bausteinen bestehen, um einen sicheren Stand zu gewährleisten.

2. Alle Steine ober- und unterhalb einer Kugel mittig einige Millimeter mit dem Holzbohrer anbohren, um eine kleine Vertiefung für den Kleber zu schaffen.

3. Die erste Seite mit etwas Montagekleber festkleben und zum Aushärten beiseite stellen.

4. Sind die bunten Bausteine und ersten Klebestellen getrocknet, kann der finale Zusammenbau beginnen. Kleine Mengen Montagekleber genügen bereits.

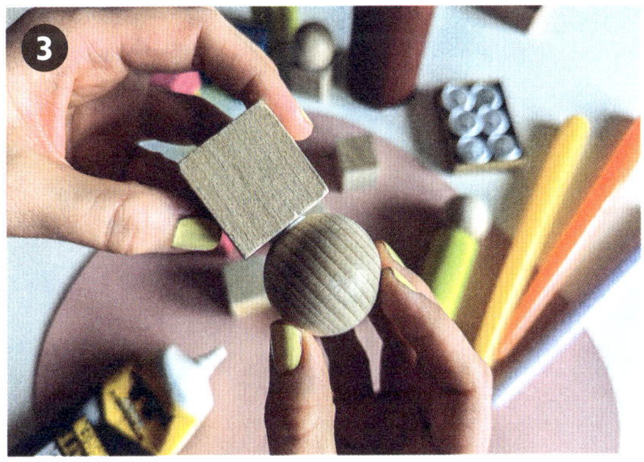

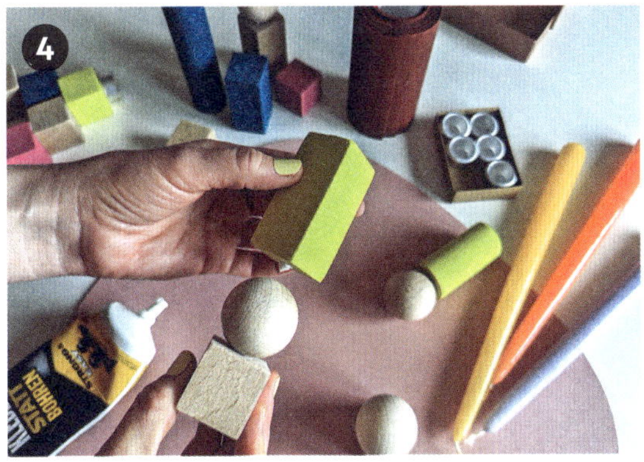

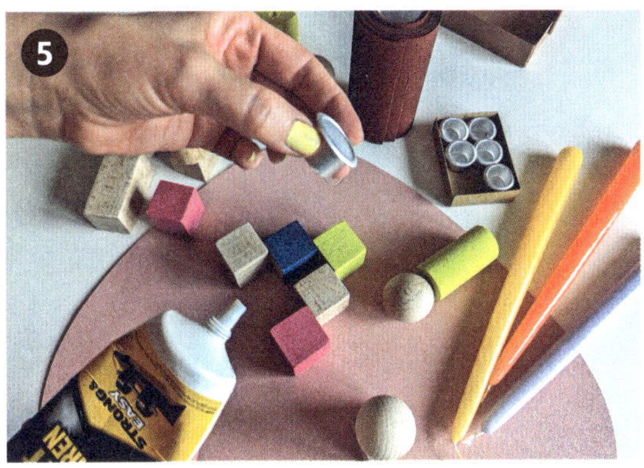

5. Am Ende den jeweils obersten Stein mit einer Kerzentülle versehen. Den Kleber gut aushärten lassen, Stabilität prüfen und Kerzen aufstecken.

Organisches Mobile aus Pappe

Eingangs hatte ich bereits erwähnt, dass hohe Wände und Zimmerdecken beim Dekorieren häufig etwas stiefmütterlich behandelt werden. Dieses Mobile ist eine unkomplizierte und filigrane Lösung, um einer ungenutzten Ecke mehr Spannung und Tiefe zu verleihen. Die bunten Formen tanzen im Luftzug und werfen im Sonnenlicht kuriose Schatten an die Wände.

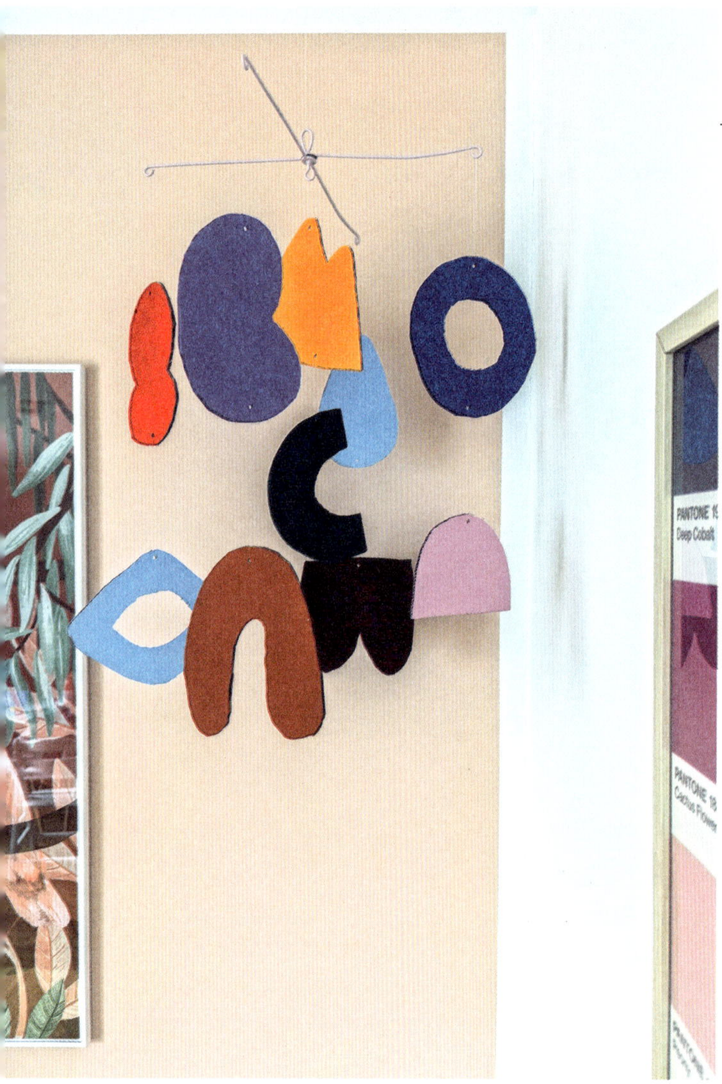

MATERIAL

- Stabile Kartonreste aus Wellpappe
- Stift
- Cuttermesser oder Schere
- Lochzange (Rayer)
- Mind. 6 unterschiedliche Acrylfarben (Rayer)
- Mobile-Rohling mit vier Armen (alternativ ein Kreuz aus zwei 30 cm langen Stöcken)
- Nylonschnur

SO WIRD'S GEMACHT

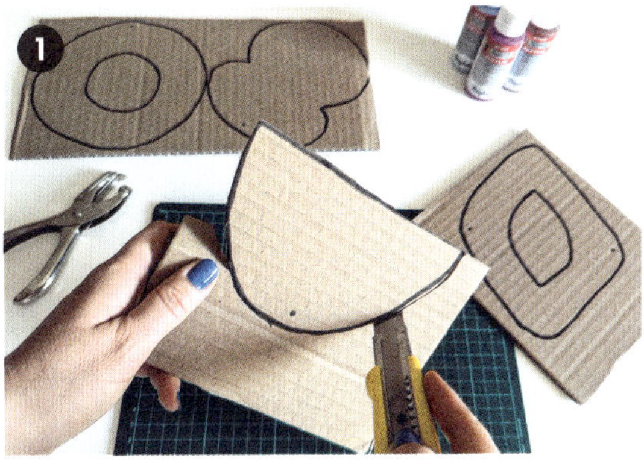

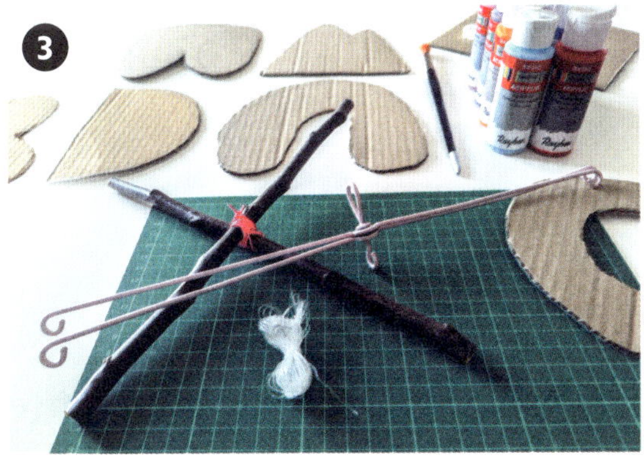

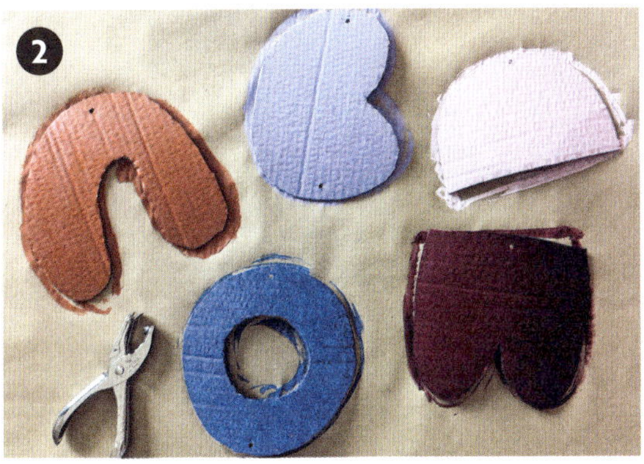

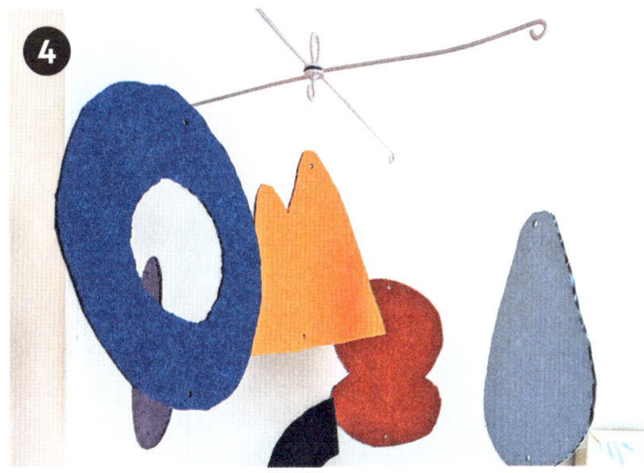

1. Mit dem Stift zehn handtellergroße Formen auf Karton vorzeichnen und mit dem Cuttermesser ausschneiden. Die Motive sollten möglichst geschwungen und organisch gewählt werden und sich grob an Körperteilen oder Buchstaben und Zahlen orientieren. Fünf Formen oben und unten lochen, die restlichen fünf nur an der Oberseite mit einem Loch versehen.

2. Beide Seiten und die Ränder aller Anhänger mit unterschiedlichen Acrylfarben bemalen. Ggf. Farben anmischen und je nach Deckkraft eine weitere Schicht auftragen. Gut trocknen lassen.

3. Zwei Stöcke zu einem Kreuz zusammenbinden oder alternativ den Mobile-Rohling bereithalten.

4. Nun immer eine Form mit zwei Löchern mit 15 cm Nylonschnur versehen und oben am Mobile-Gestänge und unten an einem Anhänger mit nur einem Loch verknoten. Der Abstand der einzelnen Elemente sollte einheitlich ungefähr 10 cm betragen, während der mittlere Strang gern etwas höher oder tiefer als der Rest hängen darf. Das fertige Mobile mit Haken und Schnur an der Decke befestigen.

Altglas-Vasen aus Modelliermasse

Für diese skurrilen Gefäße werden alte Flaschen und Gläser mit Modelliermasse ummantelt und mit knalligen Farben und Mustern bemalt. Beim Modellieren darf gekleckert und geformt werden, was das Herz begehrt. Die kleinen Henkel und Griffe in Wellenoptik sind meine persönlichen Highlights bei diesem DIY und werden nach dem Aushärten tatsächlich richtig stabil.

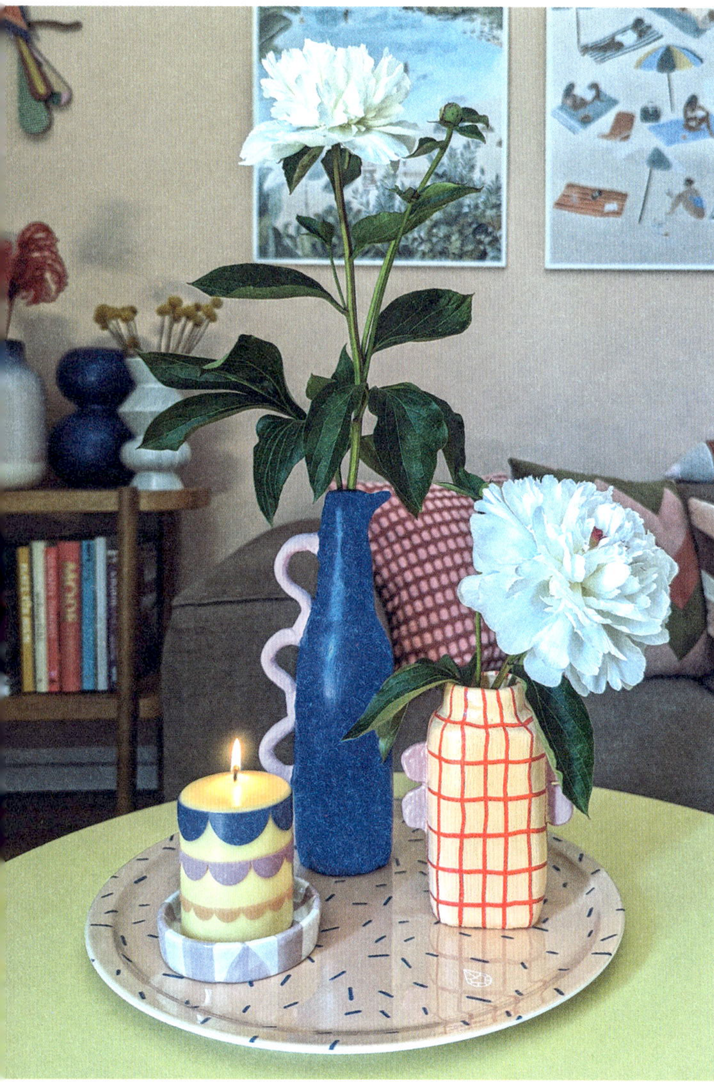

MATERIAL

- Alte Flaschen und Gefäße aus Glas
- Lufttrocknende Modelliermasse (Rayer)
- Schnellspachtelmasse
- Schleifpapier, 150er-Körnung
- Verschiedene Acrylfarben
- Pinsel
- Acryl-Pen (Rayer)
- Glänzender Klarlack (Rayer)

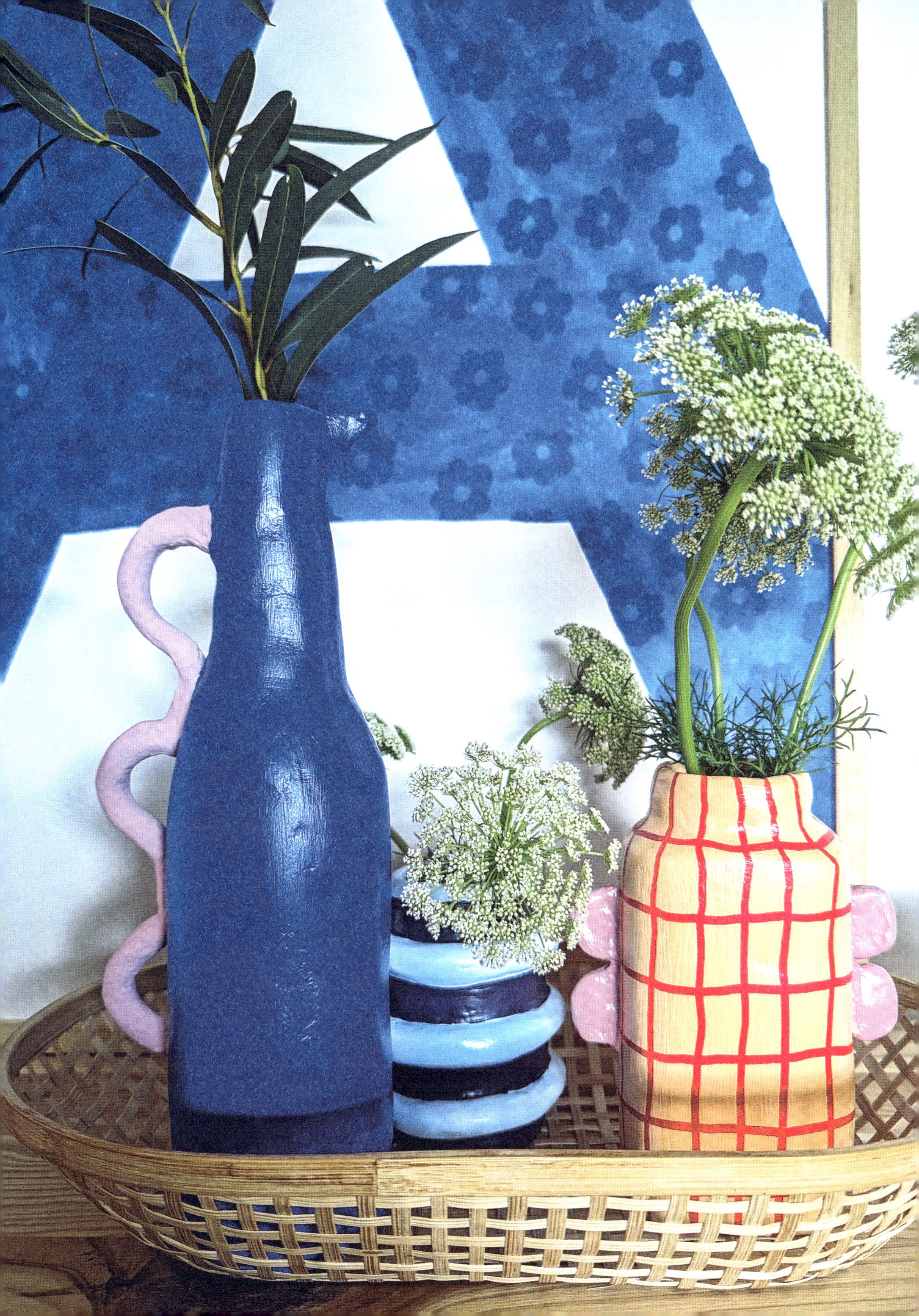

SO WIRD'S GEMACHT

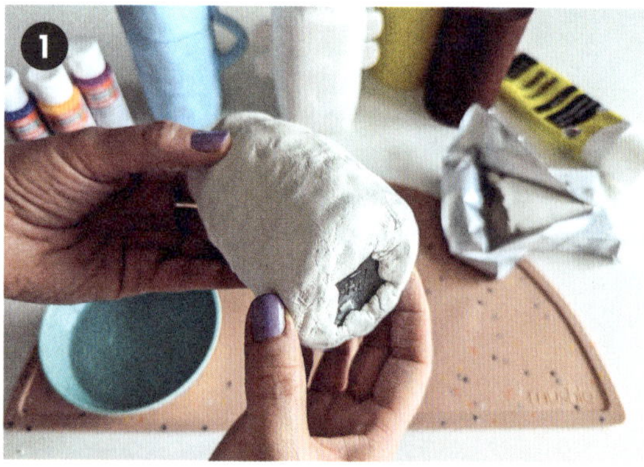

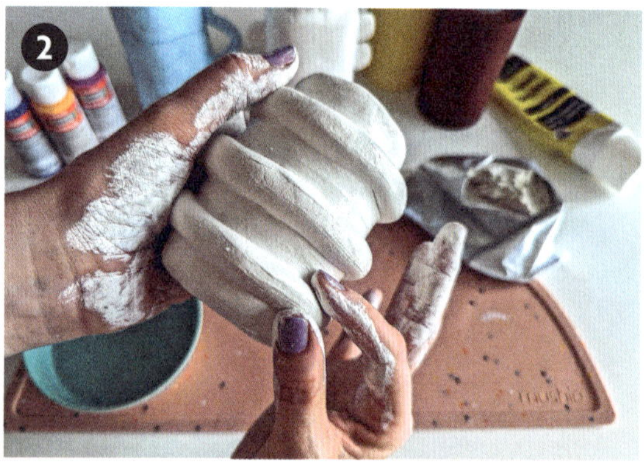

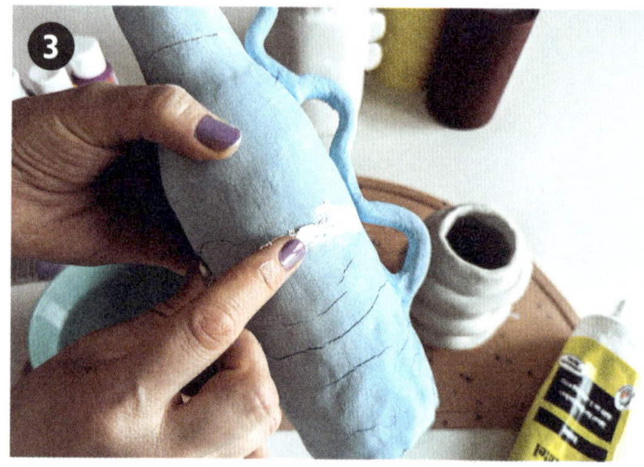

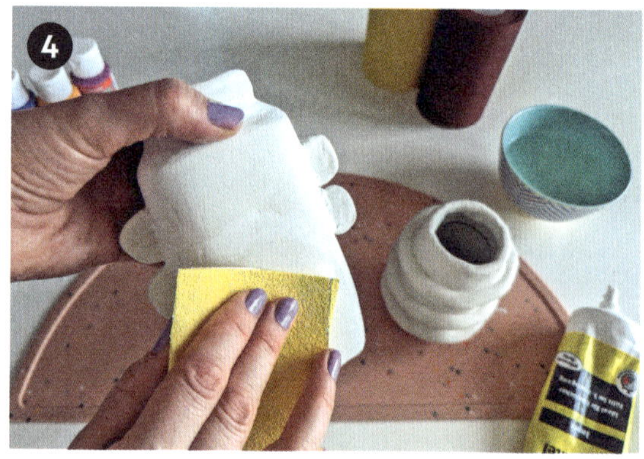

1. Die Gläser reinigen und vom Papieretikett befreien. Die Modelliermasse etwas kneten und anschließend in einem großen Lappen um das Gefäß legen. Alle Teile des Glases so mit einer etwa 0,5 cm dicken Lage Modelliermasse bedecken und den oberen Rand sowie Boden ebenfalls 1 cm einschlagen.

2. Aus der Masse Halbkreise oder Wülste formen und als Henkel oder umliegende Ringe an die Vase kleben. Zum Befestigen und Glattstreichen etwas Wasser und die Finger benutzen.

3. Die Gefäße 24 bis 48 Stunden komplett durchtrocknen lassen. Aufgetretene Spannungsrisse mit Spachtelmasse füllen.

4. Wieder kurz trocknen lassen und glatt schleifen.

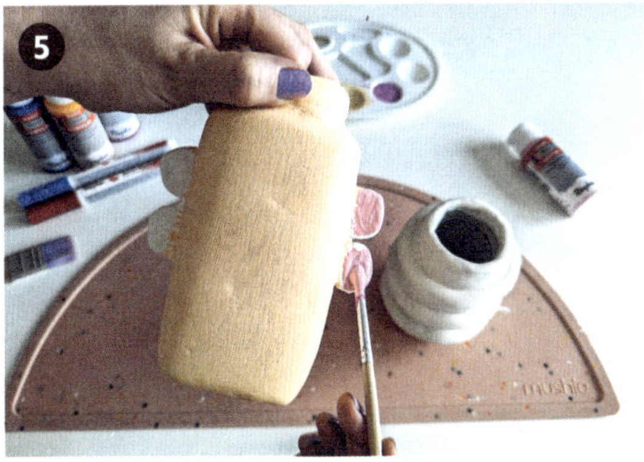

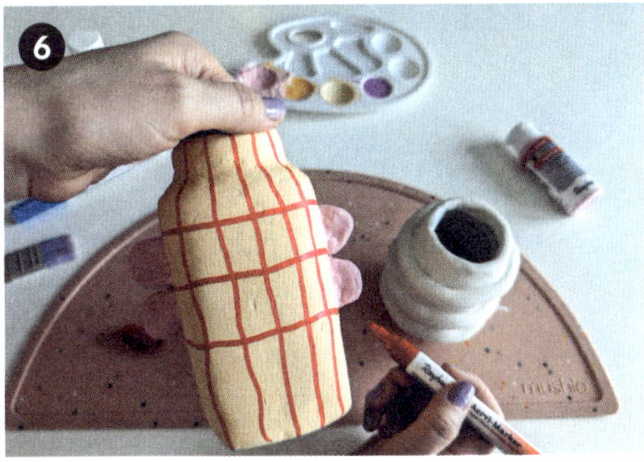

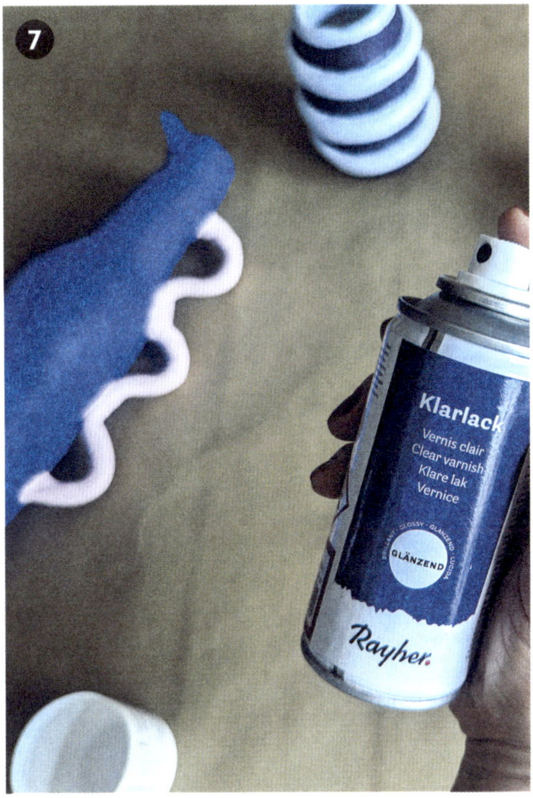

5. Mit mind. zwei Farben kontrastreich bemalen.

6. Mit dem Acryl-Pen können Muster aufgezeichnet werden.

7. Um einen glasierten Keramiklook zu erhalten, die Vasen abschließend glänzend lackieren.

TIPP

Für mehr Stabilität der fragilen Griffe können kurze Stücke eines Zahnstochers in die Ummantelung und den aufgesetzten Henkel eingeführt werden, welche komplett in der Modelliermasse verschwinden und dort verbleiben.

Bubble-Vase aus recycelten Weihnachtsbaumkugeln

Obwohl wir uns mitten im Frühlings- und Sommerkapitel befinden, müssen für dieses Projekt nochmal die Weihnachtskisten auf links gedreht werden. Dort sammeln sich über die Jahre häufig ungeliebte kleine Weihnachtsbaumkugeln in den wildesten Farben an. Solltest du nicht zu den Sammlern solcher Dinge gehören, eignen sich für diese Art Vase auch Tischtennisbälle, Holz- oder Wattekugeln in unterschiedlichen Größen oder Ostereier aus Kunststoff.

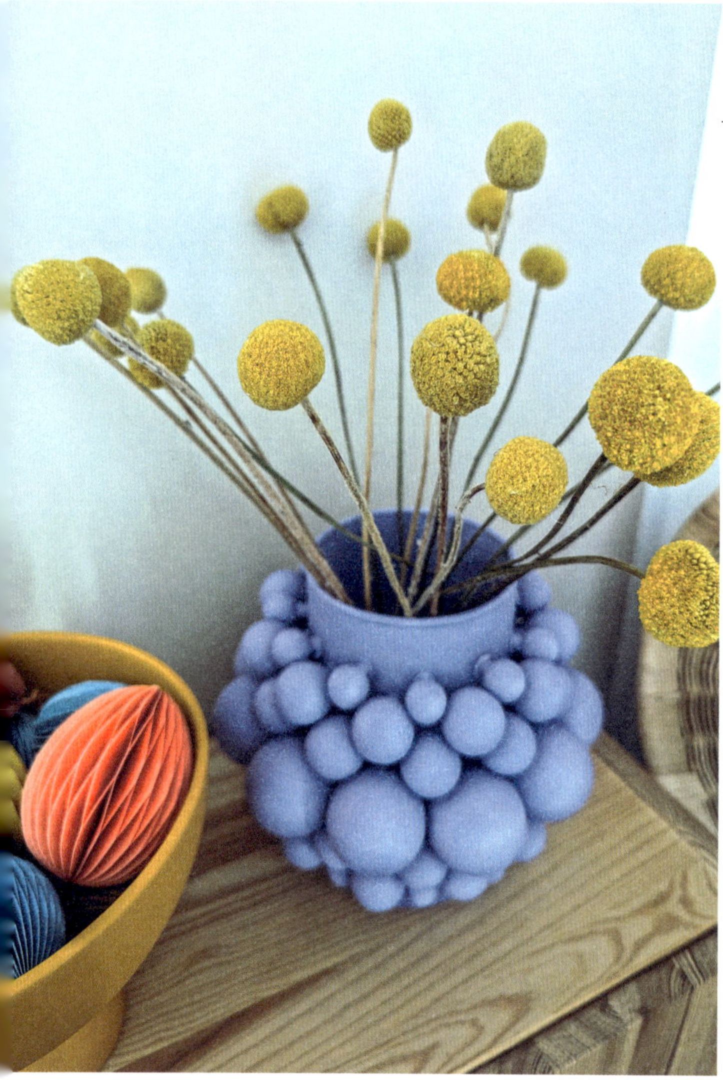

MATERIAL

- Zylindervase aus Glas oder Keramik, Höhe 20 cm, Durchmesser 10 cm
- Weihnachtsbaumkugeln aus Glas oder Kunststoff mit unterschiedlichem Durchmesser (11 x 5 cm; 44 x 3 cm; 22 x 1,5 cm)
- Heißklebepistole
- Kreidelack aus der Spraydose (Rayer)

SO WIRD'S GEMACHT

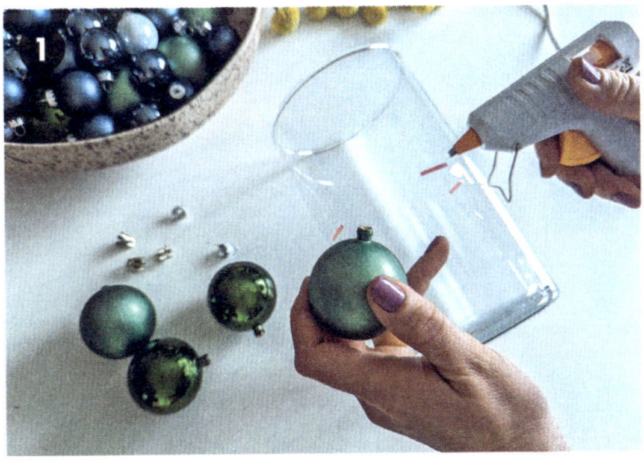

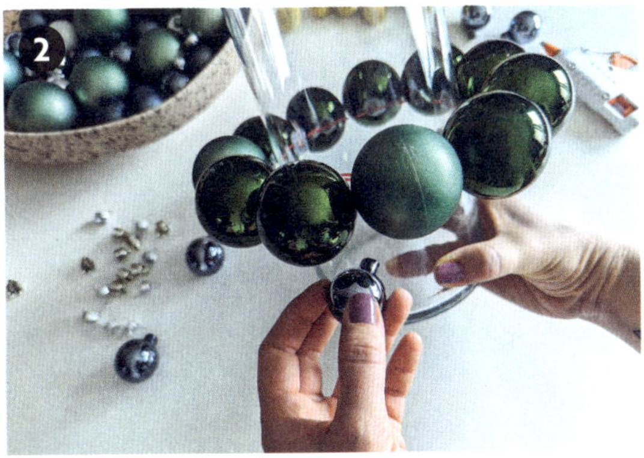

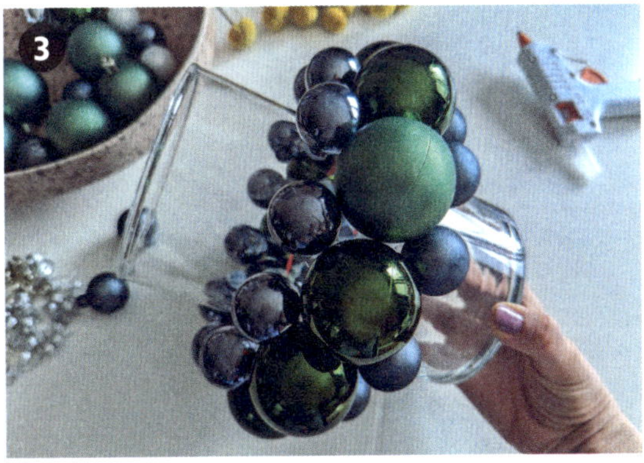

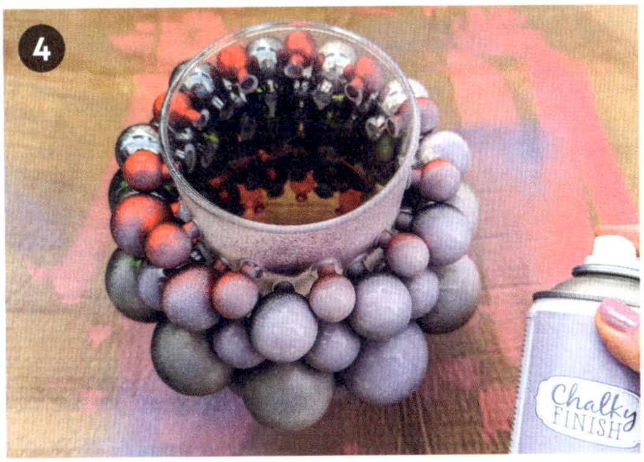

1. Alle Weihnachtsbaumkugeln vom Aufhänger befreien und bei Bedarf fettfrei reinigen, damit die Farbe später optimal daran haftet. Die horizontale Mitte der Vase ausmessen und markieren, um die größten Kugeln darauf in Reihe festzukleben. Als Klebepunkt für den Heißkleber dient stets der ehemalige Hals der Aufhängung.

2. Jeweils auf Lücke werden nun ober- und unterhalb dieser ersten Reihe je zwei Reihen kleinerer Kugeln an die Vase geklebt.

3. Den Abschluss bildet oben und unten eine Runde der kleinsten Kugeln. Bevor die Vase mit Farbe besprüht wird, sollten alle Reste und Fäden des Heißklebers beispielsweise mit einem Pinsel vorsichtig entfernt werden.

4. Nun kann die Bubble-Vase an der frischen Luft mit zwei bis drei dünnen Schichten Lackspray im gewünschten Ton eingefärbt werden. Unbedingt eine Unterlage verwenden.

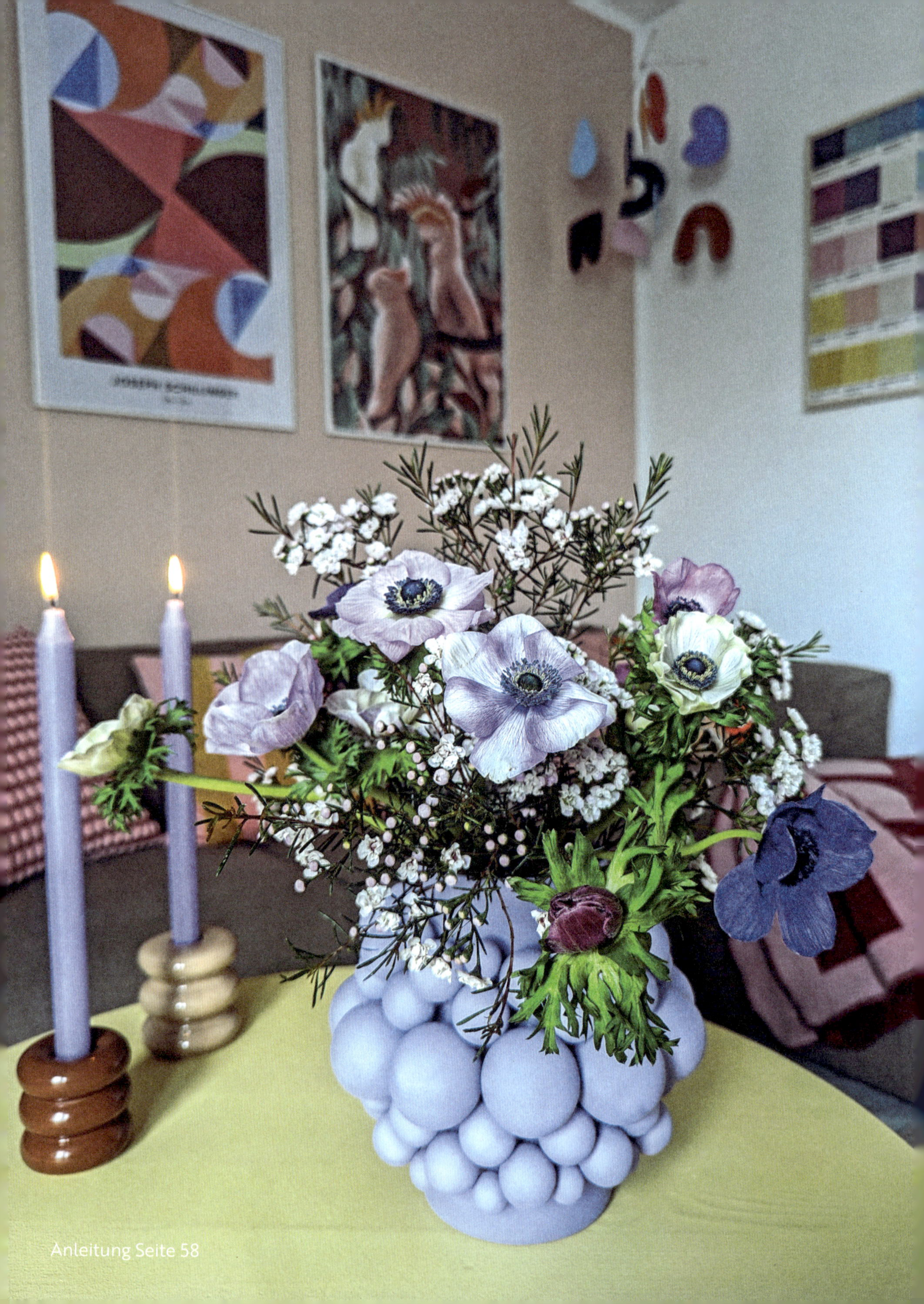

Anleitung Seite 58

Drip-Tassen

„Drip" heißt auf deutsch „Tropfen" und bezeichnet den anhaltenden Trend, Flüssigkeiten dekorativ an Leinwänden, Torten und Keramik heruntertropfen zu lassen. Diese Tassen werden jeweils mit zwei Porzellanmalfarben derselben Farbfamilie beträufelt, und der Effekt ist die reinste Wundertüte. Spiel, Spaß und Spannung – was will unser Dopamin-Herz mehr?

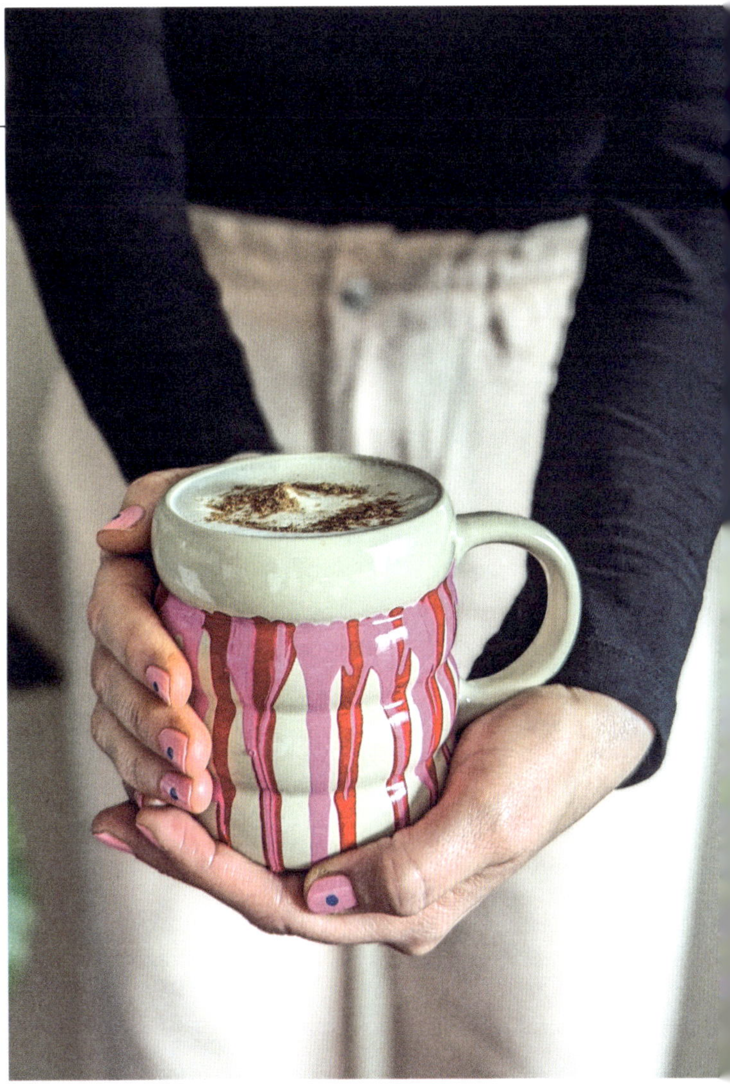

MATERIAL

- Einfarbige Tasse aus Keramik
- Mind. 2 Porzellanmalfarben zum Einbrennen
- Einmalspritze oder Pipette

TIPP

Ein besonders hübsches Ergebnis wird erzielt, wenn man wirklich nur kleine Mengen aus der Spritze drückt, um zu erreichen, dass nicht jeder Tropfen bis zum Boden der Tasse läuft.

SO WIRD'S GEMACHT

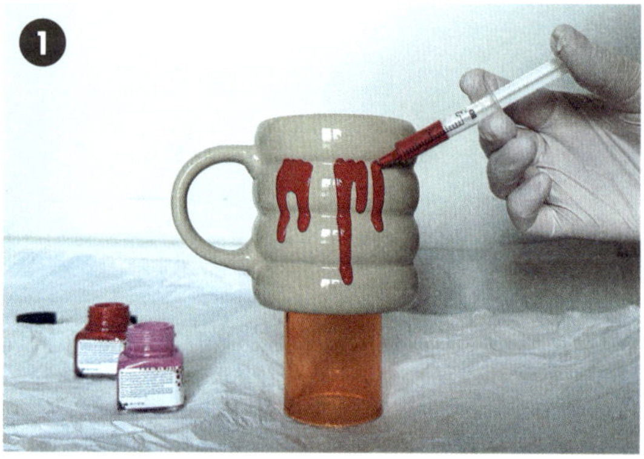

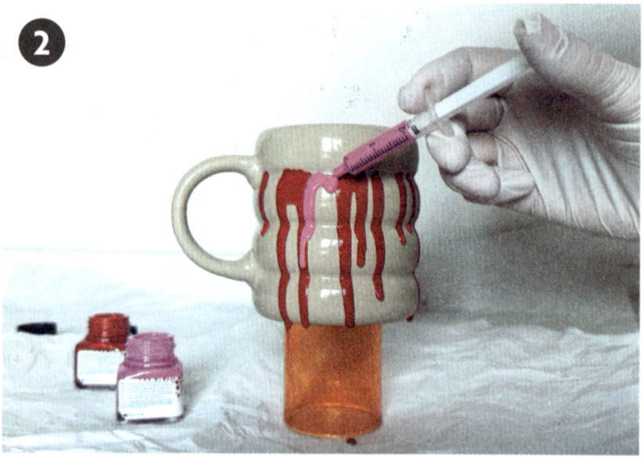

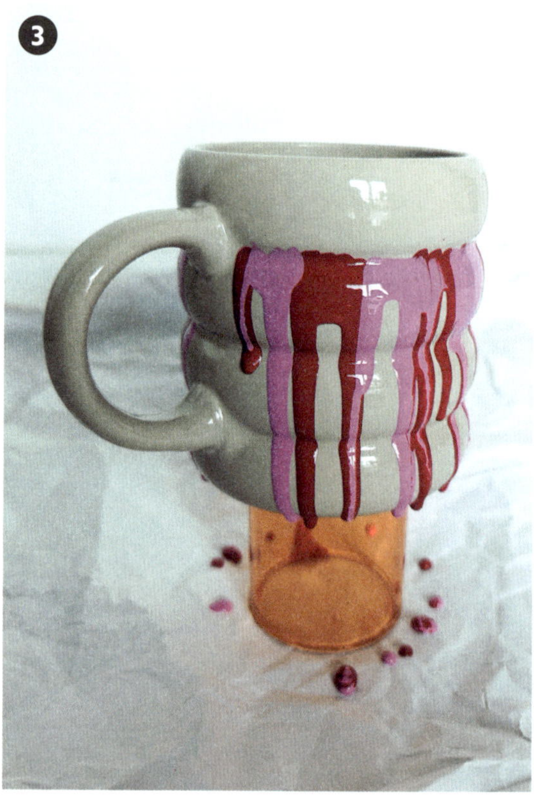

1. Die Arbeitsfläche mit einer Unterlage schützen und die Tasse auf ein kleineres Gefäß mit geringerem Durchmesser setzen. 2–5 ml Farbe mit der Spritze aufziehen und einzelne Tropfen an den oberen Rand der Tasse setzen und herablaufen lassen. Es ist zu empfehlen, die Mundkante der Tasse freizulassen und erst 2 cm unterhalb mit der Farbe zu starten.

2. Im Anschluss direkt mit dem zweiten Ton Porzellanmalfarben identisch fortfahren und alle Lücken im oberen Rand damit auffüllen. Die oberste Kante sollte also ein geschlossener Farbrand sein, aus dem die beiden Farben nach unten tropfen.

3. Die Farben vollständig abtropfen lassen und Farbnasen am unteren Rand vorsichtig mit einem Wattestäbchen entfernen. Die Farbe trocknen lassen und nach Herstelleranleitung im Backofen einbrennen.

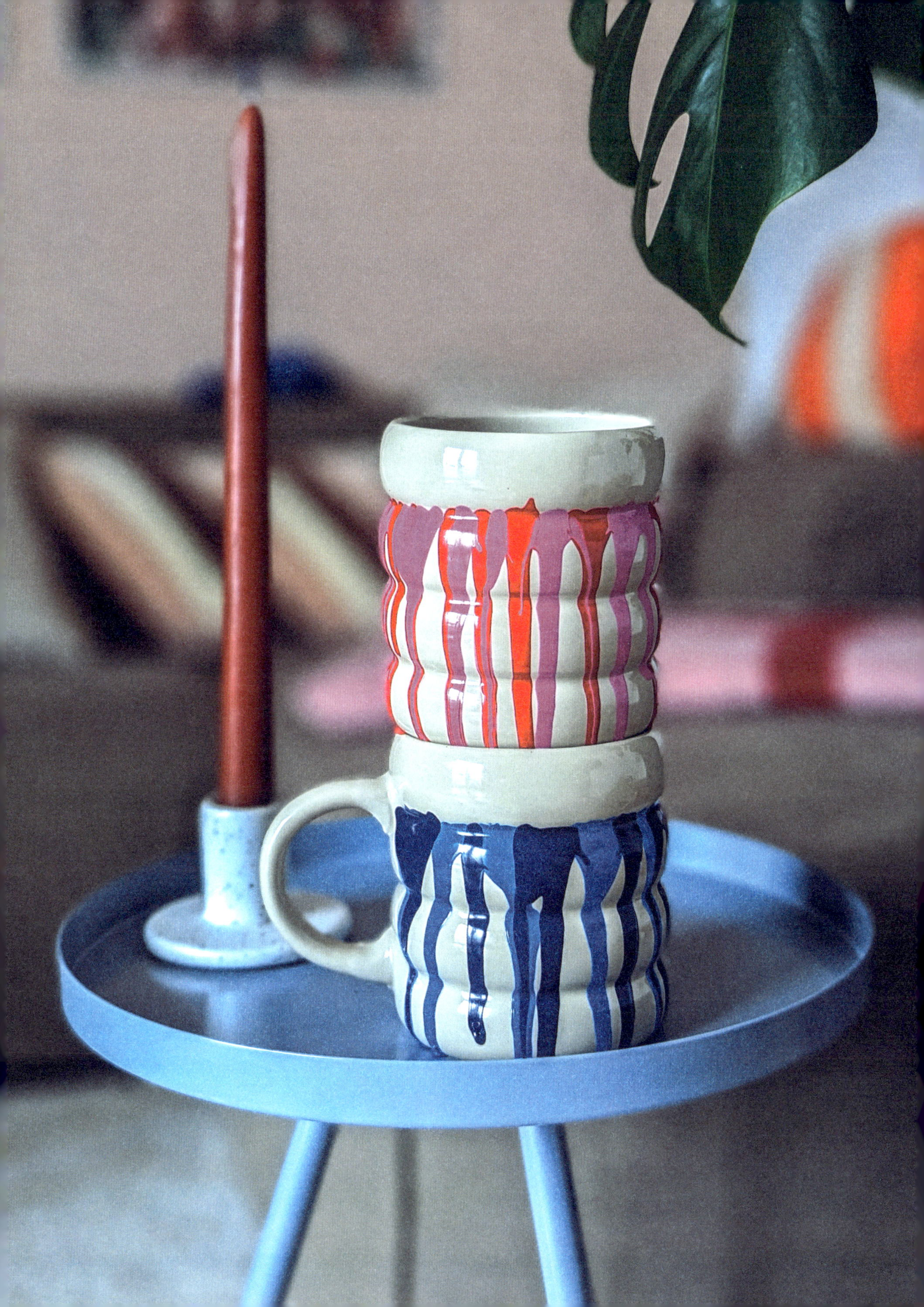

Flower Bowl mit Klebeband

Es ist kein Geheimnis mehr: Ich liebe Schnittblumen und schöne Vasen. Was ich allerdings auch liebe, sind Blumengestecke in Bowls, also Schüsseln. Das Ergebnis ist meist etwas dichter und üppiger als ein Strauß in der Vase und gleichzeitig flacher. Daher eignen sich Flower Bowls auch ideal für die Tischmitte, ohne dass das Gegenüber hinter einer Mauer aus Blüten verschwindet. Damit die Stängel der Blumen in einer weiten Schüssel Halt finden, gibt es einige Hilfsmittel: Steckschaum, Kenzan-Steckigel, Hasendraht oder ein Gitter aus Klebeband.

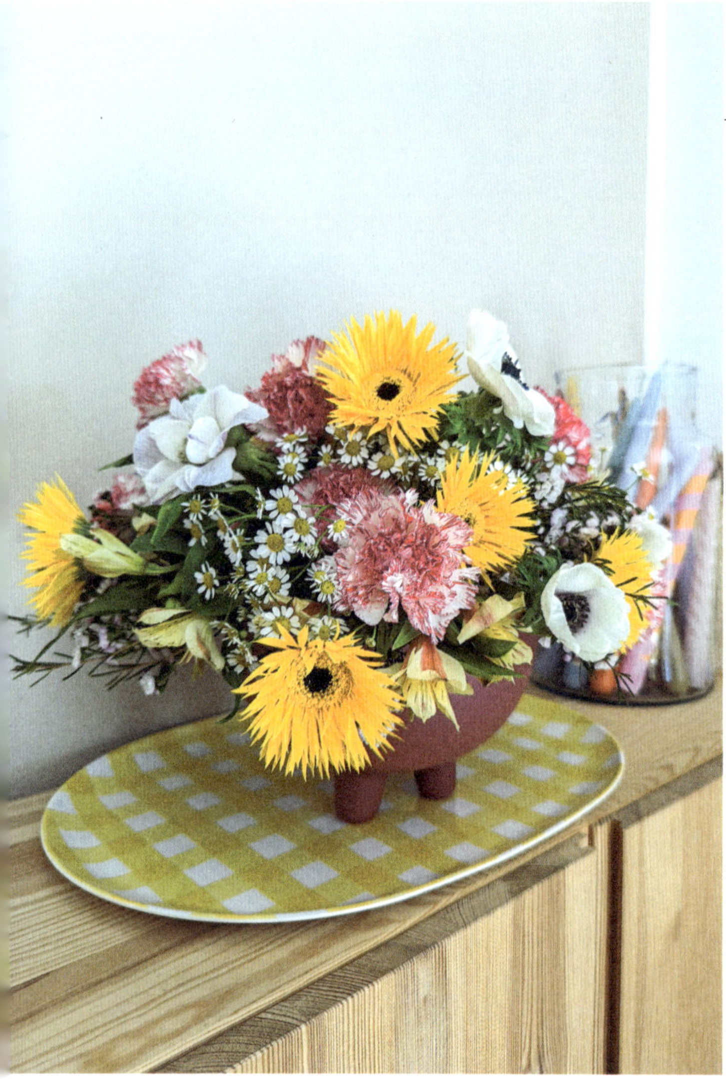

MATERIAL

- Keramikschale mit oder ohne Fuß
- Transparentes Klebeband
- 4–6 unterschiedliche Arten Schnittblumen, von denen mind. 2 buschig und kleinblütig sein sollten (z. B. Schleierkraut, Kamille, Flieder, Wachsblumen)

SO WIRD'S GEMACHT

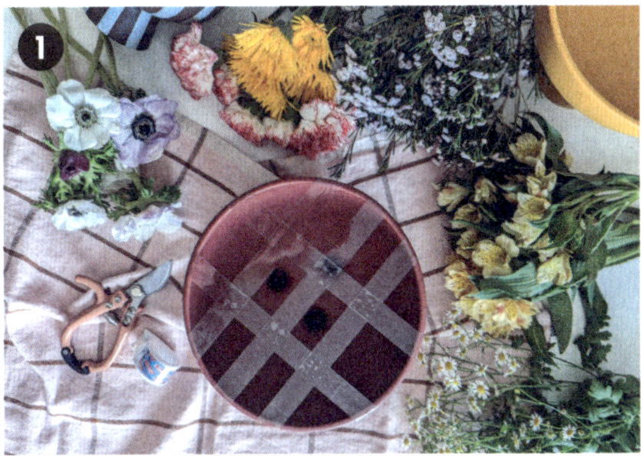

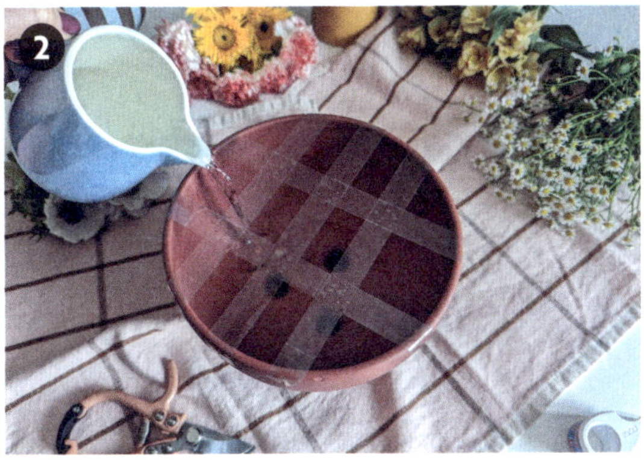

1. Die Schale am oberen Rand mit einem Gitter aus Klebeband versehen. Je mehr Bahnen sich kreuzen, desto mehr Halt bekommen die Blumen. Das Stecken wird mitunter aber dadurch auch beschwerlicher.

2. Das Gefäß vorsichtig mit Wasser befüllen.

3. Beim Stecken vom Rand zur Mitte vorarbeiten und außen mit den fülligeren Blüten als Sträußchen starten, um Volumen und Stand aufzubauen.

4. Zur Mitte hin Blumen mit längeren Stielen und größeren Blumenköpfen verwenden.

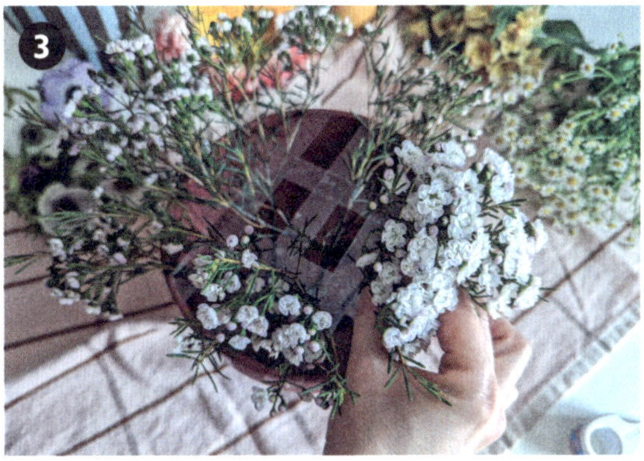

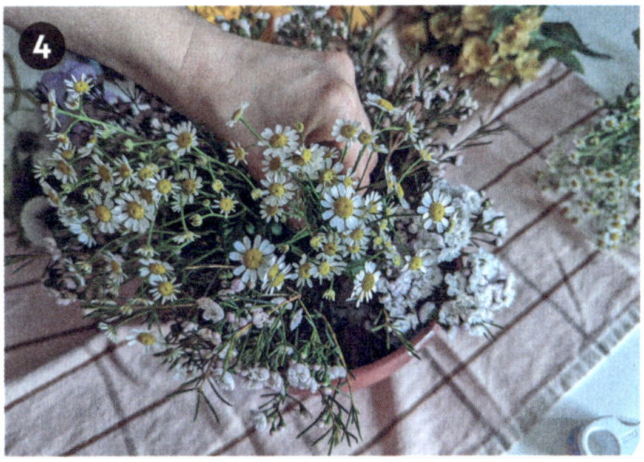

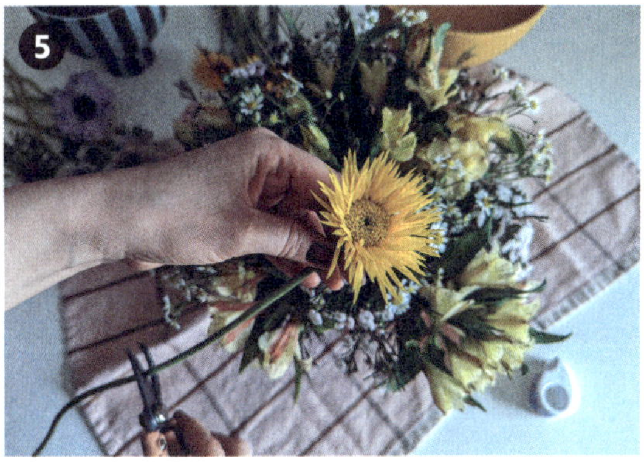

5. Am Ende Lücken füllen und die schönsten Solokünstler einsetzen. Besonders imposante Exemplare lasse ich etwas länger und über dem Rest thronen. Auch Gräser lassen das Gesamtwerk fedriger und wilder wirken.

Runder Kugel-Spiegel

Dieser Spiegel ist wirklich ein Klassiker des Dopamin-Stils und der Bubble-Vase sehr nahe. Insgesamt sind wir wieder bei Rundungen, Kreisen und Kugeln. Die Optik dieses Spiegels ist durchgängig weich und fernab von einem eckigen Exemplar mit Alurahmen. Ein Spiegel im Wohnraum muss nicht unbedingt nur der Kontrolle der eigenen Optik dienen, sondern reflektiert das einfallende Licht, erschafft Tiefe und lässt Deko doppelt zur Geltung kommen.

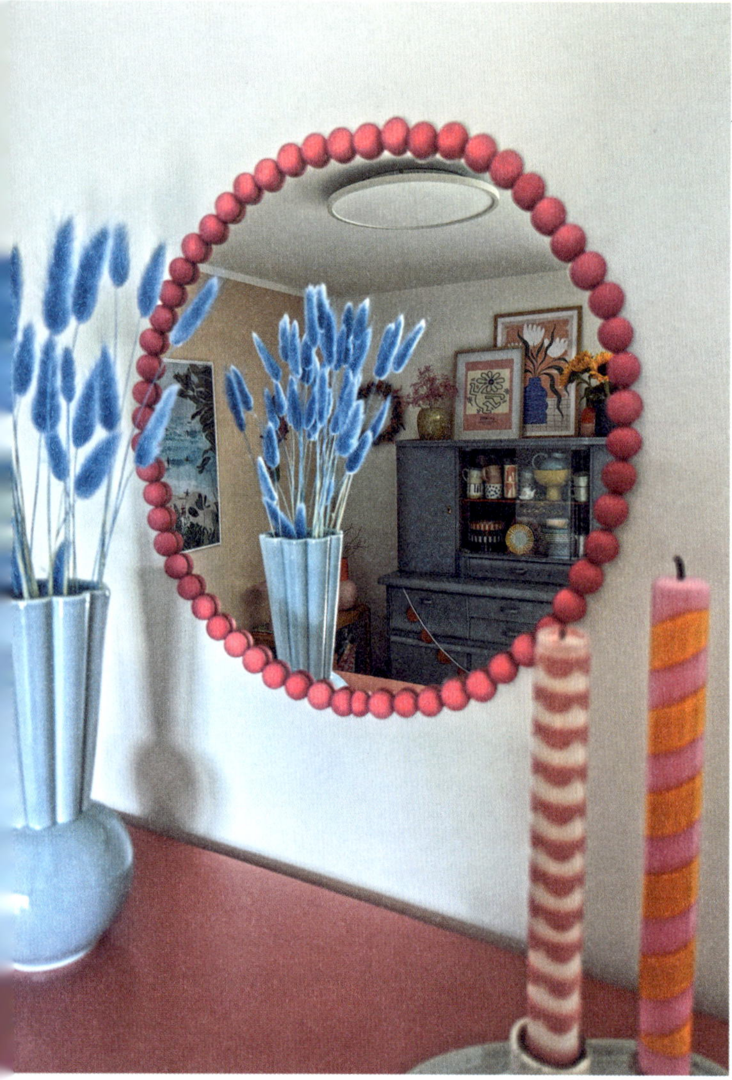

MATERIAL

- Runder oder ovaler Spiegel, Durchmesser 38 cm
- 60 Halbholzkugeln, Durchmesser 2 cm (Rayer)
- Farbspray
- Alleskleber für Glas und Keramik

SO WIRD'S GEMACHT

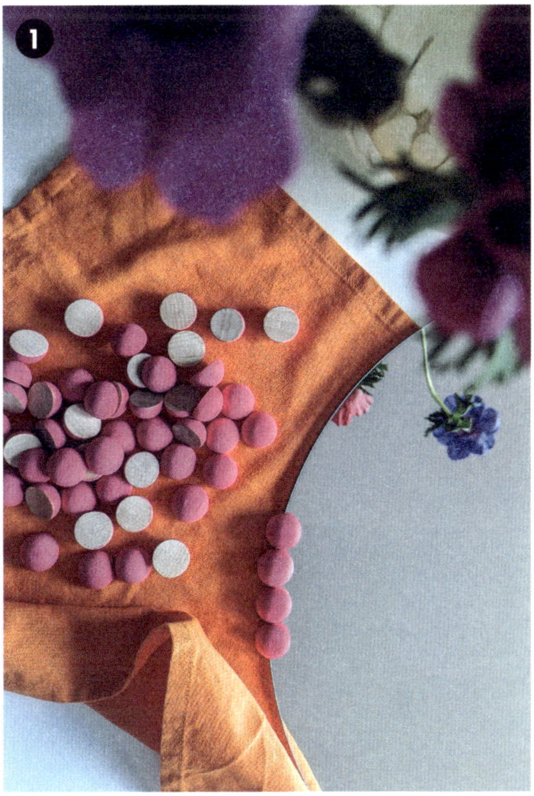

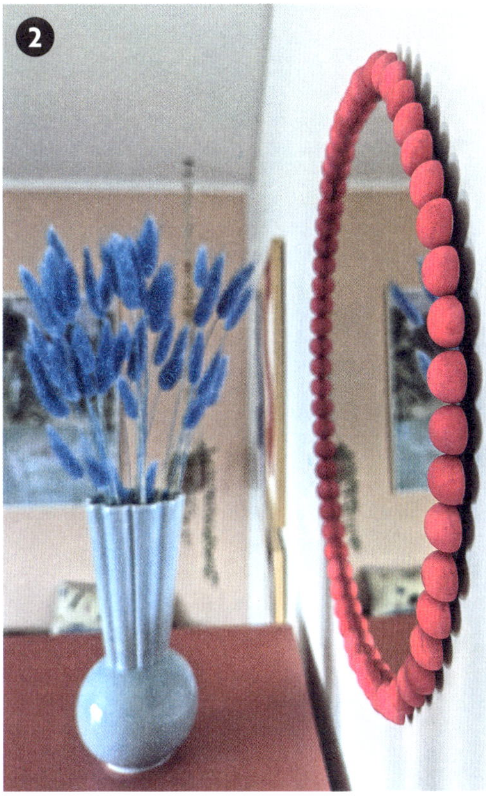

1. Den Umfang des Spiegels messen und durch den Durchmesser der Halbholzkugeln teilen, um die benötigte Anzahl der Kugeln zu errechnen. Alle Kugeln mit der Wölbung nach oben auf eine Pappe legen und mit dem Lackspray einfärben. Die getrockneten Halbholzkugeln mit einem Punkt Kleber mittig auf den Rand des Spiegels setzen und mögliche Kleberreste auf dem Spiegel sofort entfernen.

2. Den fertigen Spiegel aufhängen oder an die Wand lehnen und mit einem kleinen Klebepunkt vorm Umfallen sichern.

Wellenblende für Vasen

Die folgenden beiden Projekte werden aus demselben Material hergestellt, welches ich durch Zufall bei einem Streifzug durch den Baumarkt entdeckt habe: eine PVC-Wellplatte. Die weiche Wellenstruktur ist topaktuell und durch die günstige Platte unkompliziert ins heimische Interieur zu integrieren.

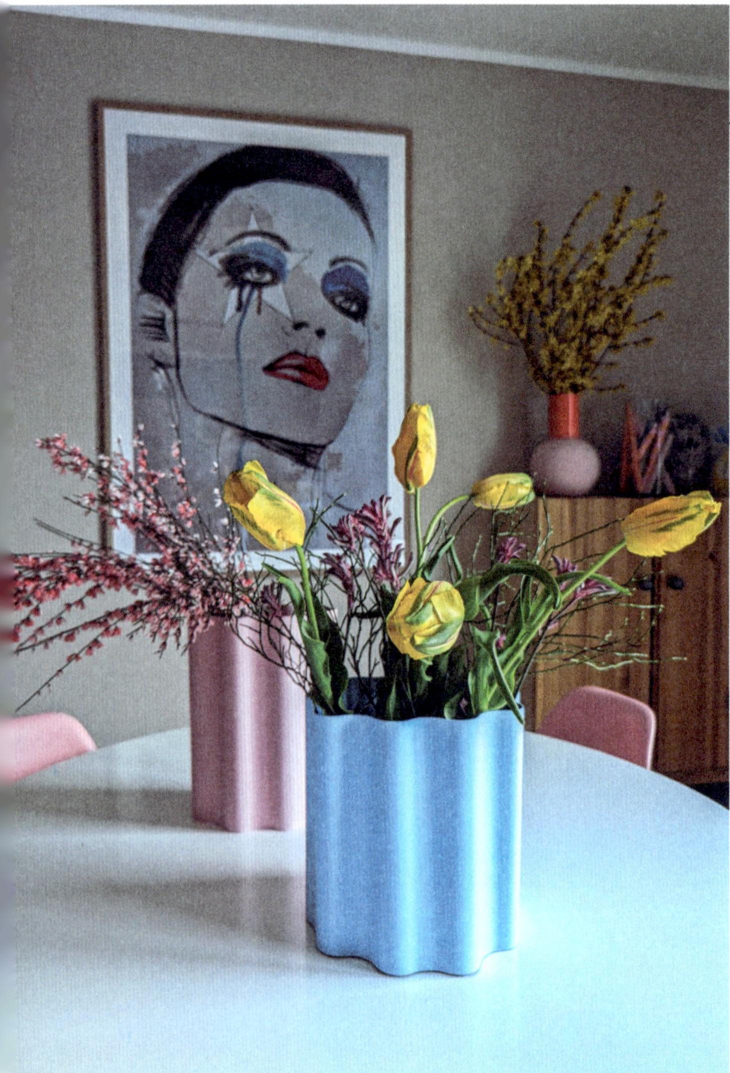

MATERIAL

- PVC-Wellplatte, 120 x 80 cm, Stärke 1,2 mm
- Bohrmaschine mit Holzbohrer, 5 mm
- Schrauben und Muttern, 5 mm
- Mattes Farbspray
- Konservengläser oder andere wasserdichte Gefäße

TIPP

Die Wellplatte habe ich mir direkt im Baumarkt in Streifen schneiden lassen. Dies ist beim Holzzuschnitt kostenlos oder für einige Euro problemlos möglich und deutlich akkurater als das Zuschneiden zu Hause.

SO WIRD'S GEMACHT

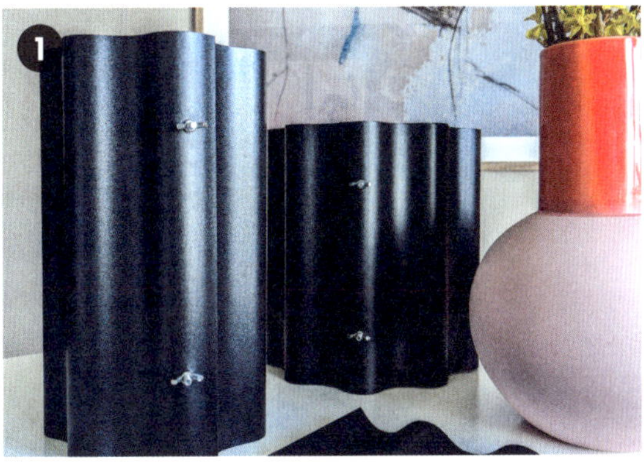

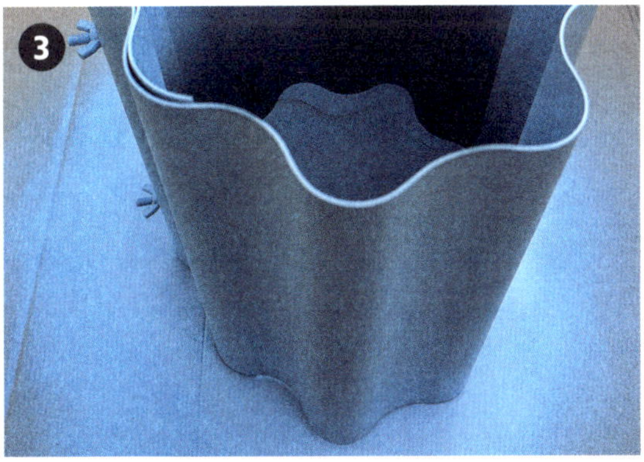

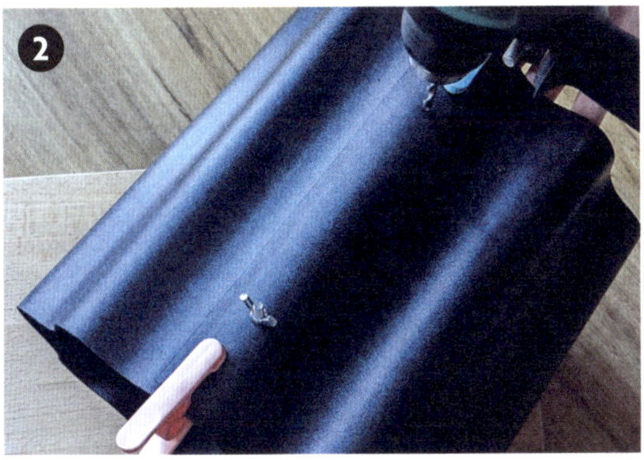

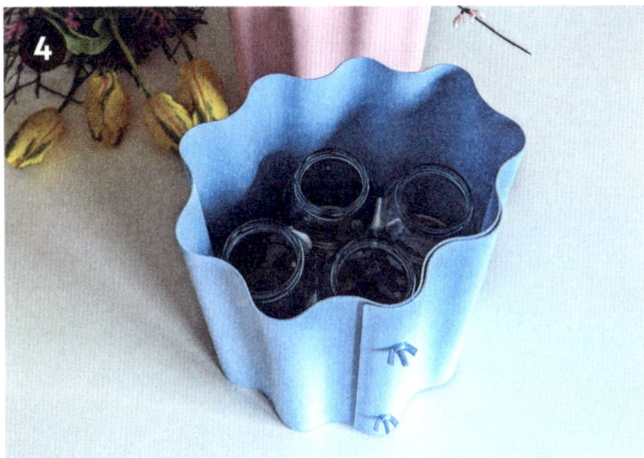

1. Für diese beiden Vasen werden Stücke zu 80 x 25 cm und 80 x 30 cm benötigt. Je nach gewünschtem Durchmesser die Streifen mehr oder weniger überlappend als Manschette um die Gläser legen. Die Bohrlöcher zum Fixieren dieser Größe am oberen und unteren Rand markieren.

2. Die Platte an den markierten Punkten durchbohren und mit zwei Schrauben und Muttern zusammenbauen. Anschließend von Bohrstaub und Fett befreien.

3. Das Farbspray gut schütteln und in mehreren dünnen Schichten kreuzweise auf die Außenseite der Wellenvase aufsprühen. Gut trocknen lassen.

4. Die Konservengläser mit Wasser füllen, die Manschette darüberstülpen und mit langstieligen Blumen oder Ästen befüllen.

Blumenhocker mit Stauraum

Diese kleine Erhöhung für unsere Monstera ist fast komplett aus Restbeständen unseres Balkons entstanden und ähnelt optisch einem sehr gehypten Tischchen vom schwedischen Möbelhaus. Hierfür kommt ein weiterer Streifen der PVC-Wellplatte mit 80 x 40 cm zum Einsatz. Im Inneren verbirgt sich zusätzlicher Stauraum, und der Deckel darf im bekannten Streifenlook glänzen.

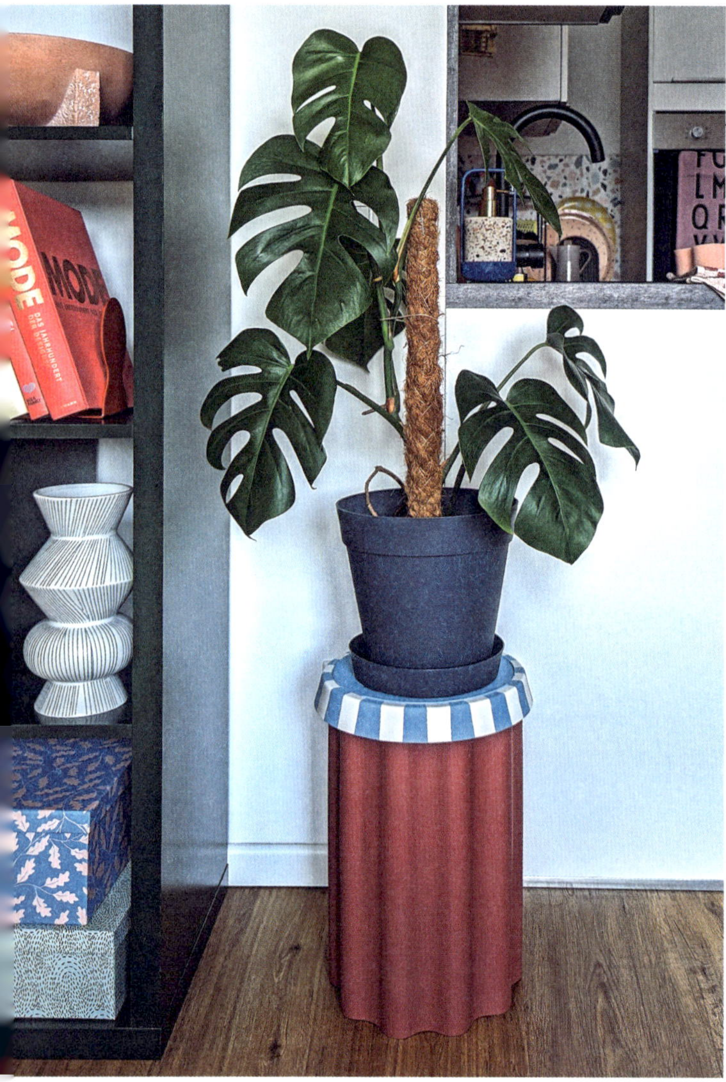

MATERIAL

- PVC-Wellplatte, 120 x 80 cm, Stärke 1,2 mm
- Bohrmaschine mit Holzbohrer, 5 mm
- Schrauben und Muttern, 5 mm
- Blumentopf oder Eimer, Durchmesser Oberkante 22 cm
- Weißer Blumenteller, Durchmesser 30 cm
- Klebeband
- Mattes Farbspray

SO WIRD'S GEMACHT

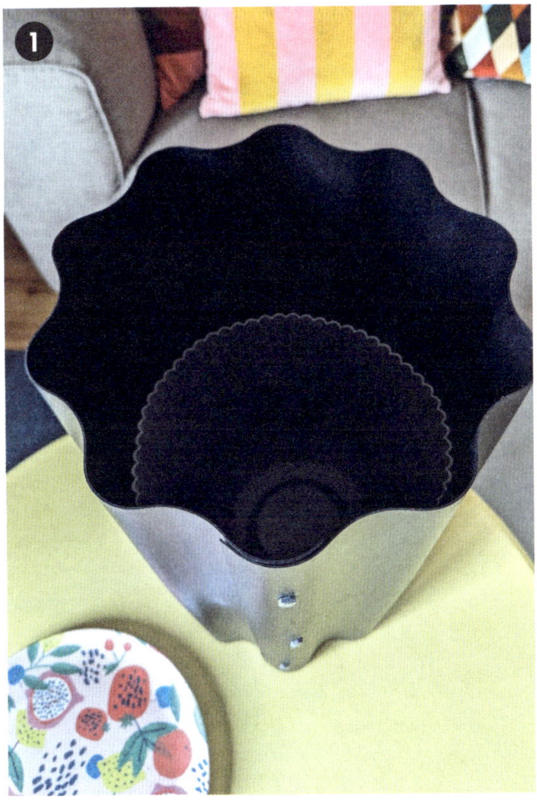

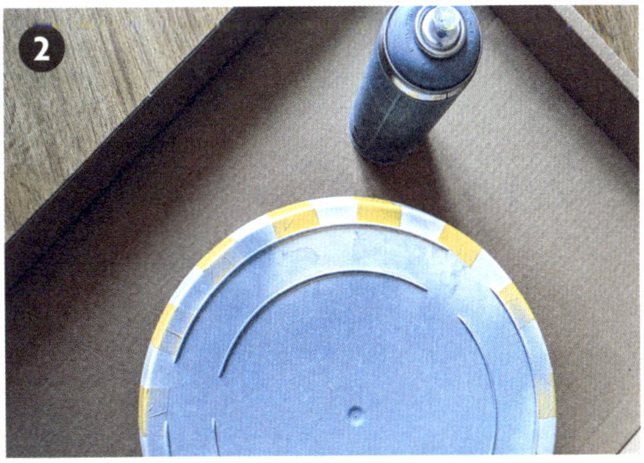

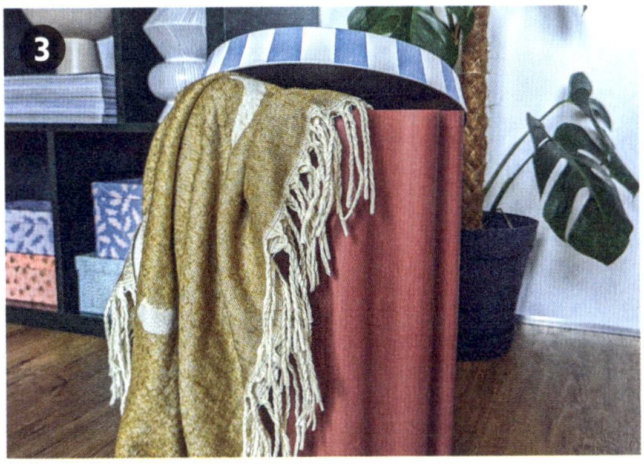

1. Die Wellplatte wie bei den vorangegangenen Vasen (siehe Seite 68) um den Blumentopf legen, Löcher bohren, mit drei Schrauben und Muttern fixieren und farbig ansprühen. Die Höhe beträgt am Ende 40 cm, der Umfang ca. 70 cm, da das 80 cm breite Stück sich zur Montage einen Wellenbogen überlappen muss.

2. Den Blumenteller mit Klebebandstreifen abkleben und in einer Komplementärfarbe zum Hocker ansprühen. Das Klebeband nach dem Trocknen vorsichtig abziehen.

3. Nicht nur schick, sondern auch praktisch: Der fertige Hocker bietet zusätzlichen Stauraum.

TIPP

Um die Stabilität des Hockers zu erhöhen, diesen straff über den Blumentopf stülpen, ggf. schwer befüllen und mit dem umgekehrten Pflanzenuntersetzer abdecken.

Dreierlei Untersetzer aus Polymer Clay

Fimo bzw. Polymer Clay ist ein dankbarer Werkstoff, der sich leicht verarbeiten lässt und in tollen Farben erhältlich ist. Ich habe ein ähnliches Projekt mit lufttrocknender Modelliermasse versucht und bin fast verzweifelt. Diese Untersetzer machen mich hingegen jeden Tag glücklich und dürfen auch gern als Deko-Objekt in der Küche zum Einsatz kommen.

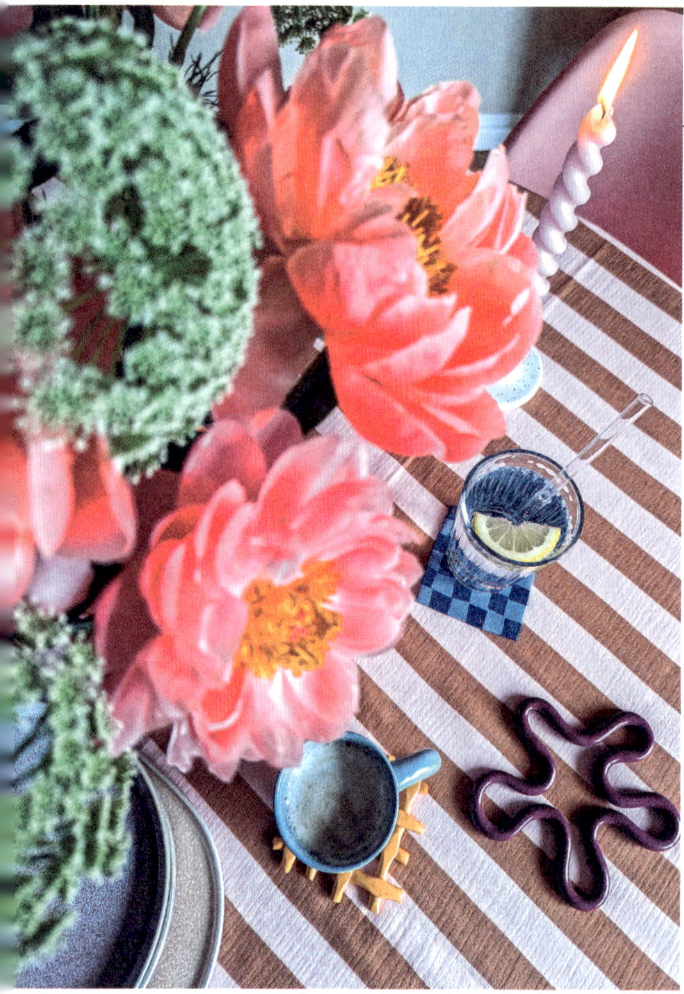

MATERIAL

- Fimo soft in Papaya, Himbeere, Brillantblau, Morning Breeze
- Glänzender Fimo-Lack
- Messer
- Lineal
- Backpapier
- Nudelholz

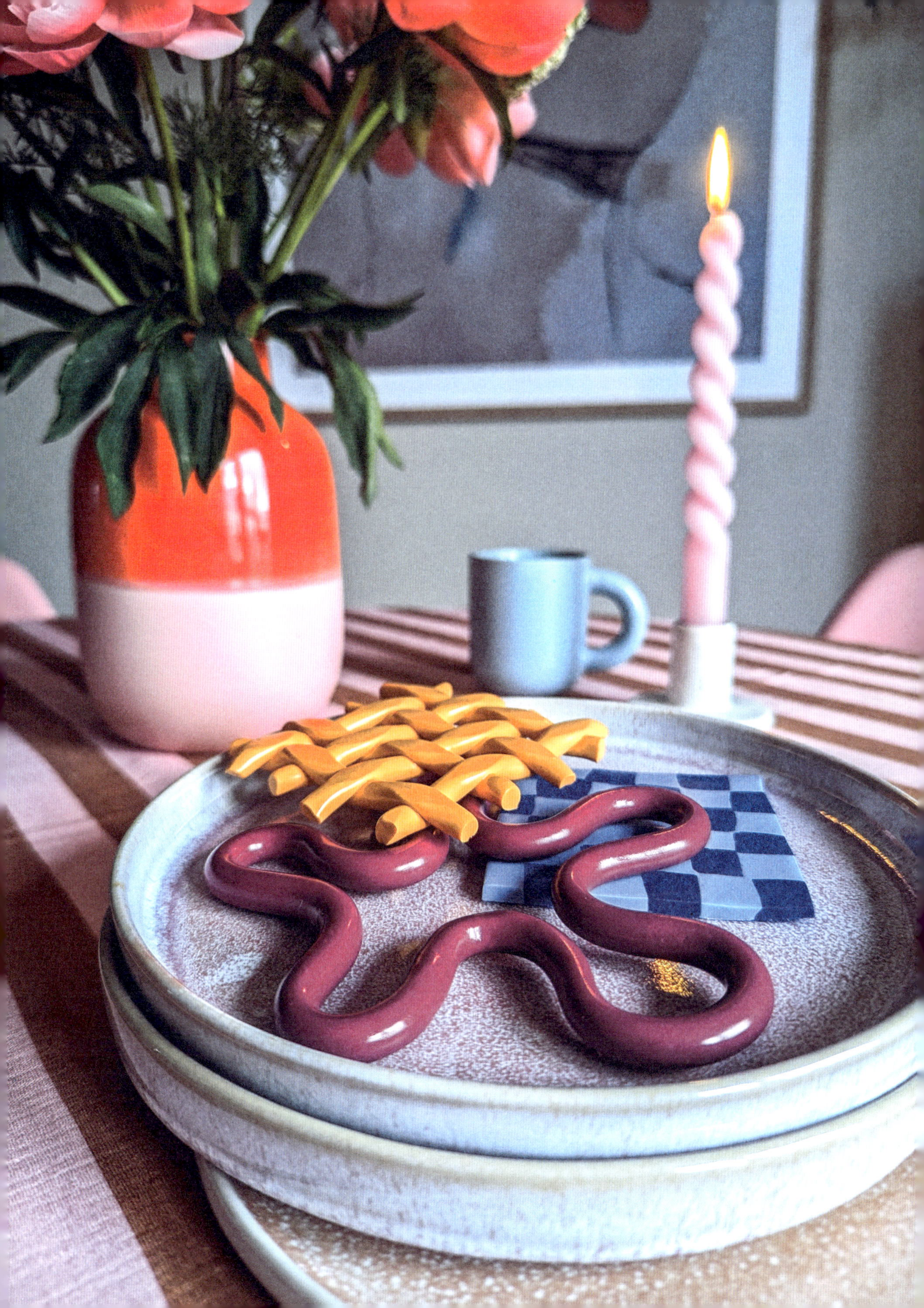

SO WIRD'S GEMACHT

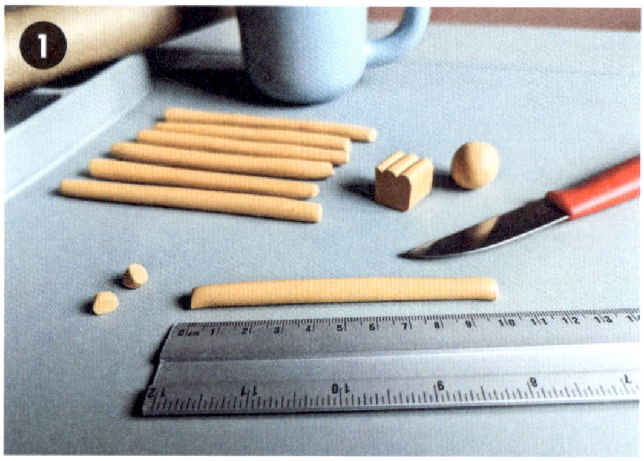

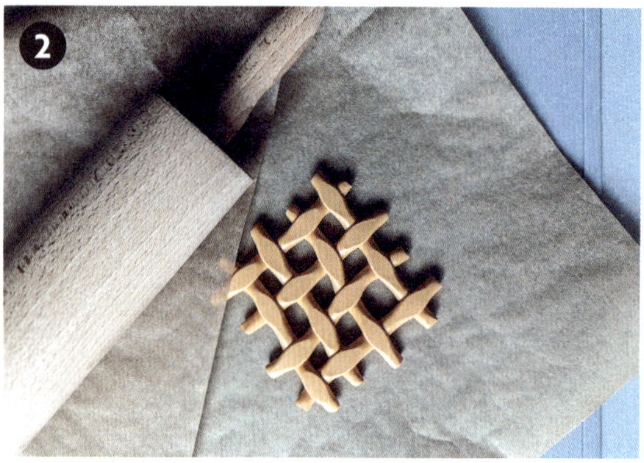

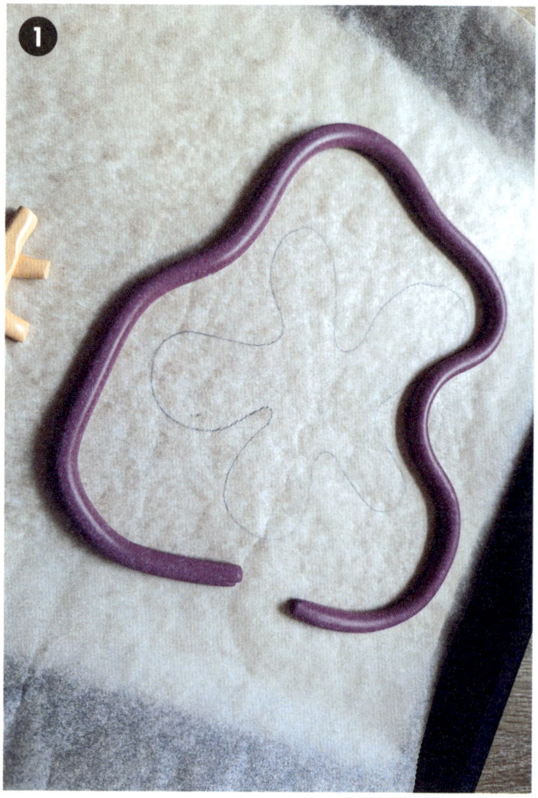

Variante 1:

1. Den Block Fimo Papaya in neun gleichgroße Teile zerschneiden und acht davon per Hand zu Kugeln und anschließend zu 11 cm langen Rollen drehen. Rechts und links die dünnen Enden abschneiden, sodass acht akkurate 10 cm lange Stränge übrig bleiben.

2. Diese zu einem Gitter weben, mit Backpapier abdecken und mit dem Nudelholz nur die Knotenpunkte vorsichtig etwas platt walzen.

Variante 2:

1. Fimo Himbeere komplett zu einer Kugel und anschließend zu einer gleichmäßigen Wurst von 70 cm Länge rollen. Diese Rolle zu einer Art Blüte legen, welche allerdings nicht symmetrisch sein soll. Die beiden Enden miteinander verbinden und die Naht mit den Fingern glatt streichen.

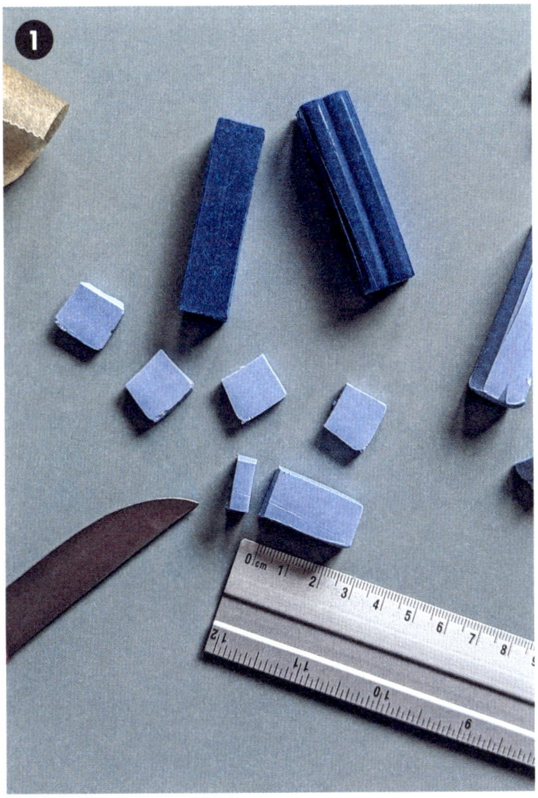

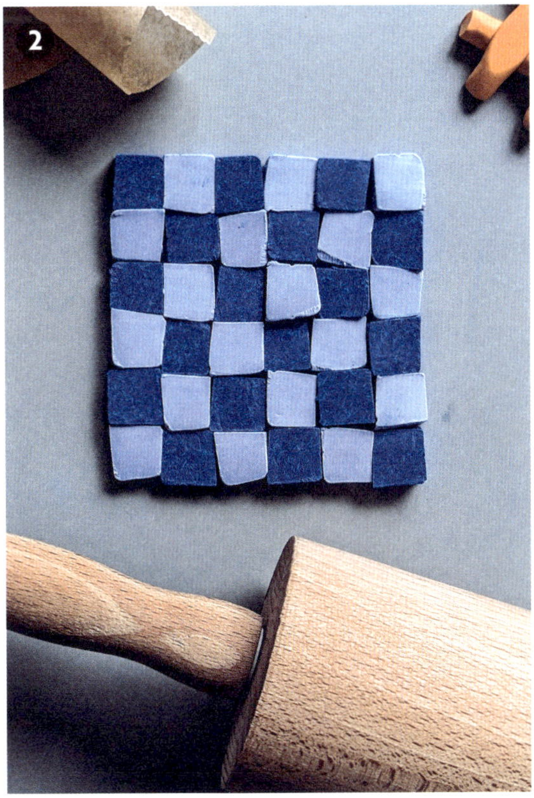

Variante 3:

1. Von beiden blauen Fimo-Blöcken anhand der Hilfslinien je zwei gleichgroße Stränge einteilen und die Bögen auf der Oberseite vorsichtig abtragen. Die Stränge sollten nun im Querschnitt gleichmäßig 1 x 1 cm messen.

2. Je Blauton 18 Scheiben mit einer Stärke von 0,5 cm abschneiden und zu einem Schachbrett auslegen. Mit Backpapier abdecken und mit dem Nudelholz so lange platt rollen, bis sich alle Lücken geschlossen haben und die Felder aneinander haften. Die Ränder bei Bedarf mit Lineal und Messer gerade abschneiden.

Alle Untersetzer 30 Minuten im Ofen bei 110 Grad brennen, auskühlen lassen und mit Glanzlack versiegeln.

Osterkranz aus Anzuchttöpfen

Dieser Osterkranz kann sowohl aus Eierkartons als auch aus Anzuchttöpfen hergestellt werden, wobei Letzteres deutlich schneller und einfacher ist. Die Basis bleibt dieses Mal farblich unangetastet, wird allerdings durch knallige Farbspritzer und leuchtende Bänder aufgepimpt.

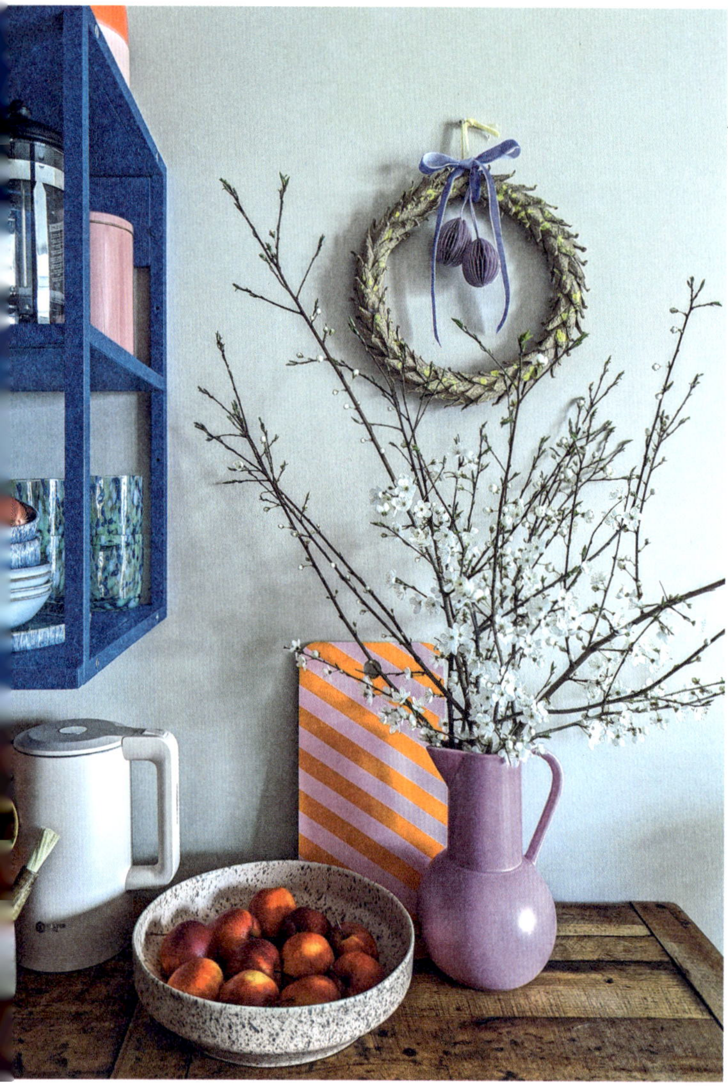

MATERIAL

- 1 Pack kleine Anzuchttöpfe aus Pappe, ca. 50 Stück
- Schere
- Heißklebepistole
- Acrylfarbe in greller Farbe
- Alte Zahnbürste
- Samtband
- Optional: Papierostereier

SO WIRD'S GEMACHT

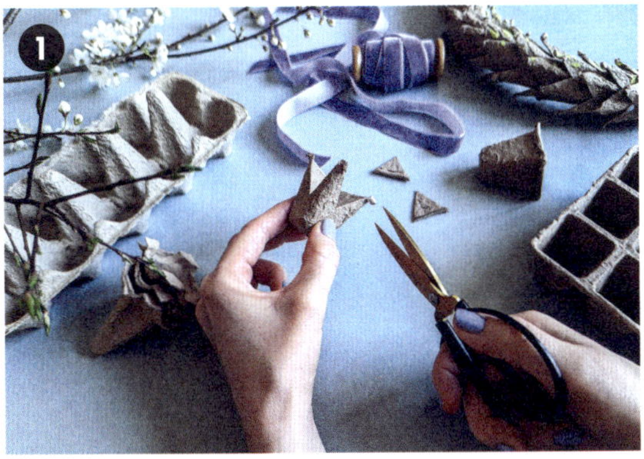

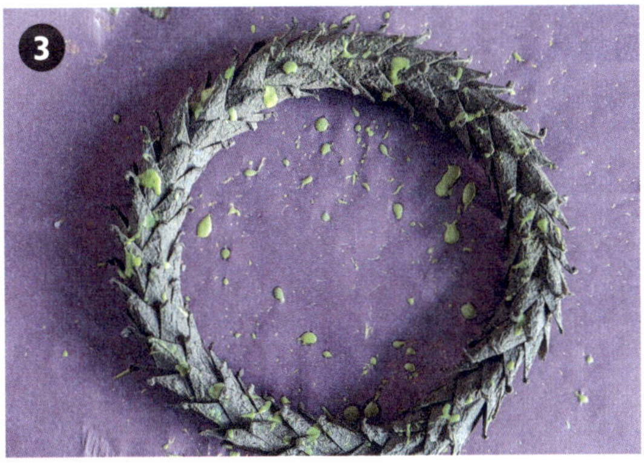

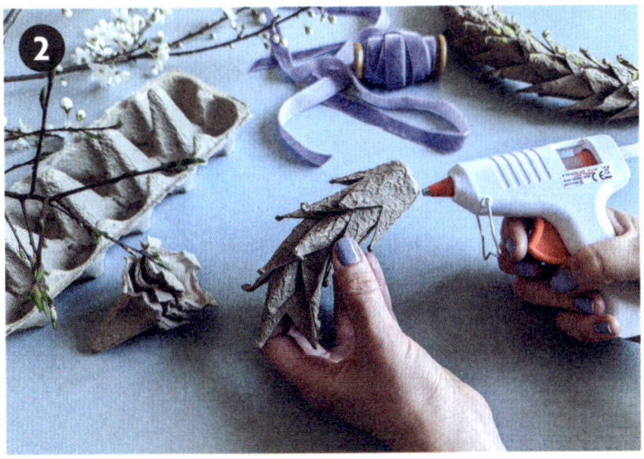

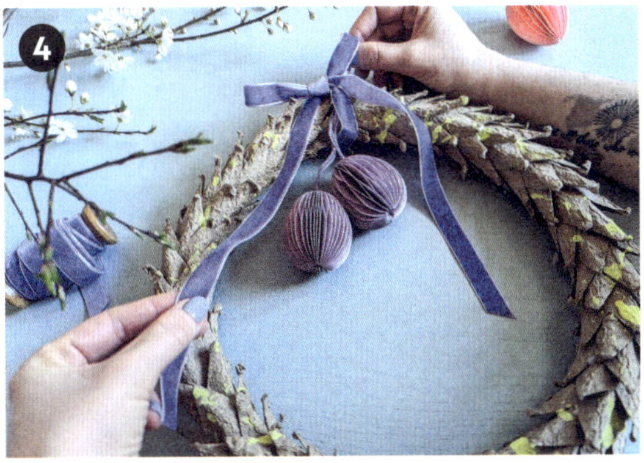

1. Anzuchttöpfe auseinanderschneiden und an den oberen vier Kanten spitz einschneiden, sodass eine Art Tulpenkopf entsteht.

2. Ca. 50 Töpfe versetzt und leicht gekippt mit Heißkleber ineinanderkleben, bis sich ein Kreis von etwa 30 cm Durchmesser schließt.

3. Acrylfarbe mit den Fingern von einer Zahnbürste auf den Kranz spritzen und gut trocknen lassen.

4. Eine lange Samtschleife zur Aufhängung anbringen und mit zwei Ostereiern aus Papier dekorieren.

Marzipangugelhupf und Tischdeko zum Osterfest

Lasst uns gemeinsam Ostern feiern! Ein wunderbarer Anlass, um die Kaffeetafel bunt und verspielt zu dekorieren und kleine Osternester für die Gäste parat zu stellen. In der Mitte thront einer meiner absoluten Lieblingskuchen: ein Marzipangugelhupf. Wer Marzipanbrot zu Weihnachten mag, wird diesen Kuchen lieben. Alle anderen müssen vielleicht auf klassischen Marmor- oder Eierlikörkuchen umsteigen. Junge Zweige, Blümchen und Pastellfarben lassen dieses Tablesetting frisch und ungezwungen wirken. Während die Farben sehr zart und harmonsich gewählt wurden, bildet das geradlinige Muster der Tischdecke mit den sanften Rundungen des Geschirrs wieder einen bewussten Gegensatz, der das Auge fesselt.

ZUTATEN

(für eine 20 cm Gugelhupfform)

5 Eier
100 g Zucker
1 Pk. Vanillezucker
1 Prise Salz
200 g Marzipanrohmasse, gekühlt
150 g weiche Butter
½ Röhrchen Bittermandelaroma
175 g Weizenmehl
3 TL Backpulver
200 g Zartbitter-Kuvertüre

ZUBEREITUNG

Die Eier trennen und die fünf Eiweiß mit dem Zucker, dem Vanillezucker und dem Salz steif schlagen.

Als Nächstes die gekühlte Marzipanmasse mit einer Küchenreibe grob raspeln. Das Marzipan lässt sich leichter raspeln, wenn die Masse vorher für etwa 30 Minuten im Gefrierfach gelegen hat.

Das Eigelb mit der Butter, der geraspelten Marzipanrohmasse und dem Bittermandelaroma cremig verrühren.

Das Mehl und das Backpulver vermischen und zur Marzipanmasse geben.

Den Eischnee vorsichtig unterheben und den Teig in eine Gugelhupfform füllen. Es empfiehlt sich, die Form vorher zu buttern und mit Mehl zu bestäuben.

Im vorgeheizten Ofen bei 170 Grad Ober-/Unterhitze ca. 40–50 Minuten backen.

Nach dem Auskühlen auf einem Gitter mit geschmolzener Kuvertüre überziehen.

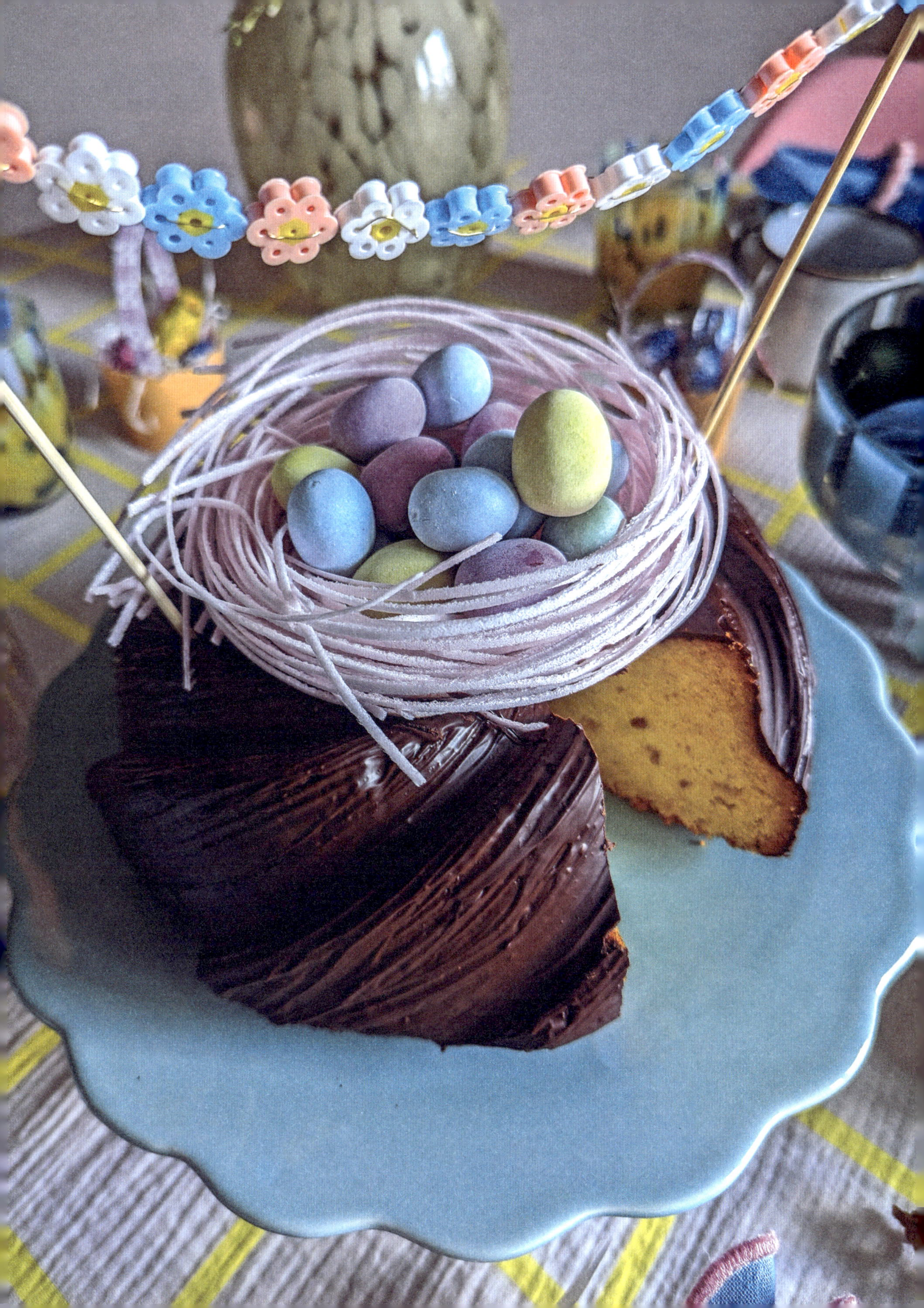

FÜR DIE DEKO

Ich habe meinen Gugelhupf mit einem Nest aus Esspapier und kleinen Marzipaneiern dekoriert. Darüber wurde eine Girlande aus Bügelperlenblümchen auf Draht gespannt.

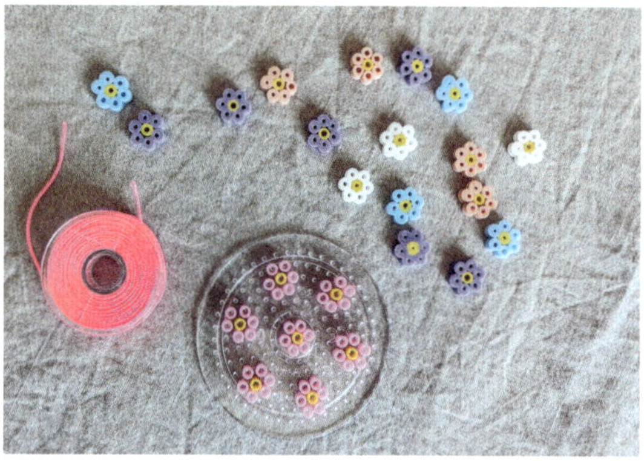

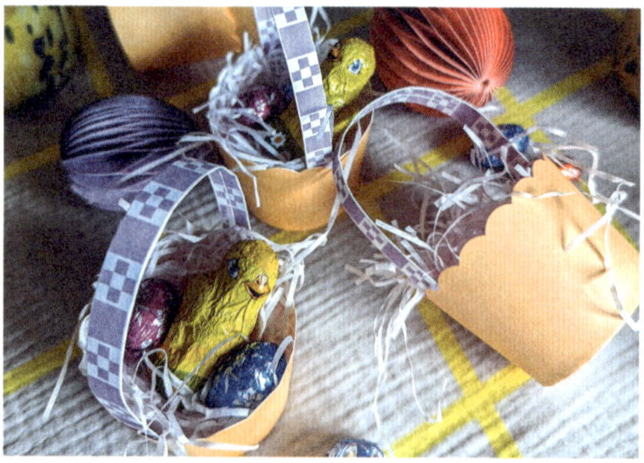

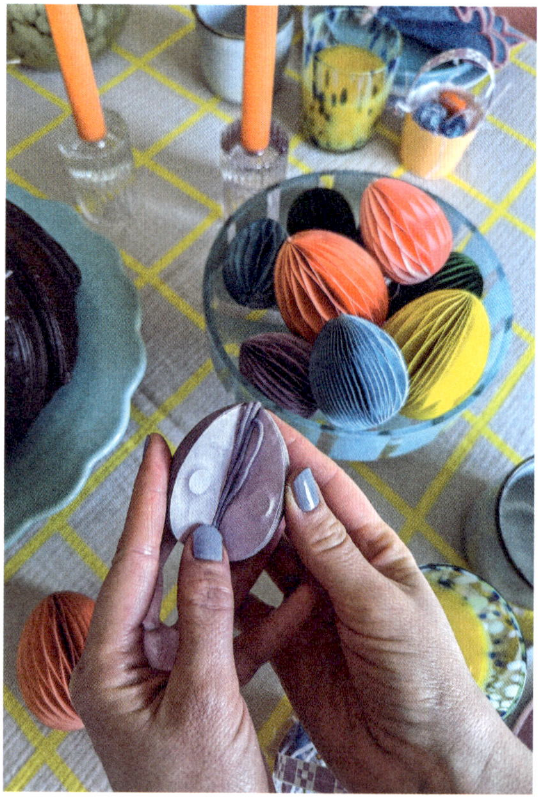

Stabile Muffinförmchen wurden von mir mithilfe eines Papierhenkels in kleine Osterkörbchen für die Gäste umgewandelt und mit Ostergras und Schokoküken befüllt. Solche kleinen Aufmerksamkeiten drapiere ich unglaublich gern neben dem jeweiligen Gedeck und versehe sie zum Beispiel mit Namenskärtchen oder einem lieben Gruß.

Neben schöner Tischwäsche und bunter Keramik dürfen auf dem Tisch zahlreiche Wabeneier aus Papier für frischen Wind sorgen. Die Aufhänger verstecke ich zu diesem Zweck im Inneren des Eis hinter dem Magnetverschluss.

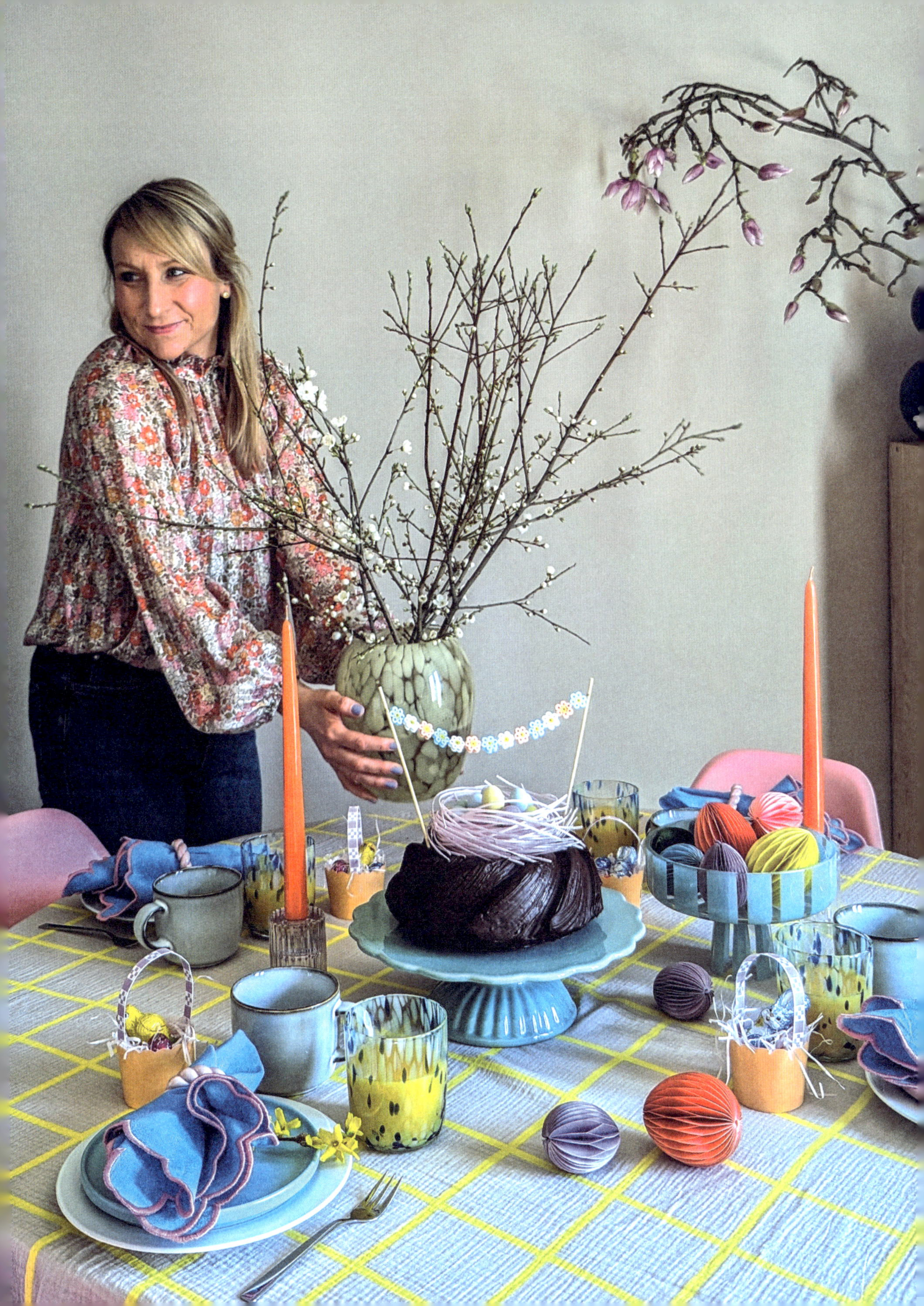

Herbst & Winter

Gemütlichkeit und kräftige Farben

Auch wenn ich mich immer als jemanden bezeichnen würde, der die Sonne und Wärme bevorzugt, liebe ich beim Wohnen die kühlen, dunklen Monate ebenso sehr. Wenn wieder mehr Zeit zu Hause verbracht wird, Gemütlichkeit in Form von kuscheligen Decken und Kerzenschein einzieht und der Advent vor der Tür steht.

In dieser Zeit wandelt sich auch meine Wohn-Farbpalette zu wesentlich wärmeren, dunkleren Tönen, und die Neon- und Pastellfarben verschwinden größtenteils. Klassisches Rot trifft auf Erdtöne und Violett, Blau mischt bei mir ganzjährig mit, und sogar Grün darf nun in Form von Tanne und Eukalyptus exponentiell zum Einsatz kommen.

Anders als in der ersten Jahreshälfte sind die folgenden 15 Ideen dieses Kapitels eher durch geradlinige Muster und satte Farben gekennzeichnet, denn Einrichtung darf sich dem Gemüt anpassen. Steht uns in Herbst und Winter der Sinn nach einem heimeligen Nest, bauen wir uns dieses mittels weicher Texturen, warmer Töne und kantiger Formen, welche an die Stabilität und Sicherheit eines Hauses erinnern.

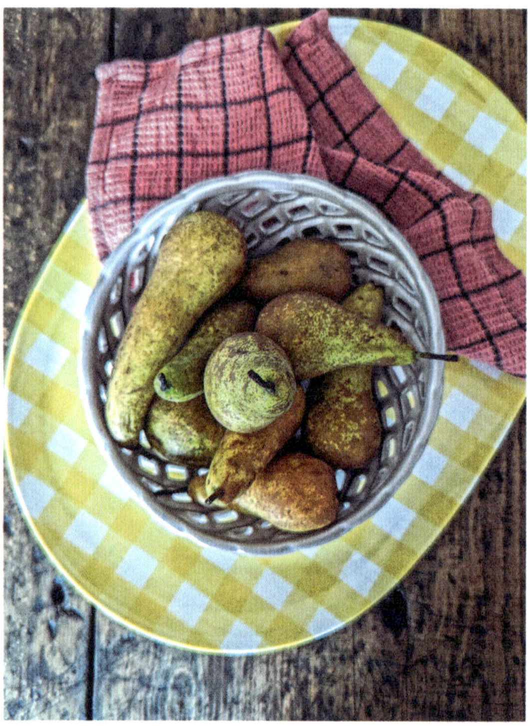

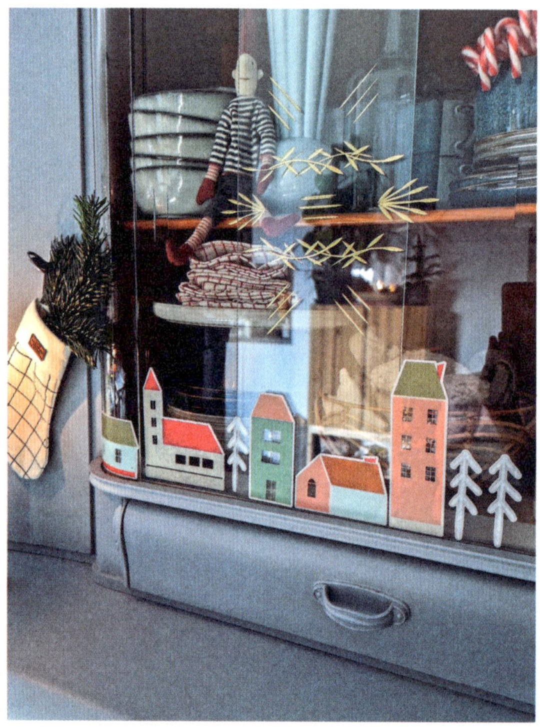

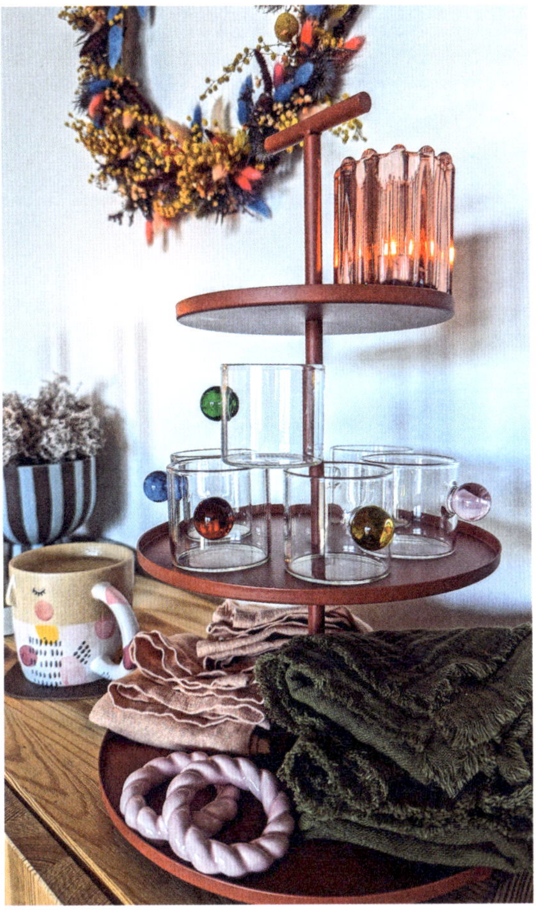

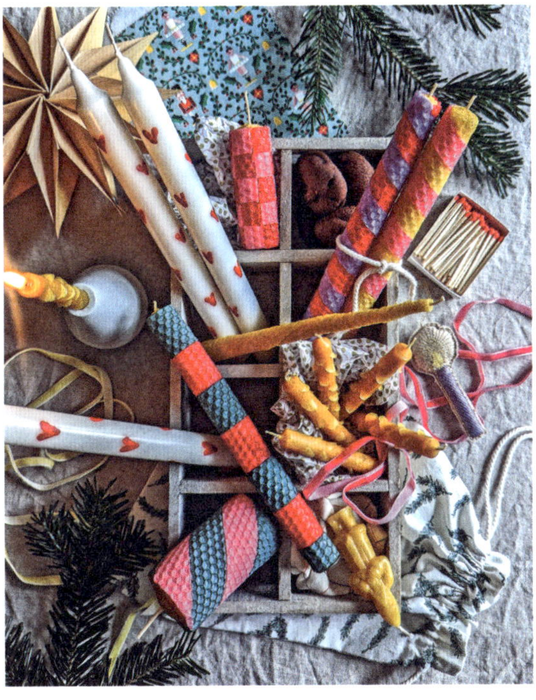

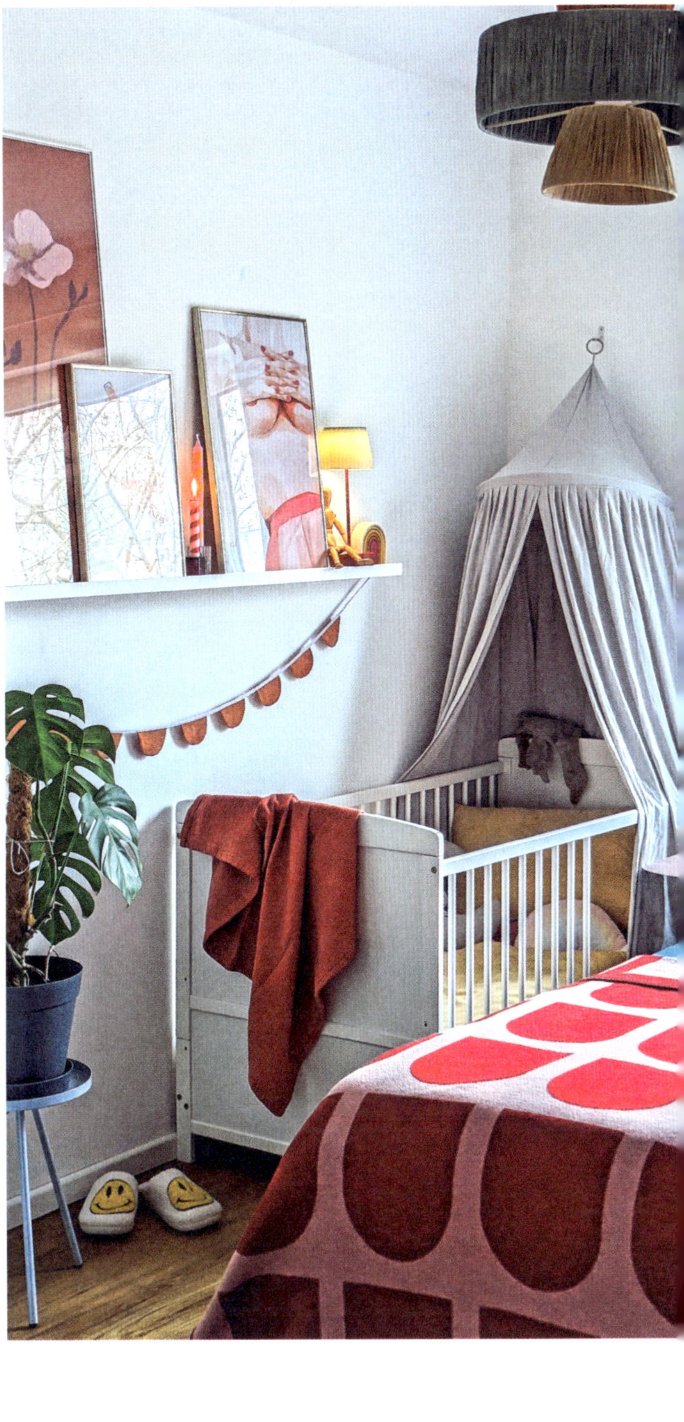

Wandbild aus Farbmusterkarten

Die Farb- und Lackabteilung des Baumarkts ist mein privates Shoppingparadies, und ich lasse mich unglaublich gern von den dort ausliegenden Farbkarten inspirieren. Für dieses Mosaikkunstwerk benötigen wir genau diese Farbkarten in rauen Mengen. Vielleicht etwas mehr als für den haushaltsüblichen Gebrauch, doch ich wurde von den Mitarbeitern noch nie schief angeschaut. Wer sich trotzdem nicht im Baumarkt bedienen möchte, kann auch Farbfächer und -muster zum Beispiel von Pantone online bestellen.

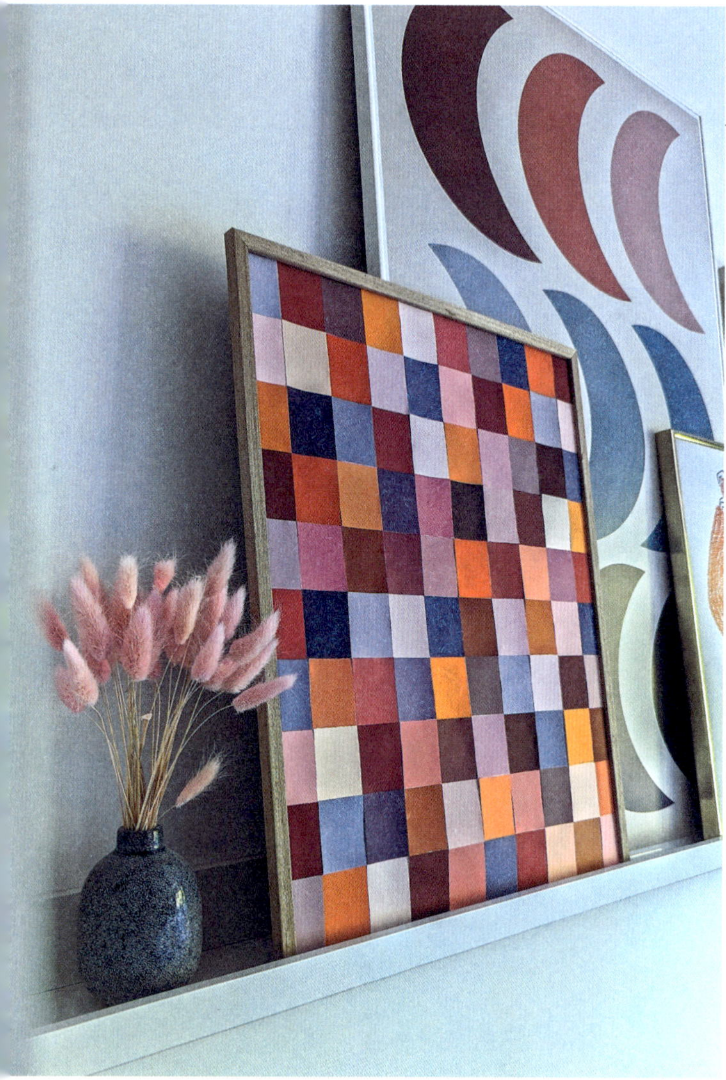

MATERIAL

- Bilderrahmen, 40 x 50 cm, 50 x 70 cm
- Farbmusterstreifen
- Schere
- Klebestift

SO WIRD'S GEMACHT

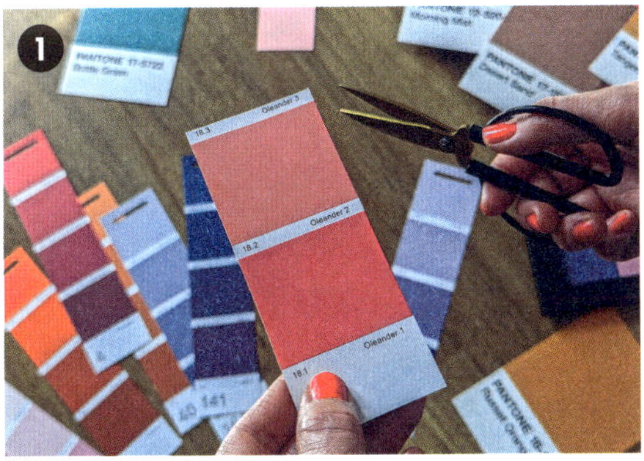

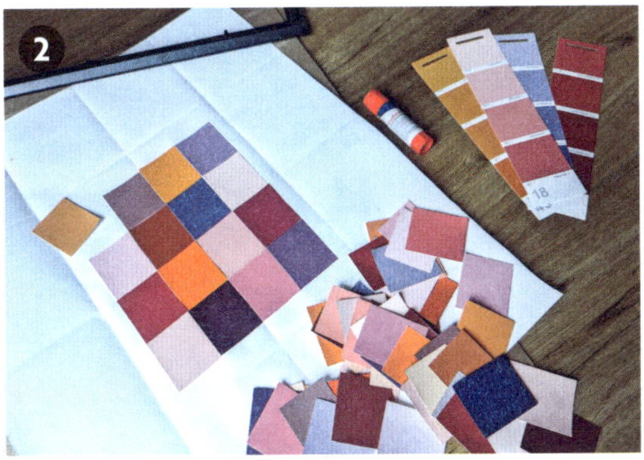

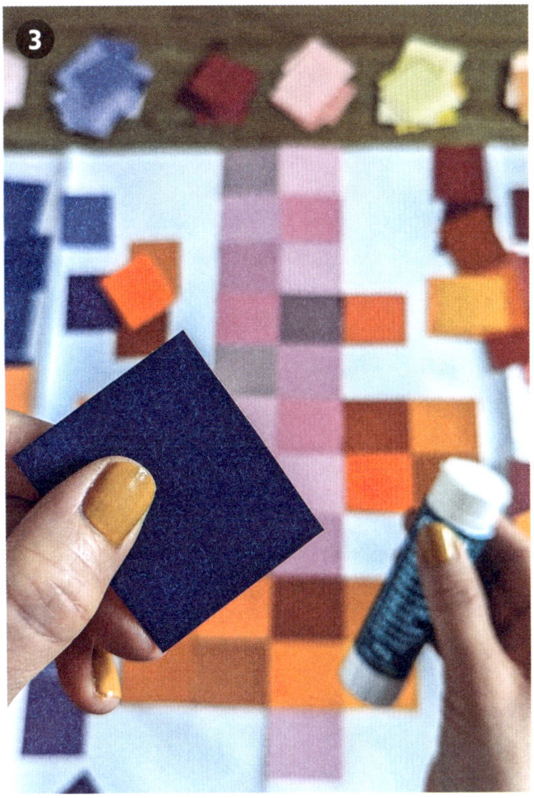

1. Die Streifen mit der Schere in die einzelnen Farbkärtchen zerschneiden. Mein Bild besteht aus 168 Kärtchen der Farbfamilien Orange, Lila, Rosa, Rot und Pastellgelb.

2. Die Rückwand des Bilderrahmens herauslösen und die Mitte sowie einige waagrechte und senkrechte Hilfslinien auf dem Einlegeblatt des Rahmens markieren. Am einfachsten gelingt dies, indem das Papier Kante auf Kante gefaltet wird.

3. Die Kärtchen mit einem Klebestift einzeln auf das Papier kleben und immer wieder ins Lot bringen. Es ist ratsam, in der Mitte zu beginnen. Die Farben können wild durcheinander oder in einem Muster angeordnet werden. Für das Flechtmuster überlappen sich drei vertikale Streifen in Orange mit drei horizontalen Strängen in Lila, Rosa und Rot. Die Zwischenräume wurden mit neutralem Pastellgelb und Apricot aufgefüllt. Am Ende den Bilderrahmen wieder zusammensetzen und aufhängen.

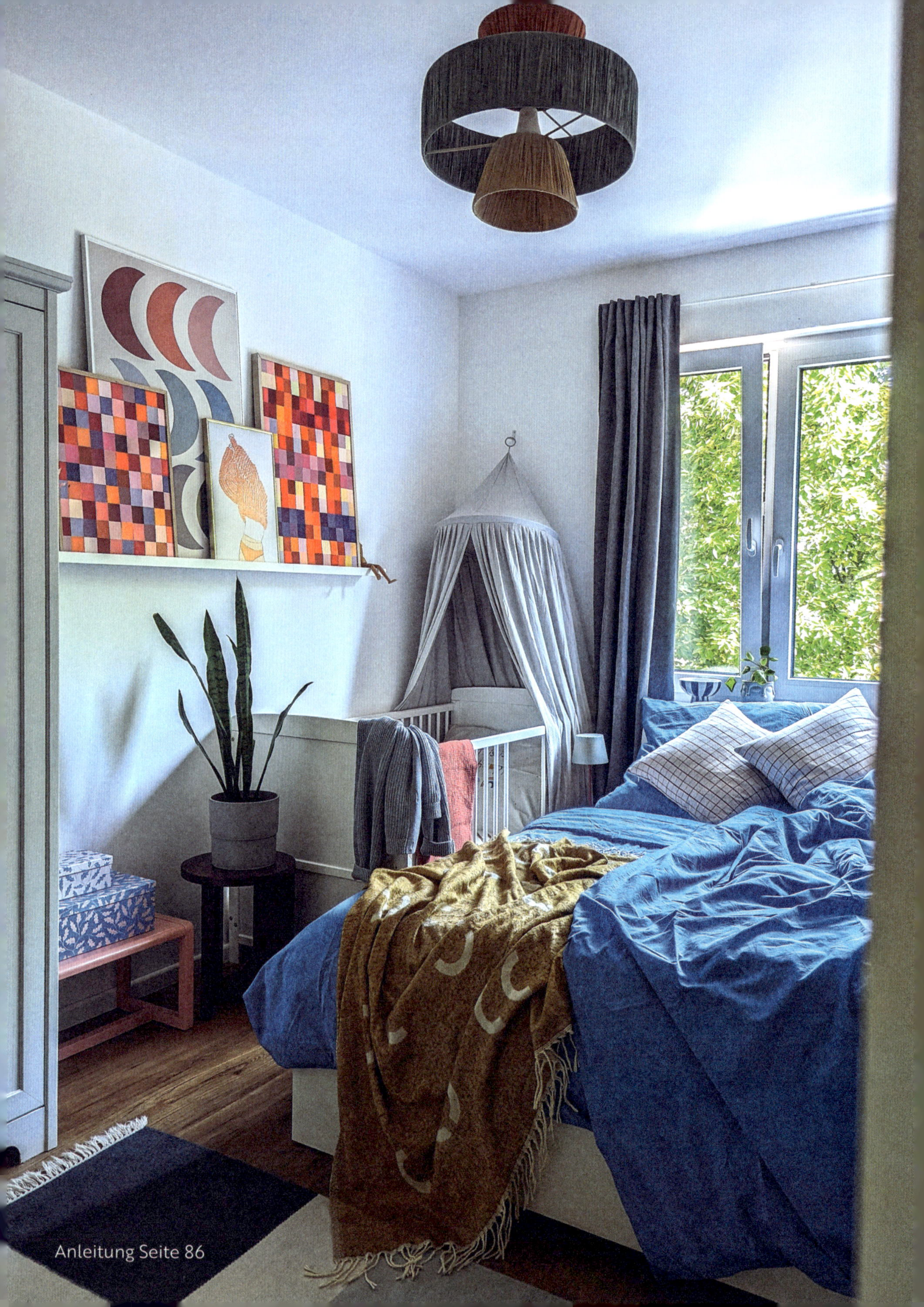
Anleitung Seite 86

Kranz aus Trockenblumen

Ein weiterer Kranz entsteht! Dieses Mal wird er ganz klassisch mit Draht um einen Metallring gebunden. Da der Materialeinsatz ziemlich hoch ist, würde ich mit Trockenblumen statt Frischware starten. Dann ist der Kranz unbegrenzt haltbar und kann bei Nichtgefallen immer wieder geöffnet oder ausgebessert werden.

MATERIAL

- Silbener Metallring, Durchmesser 30 cm (Rayer)
- Silbener Blumendraht
- Schere
- 6–8 Sorten Trockenblumen (u. a. Mimose, Strandflieder, Schleierkraut, Trommelstock, Distel, gefärbtes Samtgras)

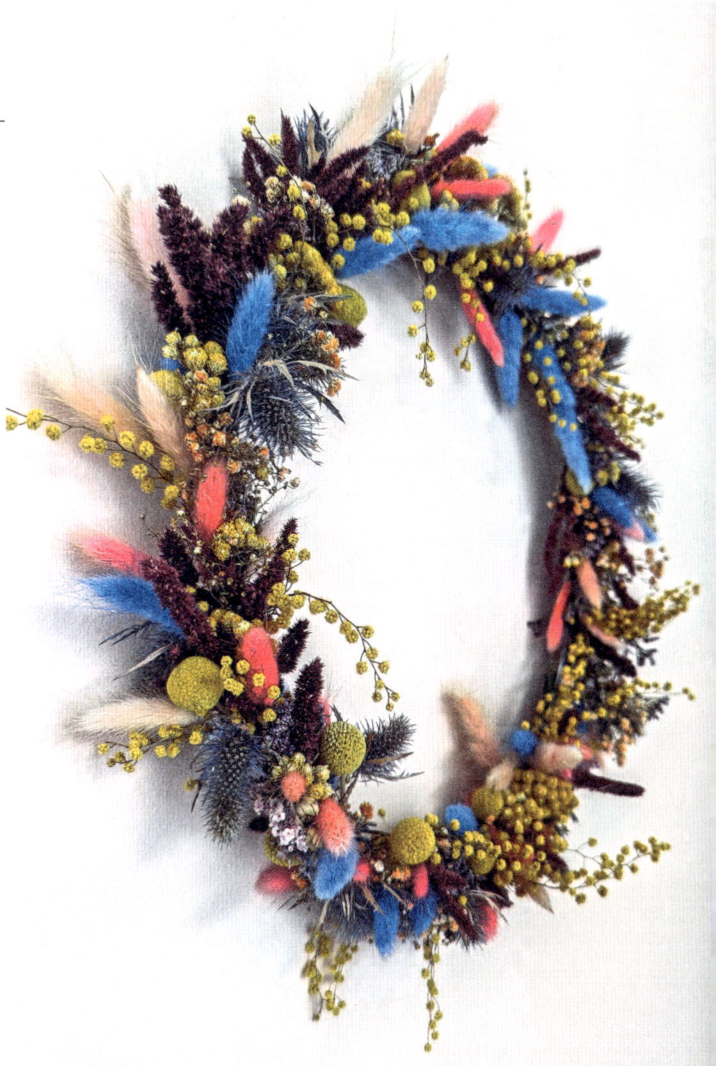

TIPP

Lange Zeit dachte ich, dass diese Technik nur etwas für Profis wäre, doch es ist viel leichter als erwartet und muss keinesfalls perfekt sein. Mein Learning ist, dass ich jedes Mal die Menge der benötigten Blumen unterschätze. Falls dir das auch passiert, dann binde einfach nur halbe Kränze, oder binde sie zum Ende hin weniger dicht als zu Beginn. Diese schmalere Stelle kannst du für die Aufhängung, eine große Schleife oder anderweitige Deko nutzen.

SO WIRD'S GEMACHT

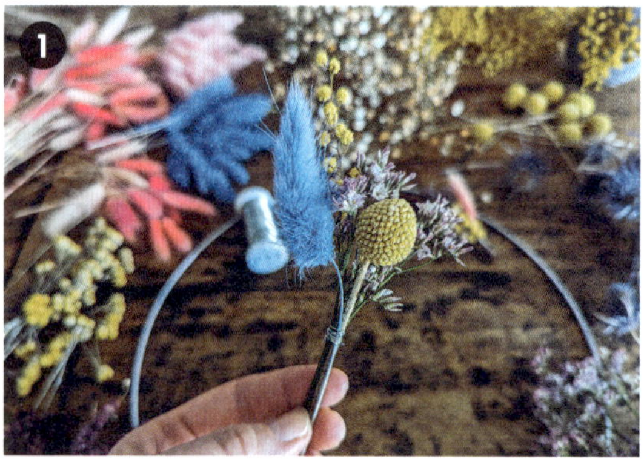

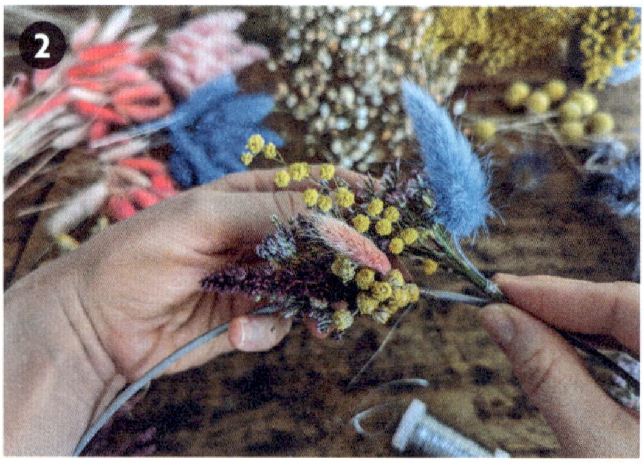

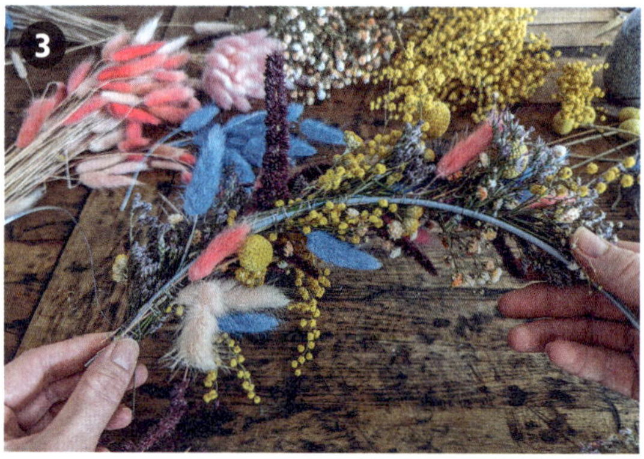

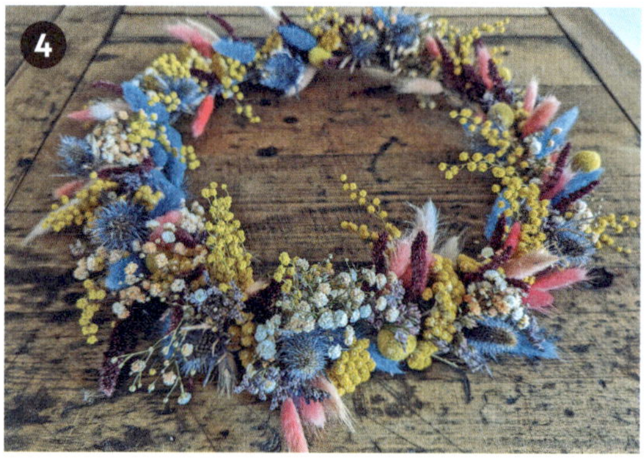

1. Alle Blüten sortieren und auf 8 cm lange Stiele kürzen. Kleine Sträuße aus jeweils 3–4 Blüten binden und bei Bedarf mit einem kurzen Stück Draht fest zusammenschnüren. Ich halte die Sträußchen nur mit den Fingern zusammen – ein Fixieren mit Draht kann aber besonders zu Beginn hilfreich sein und erleichtert das Befestigen am Ring. Die kleinen Bündel sollten sowohl farblich als auch von der Länge der Stiele abwechslungsreich zusammengestellt werden, damit der Kranz am Ende eine fedrige Optik erhält.

2. Die einzelnen Sträußchen werden nun überlappend an den Ring gelegt und je zwei- bis dreimal fest mit Draht umwickelt, bevor der nächste Strauß angelegt wird. Der komplette Kranz wird in einem Zug gebunden und der Draht erst wieder am Ende gekappt.

3. Es entsteht eine füllige Vorder- und platte Rückseite, an der eine kleine Öse zum Aufhängen angebracht werden kann.

4. Lücken und Unregelmäßigkeiten können zum Schluss mit einzelnen Blüten korrigiert werden. Diese zwischen die Stiele stecken oder mit Heißkleber anbringen.

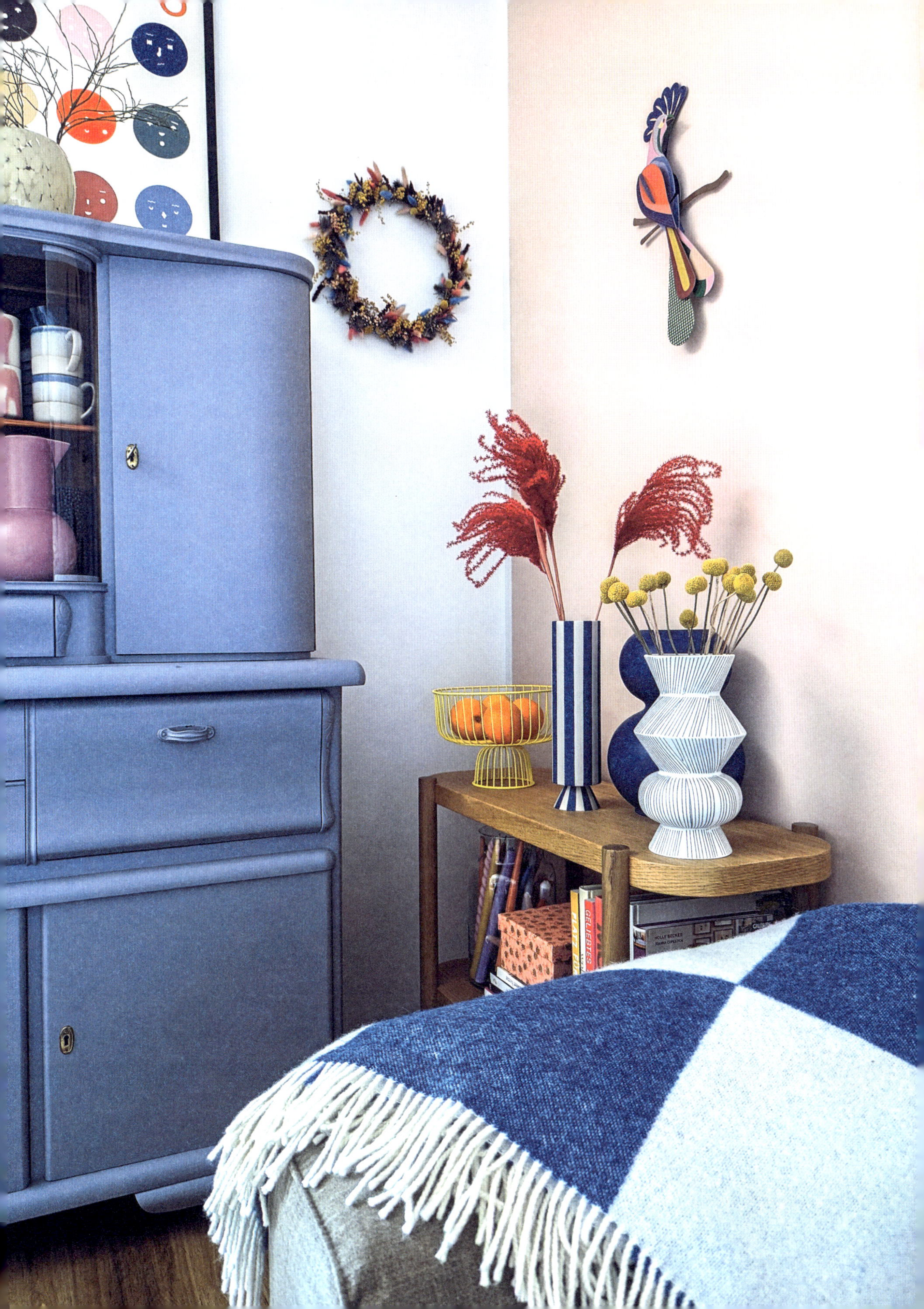
GELIEBTES
HOLLY BECKER

Geometrische Fußmatte

Diese bunte Fußmatte stellt schon an der Eingangstür klar, dass in dieser Wohnung keine Angst vor Farben und Mustern herrscht. Das grafische Design ist leicht umzusetzen. Natürlich ist auch jedes andere Muster oder ein Schriftzug möglich. Den täglichen Praxistest mit vier kleinen Dreckschuhen besteht die Matte mittlerweile seit Monaten problemlos.

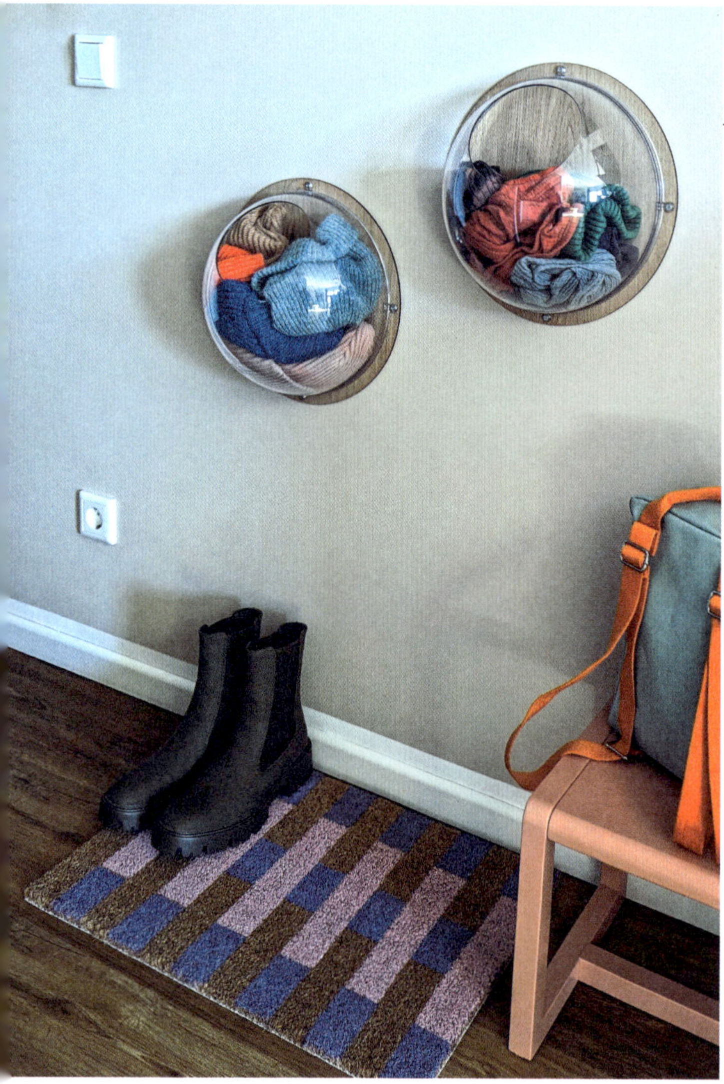

MATERIAL

- Fußmatte aus Kokosfaser, 40 x 60 cm
- Kreppband, 5 cm Breite
- Maßband
- Je 2 Flaschen Acrylfarbe in Babyrosa und Flieder (Rayer)
- Pinsel

SO WIRD'S GEMACHT

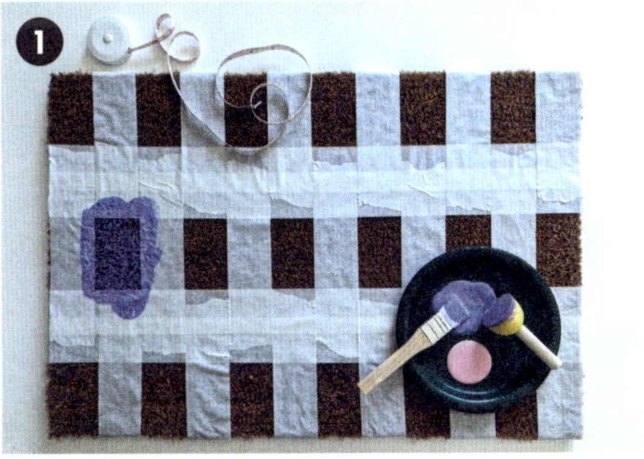

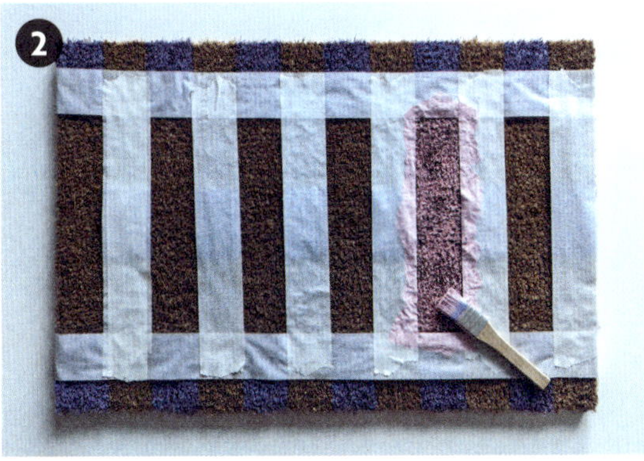

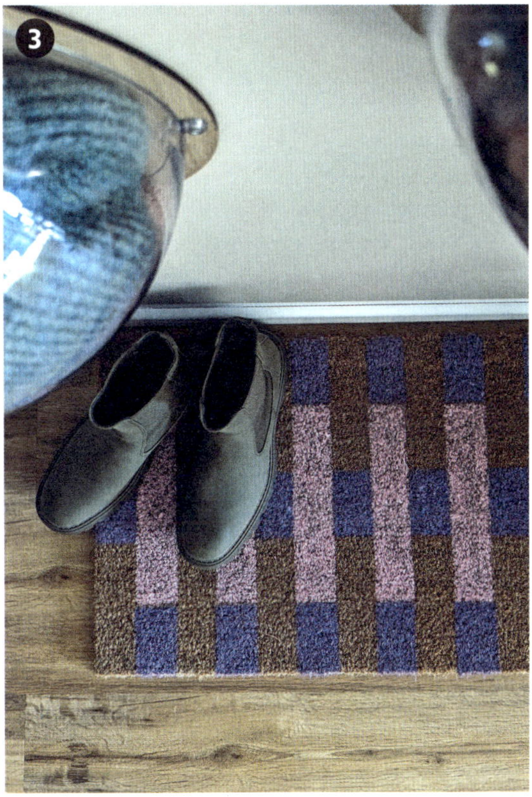

1. Die Matte ausschütteln und die schmale Seite in fünf Teile zu je 8 cm unterteilen. Davon die zweite und vierte Bahn komplett mit Klebeband abkleben. An der langen Seite Markierungen in 5 cm Abstand setzen und versetzt jedes zweite 5-cm-Feld mit einer Bahn Kreppband abdecken. Alle offenen Felder dick mit lila Farbe betupfen und trocknen lassen.

2. Das Klebeband entfernen, die lila Bereiche abkleben und die sechs Bahnen in der Mitte deckend mit der rosa Acrylfarbe gestalten.

3. Nach 48 Stunden ist die Matte komplett trocken und kann benutzt werden.

Getränkekiste als Aufbewahrung für Papierrollen

Geschenkpapier kann man nie genug haben. Ausgehen darf es auch nicht, deshalb hat man am besten eine bunte Auswahl für jeden Anlass zu Hause. Damit die schönen Geschenkpapiere (noch so eine Sammelleidenschaft von mir) gebührend gelagert und präsentiert werden, eignen sich die Flaschenaussparungen einer Getränkekiste perfekt.

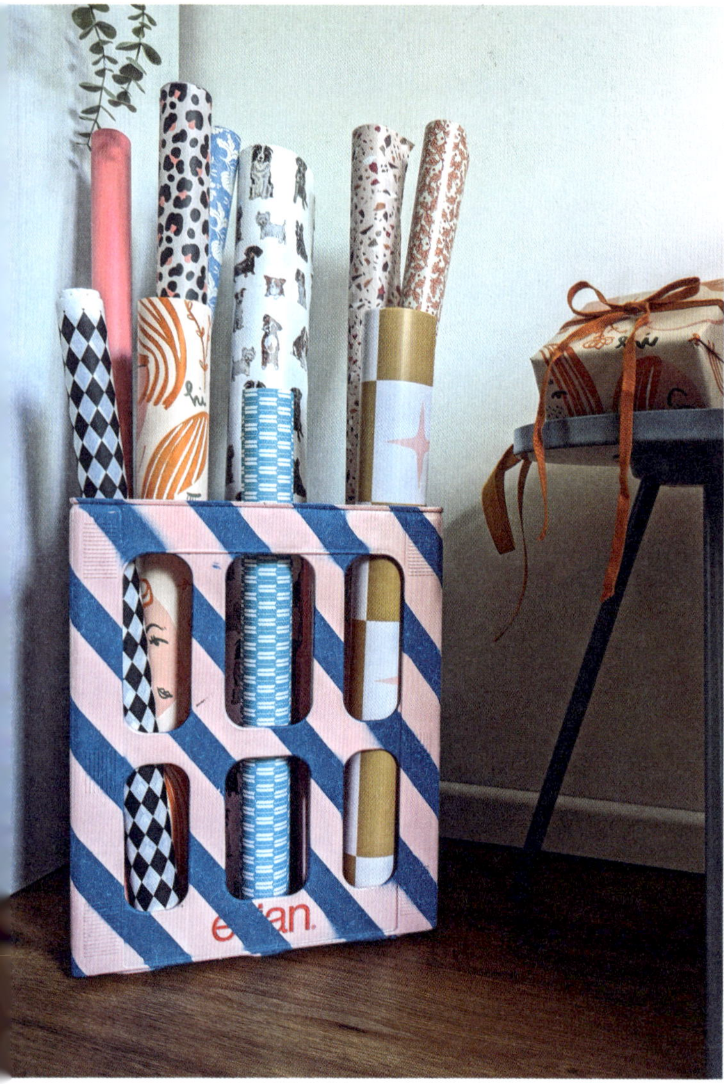

MATERIAL

- Leere Getränkekiste
- Klebeband, 3,6 cm Breite
- Maßband
- Füllmaterial
- Blaues Farbspray

TIPP

Ehrlicherweise muss an dieser Stelle angemerkt werden, dass Pfandkästen Eigentum der Abfüller sind bzw. bleiben und ihre dauerhafte Aneignung rechtlich als Unterschlagung gilt. Daher ist es ratsam, leere Kästen legal im Brauereibedarf zu kaufen und dann nach den eigenen Vorstellungen zu gestalten.

SO WIRD'S GEMACHT

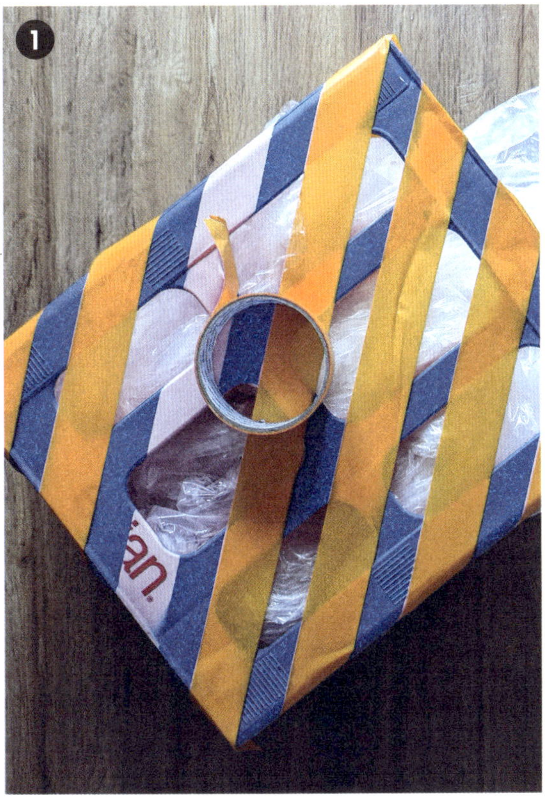

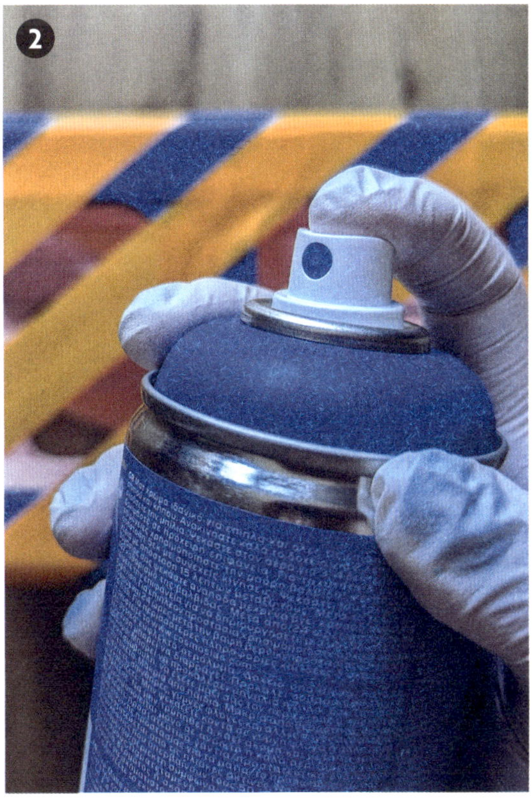

1. Die Kiste gründlich mit einer Bürste reinigen und abtrocknen. Mit dem Klebeband diagonal von Ecke zu Ecke Bahnen abkleben und gut andrücken. Den Abstand zwischen den Klebestreifen gleichmäßig ausmessen oder mit einem Abstandshalter arbeiten. Bei mir beträgt er 2,5 cm und gibt die Breite des späteren blauen Streifens vor. Die Kiste innen mit Folie oder Zeitungspapier ausstopfen, um zu verhindern, dass die blaue Farbe auch das Innenleben des Kastens verfärbt.

2. Alle abgeklebten Seiten des Kastens unter freiem Himmel mit Farbe besprühen und gut trocknen lassen. Danach Klebeband vorsichtig abziehen, Füllmaterial entfernen und mit Papierrollen bestücken.

Herbstliche Waffeltorte im Pavlova-Style

Diese Torte ist einfacher und flexibler, als ihr Name vielleicht anfangs vermuten lässt, und funktioniert nach einer Art Baukastenprinzip – je nach Saison und persönlichem Geschmack lässt sie sich immer wieder neu erfinden. Was bleibt, ist die himmlische Kombination aus Sahne, Baiser und sauren Früchten, welche in den 1920er-Jahren in Australien und/oder Neuseeland zu Ehren der russischen Balletttänzerin Anna Pawlowa kreiert wurde. Die Fruchtkomponente kann problemlos ausgetauscht werden und besteht im Original aus Maracuja oder frischen Beeren.

ZUTATEN

(für 10–12 Buttermilch-Waffeln)

125 g weiche Butter
60 g Zucker
1 Pk. Vanillezucker
1 Prise Salz
4 Eier
250 g Mehl
1 TL Backpulver
250 ml Buttermilch

ZUBEREITUNG

Alle Zutaten nacheinander mit dem Mixer zu einem glatten Teig verarbeiten.

Je eine halbe Suppenkelle Teig im Waffeleisen goldbraun ausbacken. Bei einigen Waffeleisen empfiehlt es sich, das heiße Eisen vorher zu buttern, um das Festkleben des Teiges zu verhindern.

Die Waffeln auf einem Gitter auskühlen lassen und bis zum Schichten der Torte kühl und luftdicht lagern.

ZUTATEN

(für das Pflaumenkompott)

800 g Pflaumen mit Stein
100 ml Wasser
50 g Zucker
1 TL Zimt

ZUBEREITUNG

Die Pflaumen waschen, entsteinen und in Würfel schneiden.

Wasser und Zucker in einem Topf mischen, die Pflaumen hinzugeben und bei mittlerer Hitze köcheln lassen. Gelegentlich umrühren und je nach Reife der Früchte ca. 20 Minuten zu einem sämigen Kompott einkochen.

Mit Zimt abschmecken und abkühlen lassen. Das Kompott sollte keinesfalls zu süß sein, da es im nächsten Schritt auf den Schaumzucker stößt.

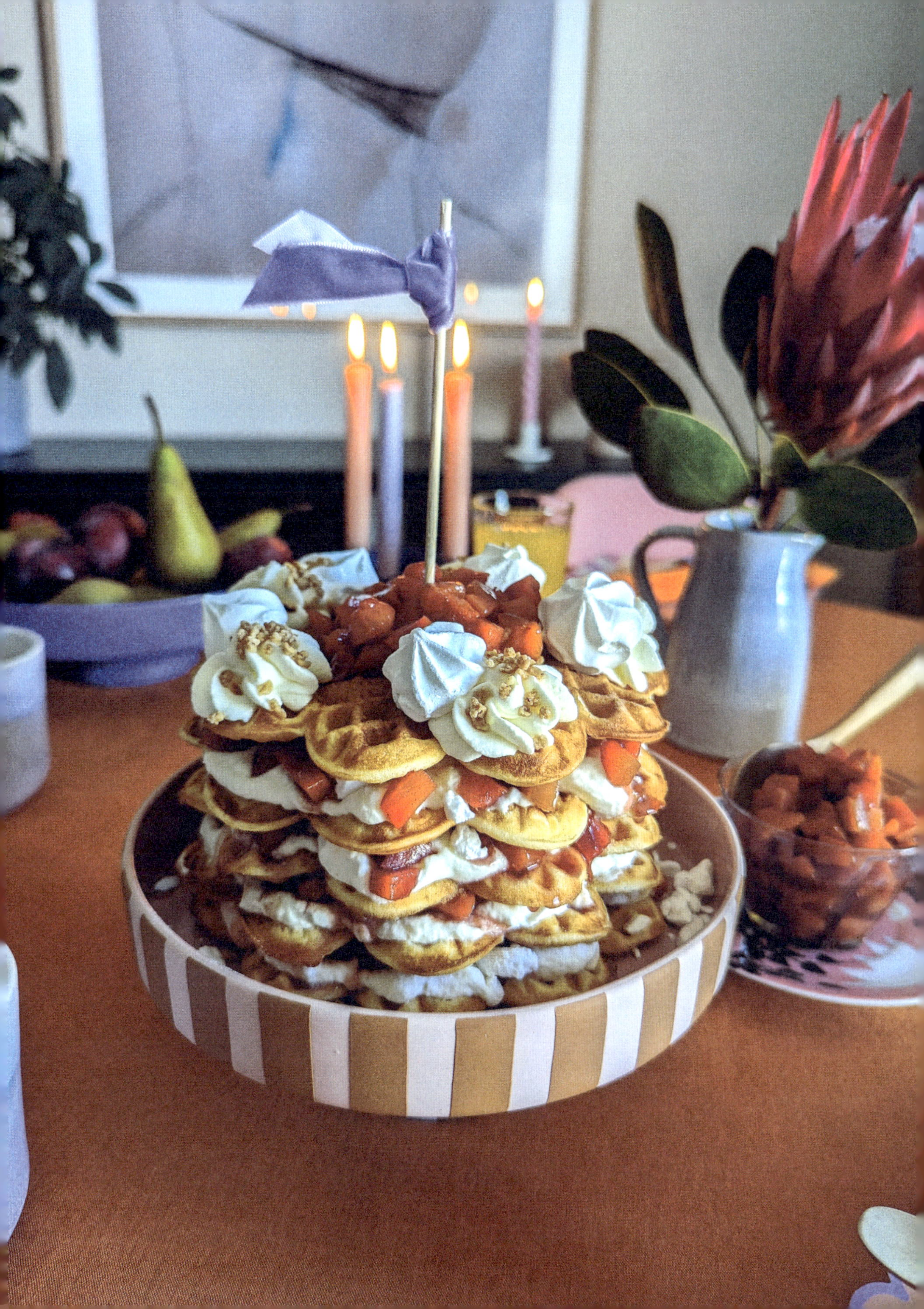

ZUTATEN

(für die Sahne)

400 g Schlagsahne
2 Pk. Sahnesteif
50 g Baiser plus etwas mehr zur Dekoration

ZUBEREITUNG UND ZUSAMMENBAU TORTE

Die kalte Schlagsahne mit Sahnesteif, aber ohne Zucker steif aufschlagen und im Verhältnis ein Drittel zu zwei Drittel in zwei Portionen teilen.

Das Baiser mit den Händen grob zerkrümeln und unter die größere Hälfte Schlagsahne heben.

Die restliche Schlagsahne in einen Spritzbeutel mit Sterntülle füllen.

Eine Waffel mit 2–3 EL Baisersahne bestreichen und 2 EL Fruchtkompott vorsichtig darauf verteilen. Diesen Vorgang so lange wiederholen, bis die gewünschte Höhe der Torte erreicht ist. Ich empfehle maximal 5 Schichten.

Die oberste Waffel mit der Schlagsahne aus dem Spritzbeutel, ganzen Baisers und optional Haselnusskrokant garnieren.

Die Mitte der Torte mit frischen Früchten oder Kompott dekorieren und ggf. weitere Tortendeko hinzufügen. Dazu wird der Rest Schlagsahne und Kompott direkt am Tisch gereicht.

TIPPS

- **Ein Fähnchen an einem langen Spieß sieht nicht nur hübsch aus, sondern gibt der geschichteten Torte zusätzlichen Halt.**
- **Die Waffeltorte schmeckt am Tag des Schichtens am besten und sollte daher nicht zusätzlich über Nacht im Kühlschrank durchziehen.**
- **Beim Schichten der Waffeln kann es leicht passieren, dass sich in der Mitte ein Hügel bildet und sich die Ränder aufgrund weniger Füllung nach unten biegen. Für diesen Fall halte ich einige größere Krümel Baiser zurück und schiebe diese punktuell als Stützen unter die Waffelränder, um am Ende eine waagerechte Torte zu erhalten.**

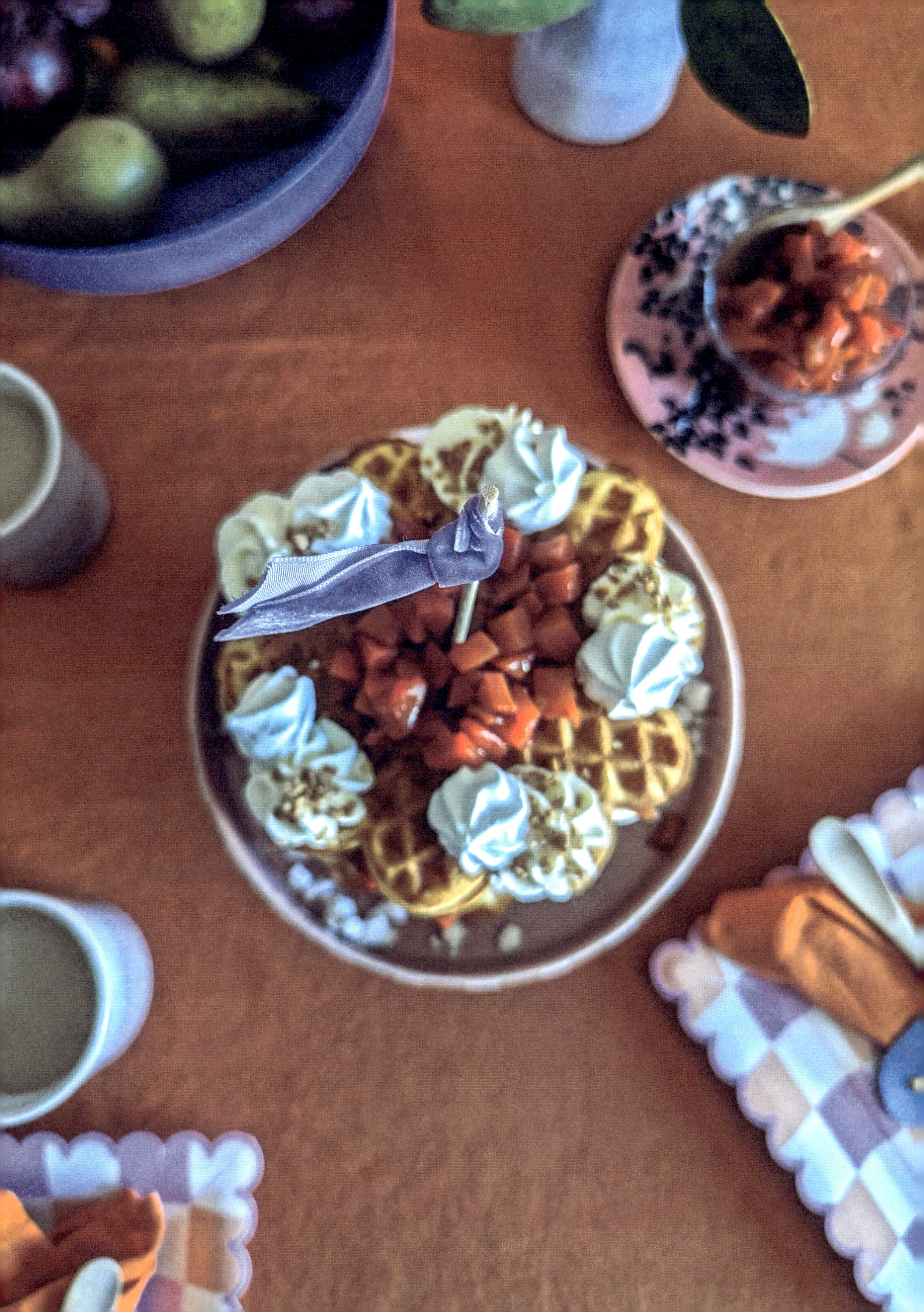

Schnelle Serviettenringe aus Kunstleder

Stoffservietten werten jedes Tablesetting im Nu auf, und mithilfe von passenden Serviettenringen lassen sie sich besonders schön drapieren. Nun sind Serviettenringe zugegebenermaßen nicht die wichtigste Anschaffung eines Haushalts, daher lassen sie sich bei Bedarf ganz einfach selbst herstellen. Für diese Idee nutze ich die Abfälle der gewebten Platzsets aus dem Frühling (siehe Seite 44) oder ein gekauftes Platzdeckchen aus Kunstleder, welches für eine komplette Tafel reicht.

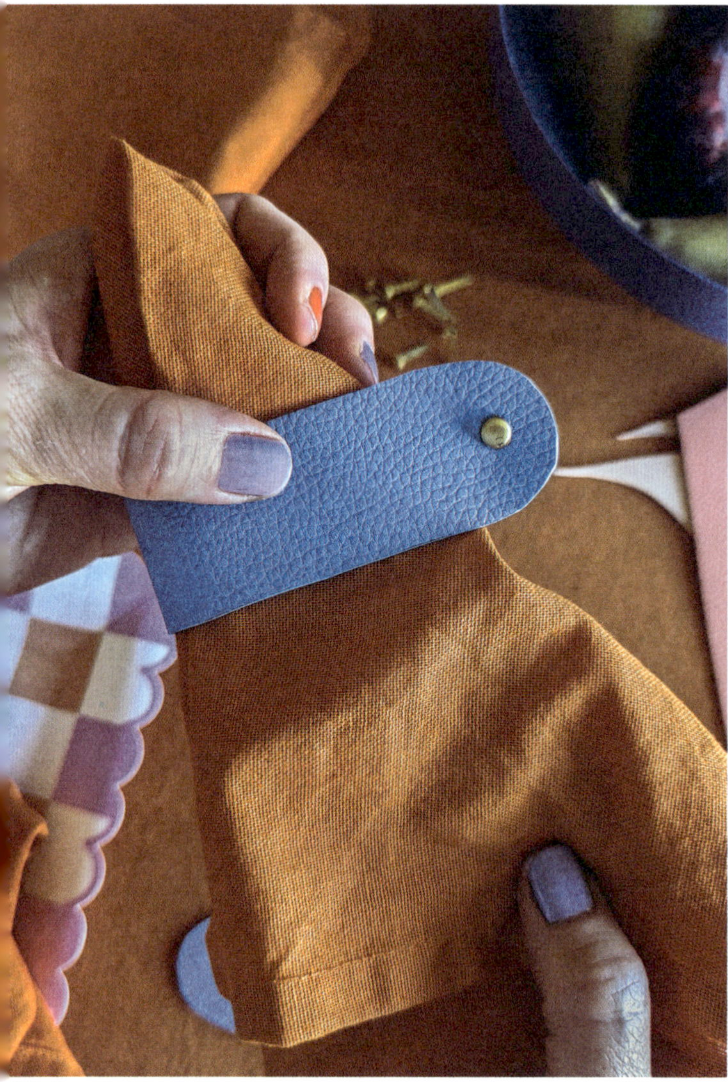

MATERIAL

- Platzset aus Kunstleder
- Lineal
- Stift
- Schere
- Lochzange
- Musterbeutelklammern

SO WIRD'S GEMACHT

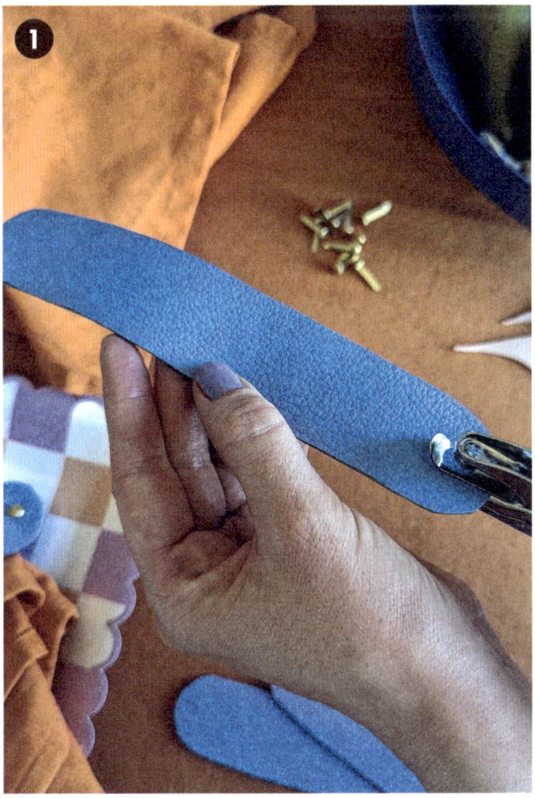

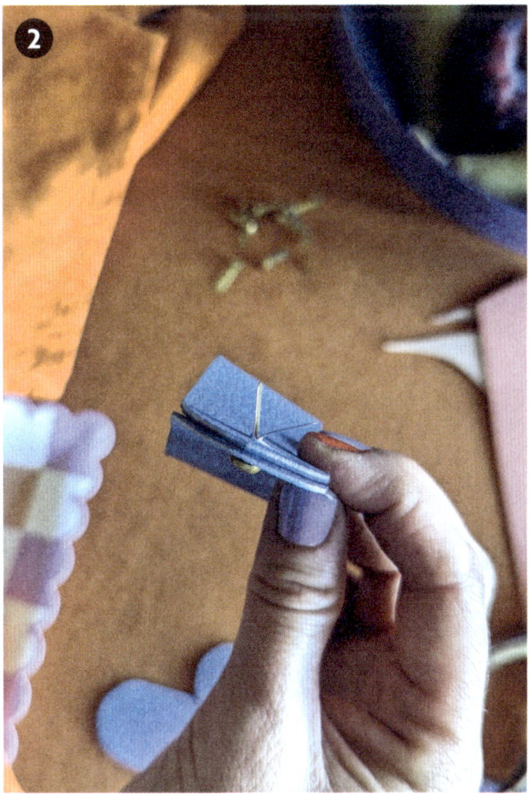

1. Auf dem Platzset die gewünschte Anzahl Streifen in 3,5 x 20 cm aufzeichnen und ausschneiden. Die Streifen mittig falten und die schmalen Enden exakt aufeinanderlegen. Den doppelten Lederstreifen mit der Schere an den Ecken abrunden und mit der Zange lochen.

2. Eine Musterklammer durch das Loch stecken und auf der Rückseite aufklappen. Die Serviette locker durch den Ring ziehen und mit einem Zweig, Besteckteil oder Namensanhänger versehen.

Advent, Advent …

Festlich und geheimnisvoll

Weihnachten steht vor der Tür, und somit beginne ich pünktlich nach Totensonntag mit der kurzen, aber intensiven Adventsdekoration.

Diese vier bis fünf Wochen sind mein Highlight des gesamten Jahres, und ich besitze für diesen kurzen Zeitraum proportional die meiste saisonale Deko. Ich zelebriere den Advent: schmücke, backe, singe und verpacke. Die Adventskalender unserer Kinder werden zum XXL-Wandteppich, überall hängen Girlanden und Sterne, Kerzen flackern und es duftet nach Tanne. Das Farbkonzept wechselt von Jahr zu Jahr, doch ein klein wenig rosaroter Kitsch und Glitzer darf nie fehlen. Weihnachten darf das!

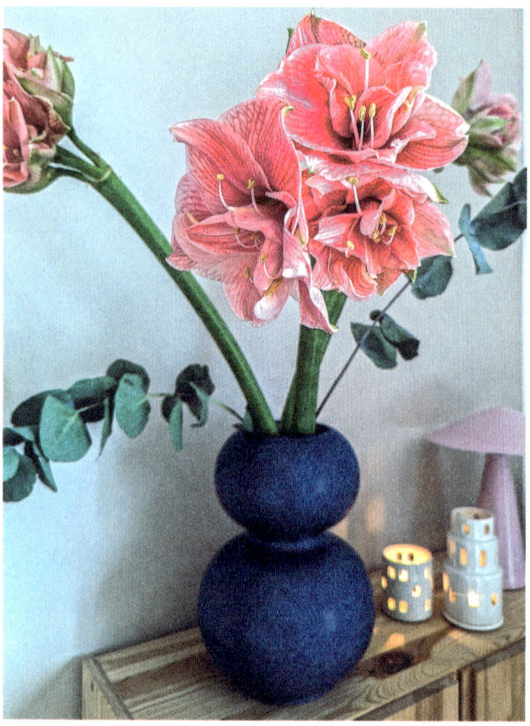

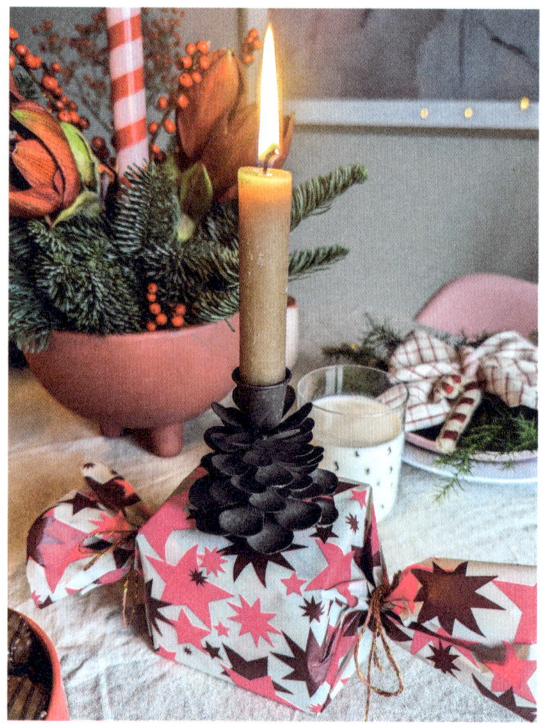

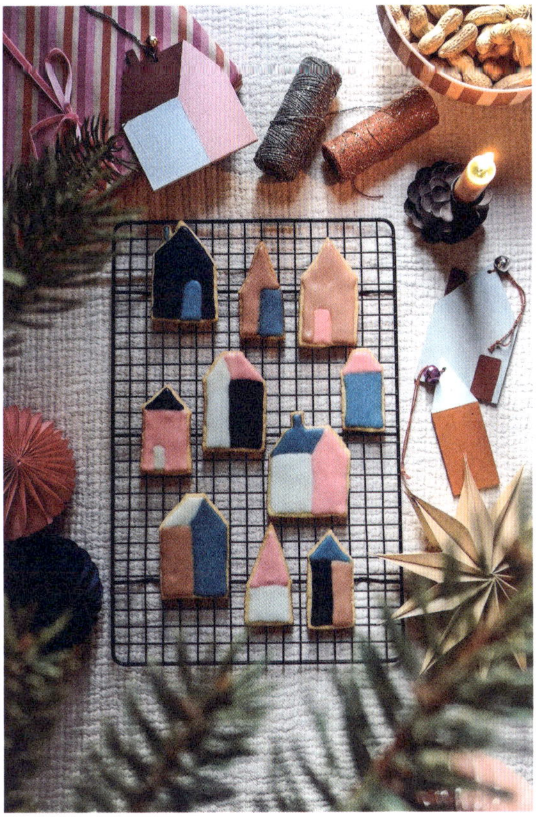

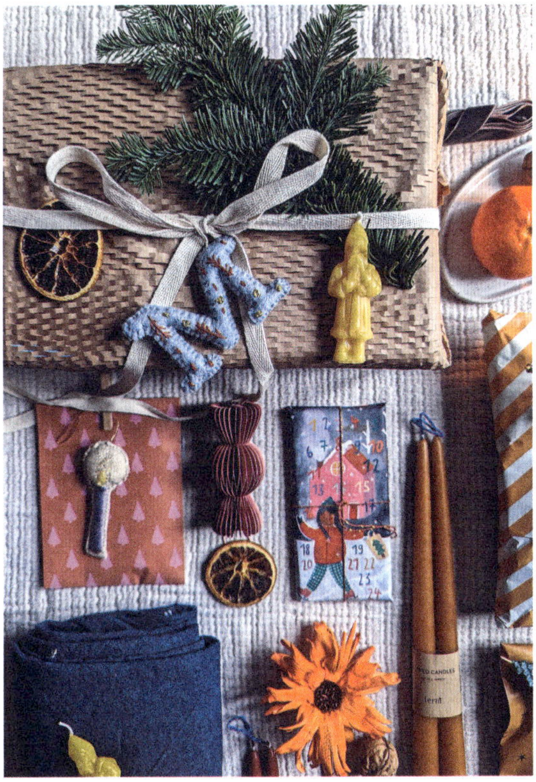

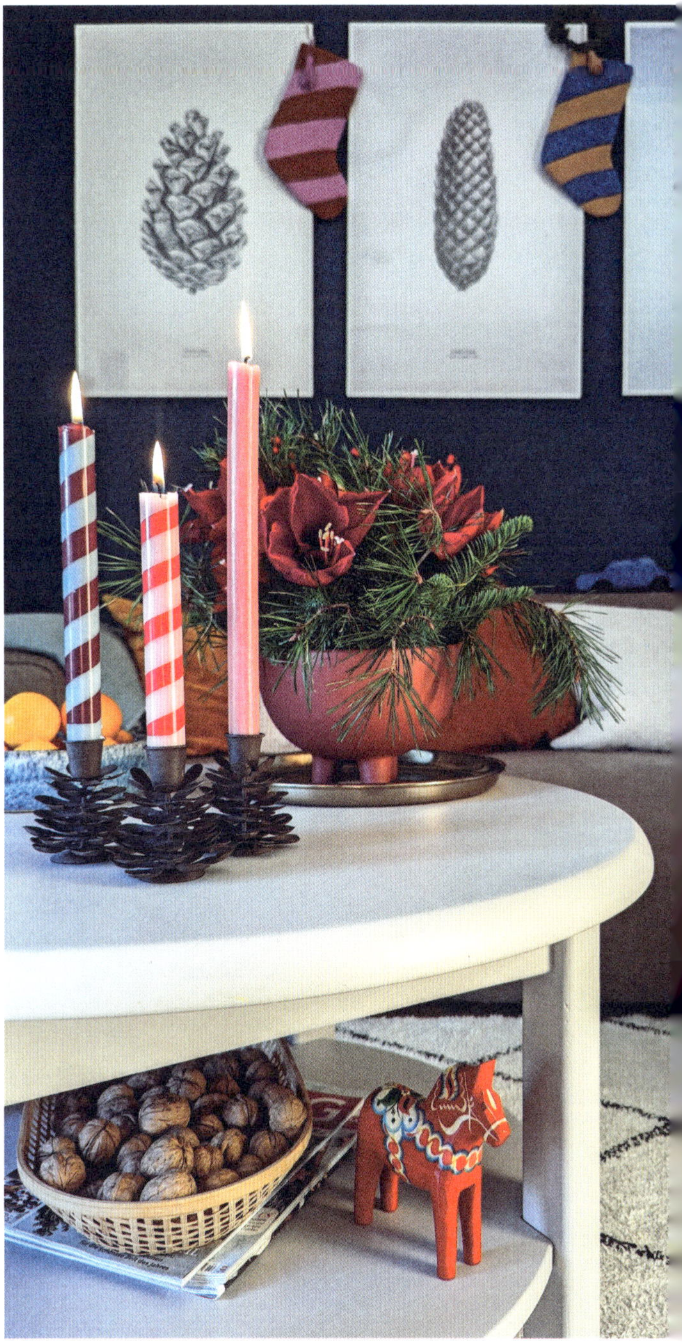

Weihnachtsgirlande aus Eierkartons

Ich lasse mich gern von skandinavischen Marken inspirieren, und es gibt eine ganz ähnliche Glockengirlande aus Dänemark. Meine Alternative kostet im Vergleich fast nichts und kann in Länge und Farbgebung individuell angepasst werden. Die benötigten Eierkartons sammeln sich in der Weihnachtsbäckerei bekanntlich zügig an.

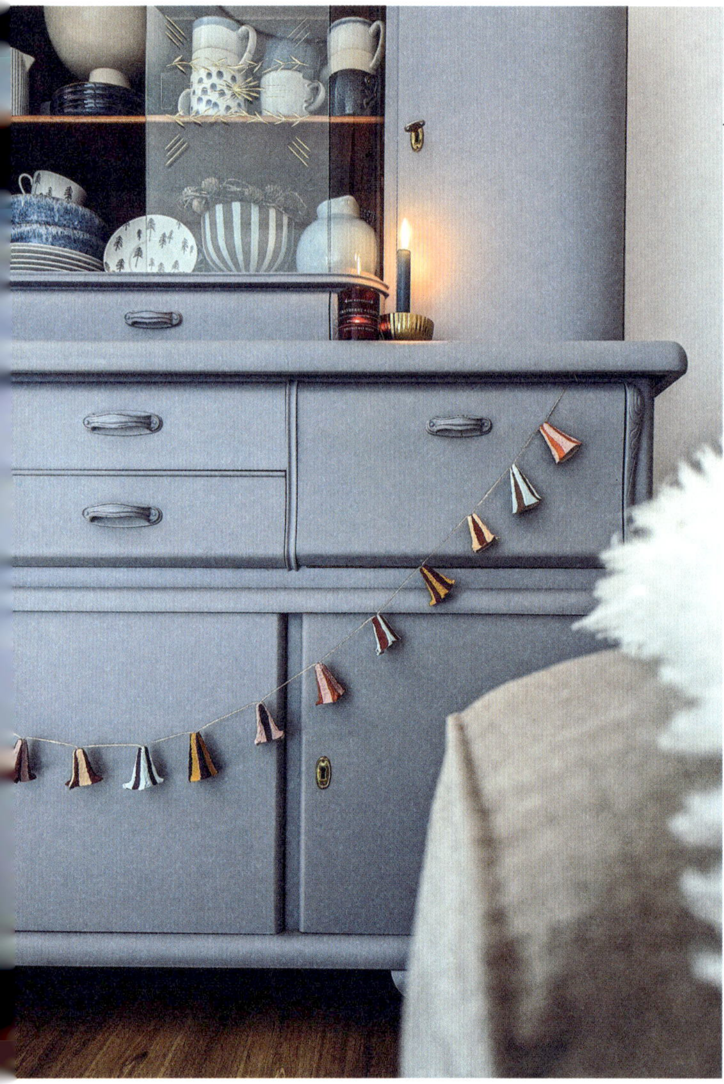

MATERIAL

- mind. 3 10er-Eierkartons
- Schere
- mind. 8 Acrylfarben (Rayer)
- Borstenpinsel flach, 1 cm Breite
- Kordel aus Jute
- Maßband

TIPP

Um saubere Streifen zu erzielen, zuerst die hellere Farbe an den vier Ecken des Kegels auftragen und trocknen lassen. Im Anschluss den dunkleren Ton an den geraden Seiten mit einem einzigen sauberen Zug des Flachpinsels ergänzen.

SO WIRD'S GEMACHT

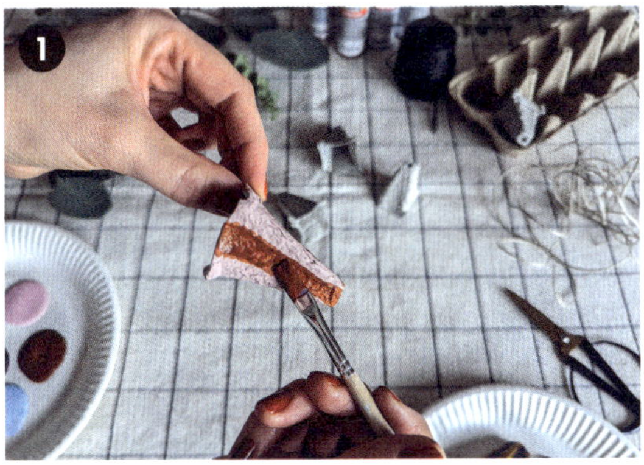

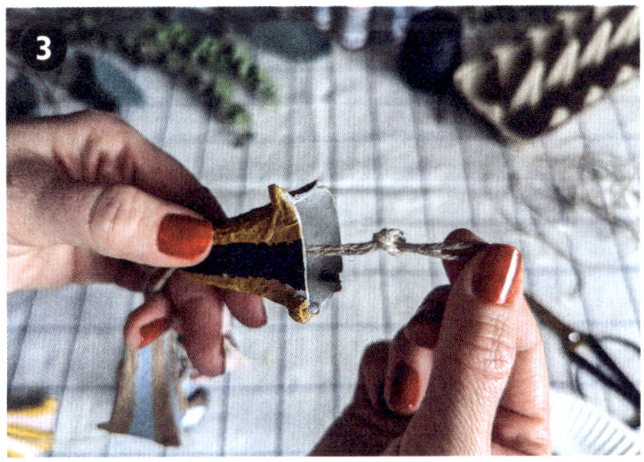

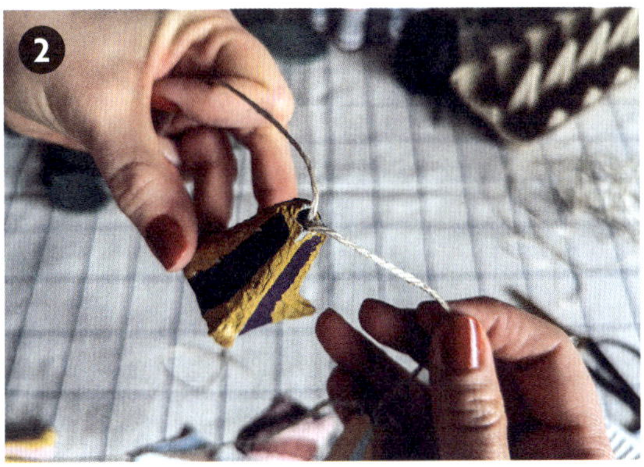

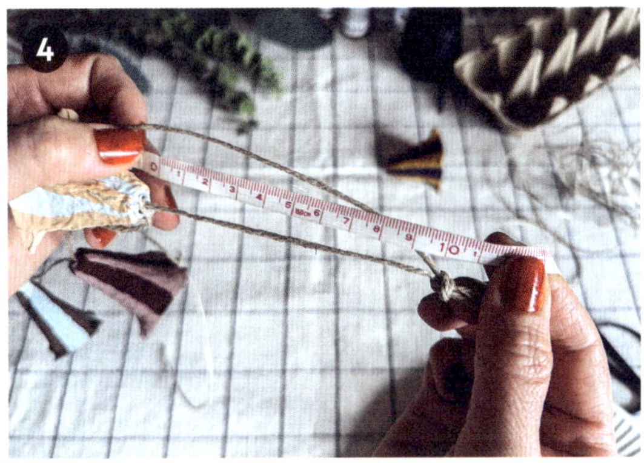

1. Die Kegel aus der Mitte der Eierkartons herausschneiden und am Rand begradigen. Je zwei kontrastreiche Farben auswählen und in senkrechten Streifen auf die Kegel auftragen. Alle Glöckchen von der Außenseite unterschiedlich gestalten und trocknen lassen. Falls der Eierkarton keine Löcher in den Spitzen haben sollte, dort mit der Schere ein kleines Loch für die spätere Kordel bohren.

2. Die Kordel auf das 1,5-fache der gewünschten Länge der Girlande zuschneiden und nach 30 cm das erste Mal knicken. Die Knickstelle von oben in das kleine Loch an der Spitze des Glöckchens einführen.

3. Einen Knoten setzen, sodass ein etwa 2 cm langer Klöppel entsteht.

4. Die Kordel nach 15 cm erneut knicken und den nächsten Kegel verknoten. Am Ende sollte der Abstand aller Glocken einheitlich 10 cm betragen, da der Knoten jeweils 5 cm Schnur benötigt. Dann nur noch die fertige Girlande an der gewünschten Stelle aufhängen.

Adventsbowl statt -kranz

Für mich sind vier Kerzen im Advent Pflicht, allerdings muss es nicht immer ein klassischer grüner Kranz sein. Ich bevorzuge ein Gesteck in einer großen Schale ähnlich der Flowerbowl im vorherigen Kapitel (siehe Seite 64). Die Optik ist meist moderner, es wird weniger (oder gar kein) Tannengrün benötigt, und man kann das Gesteck über vier Wochen hinweg wässern. Ich liebe außerdem die blaugraue Färbung meiner ausgewählten Pflanzen.

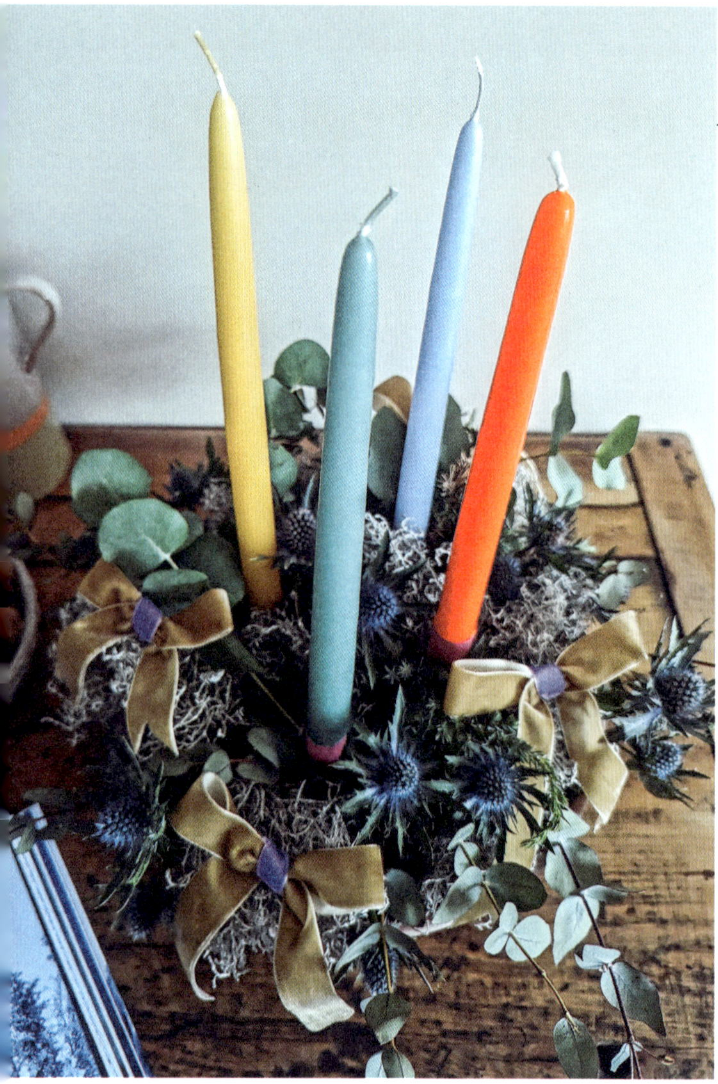

MATERIAL

- große Schale, mind. 30 cm Durchmesser
- Frischhaltefolie
- Frischblumensteckschaum
- Messer
- Blumenschere
- Patenthaften (Rayer)
- 4 Stabkerzenhalter mit Spitze
- 4 Stabkerzen
- Samtbänder
- Blumenauswahl: Eukalyptus, Distel, Wacholder, Stacheldrahtpflanze (*Calocephalus*) im Topf

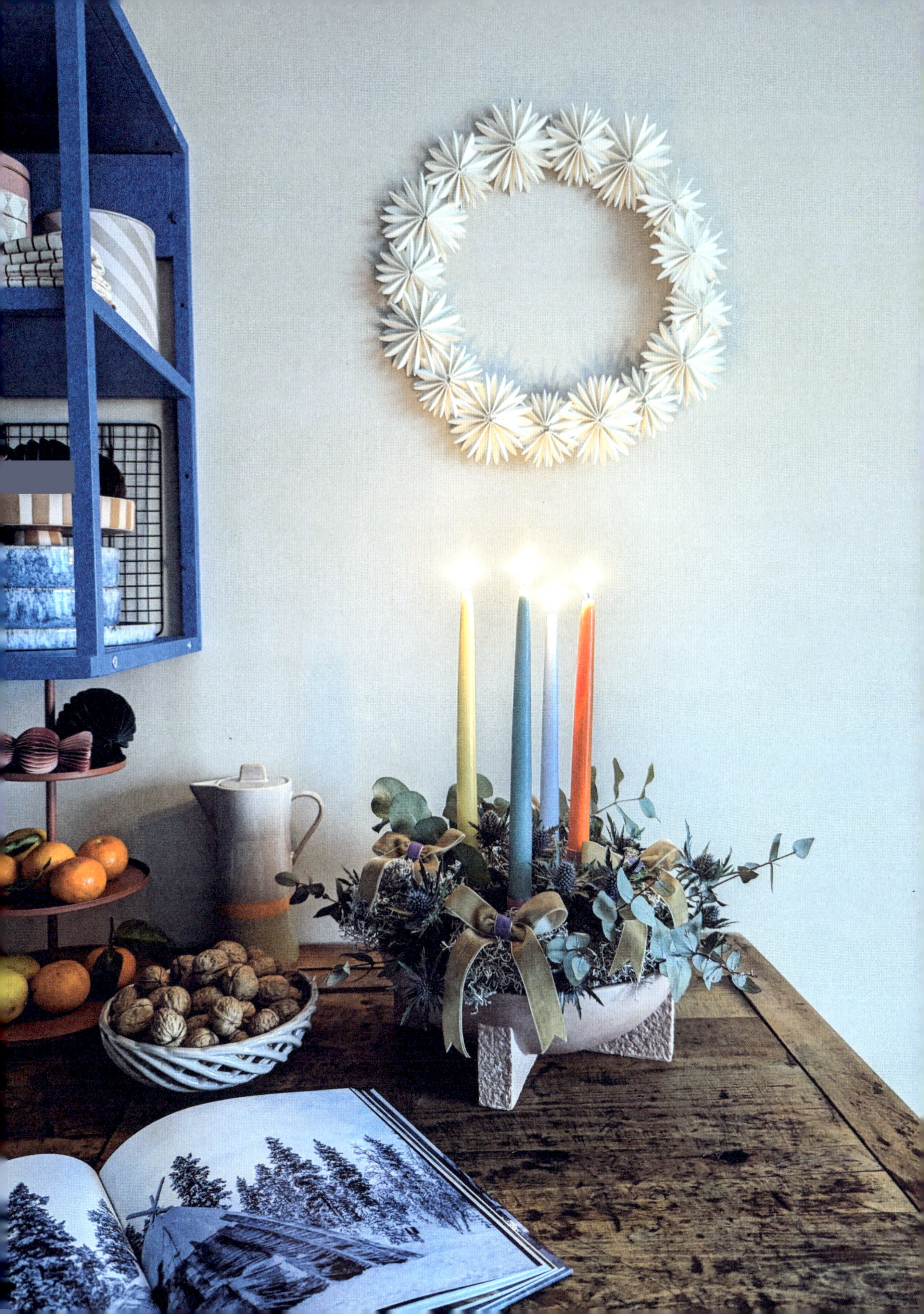

SO WIRD'S GEMACHT

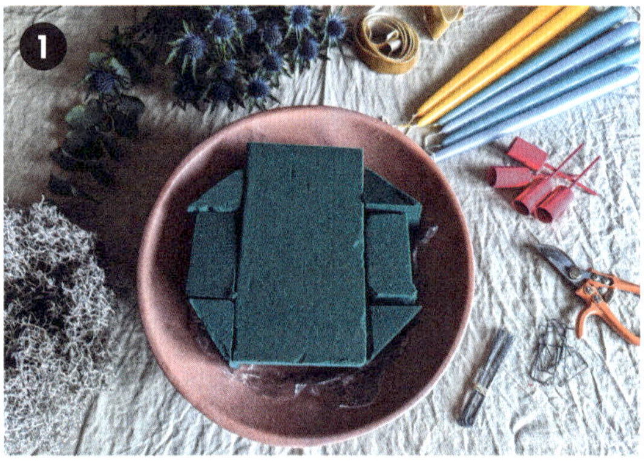

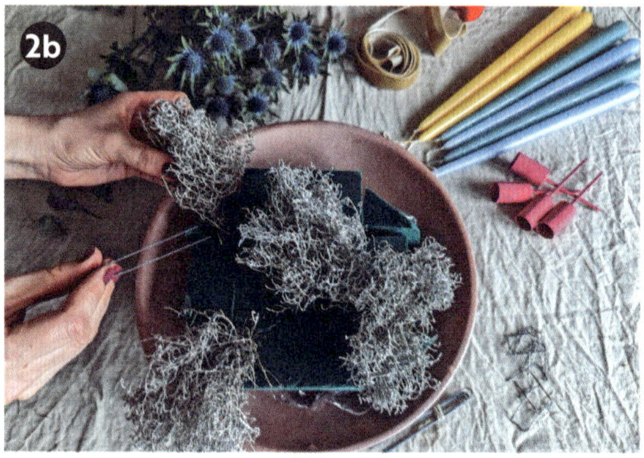

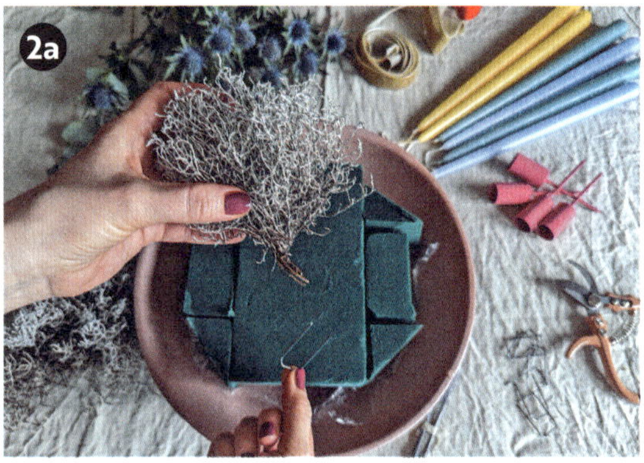

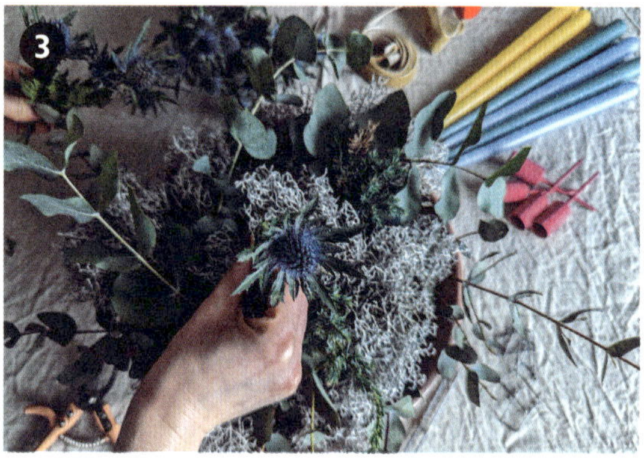

1. Den Steckschaumziegel mit einem Messer auf die Größe der Schale zuschneiden und in einem großen Wasserbecken ca. 90 Sekunden wässern. Nicht drücken oder wenden, sondern den Schaum selbstständig Wasser ziehen lassen.

2. Die Schale mit Folie auslegen und den nassen Steckschaum darauf positionieren. Die Stacheldrahtpflanze mit der Blumenschere möglichst weit unten am Stiel abernten und in Büscheln an allen vier Ecken und der Mitte des Gestecks mit Patenthaften befestigen.

3. Den Eukalyptus ca. 30 cm lang schräg anschneiden und wie die Flügel einer Windmühle rundum einstecken. Die Distelköpfe auf ca. 20 cm kürzen und gleichmäßig im Gesteck verteilen. Die Stacheldrahtpflanze auffächern und Lücken mit Resten oder Wacholderästen füllen.

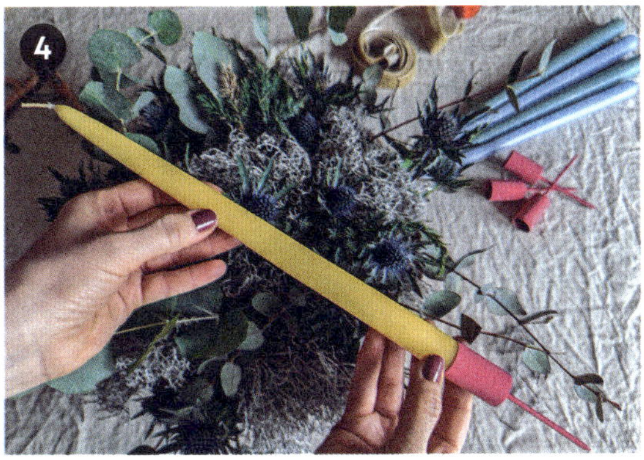

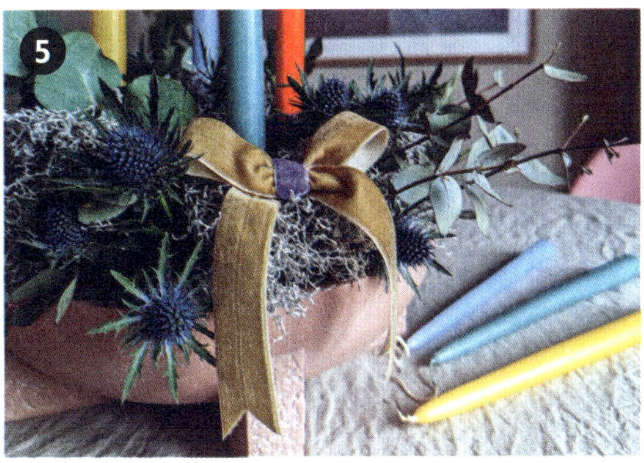

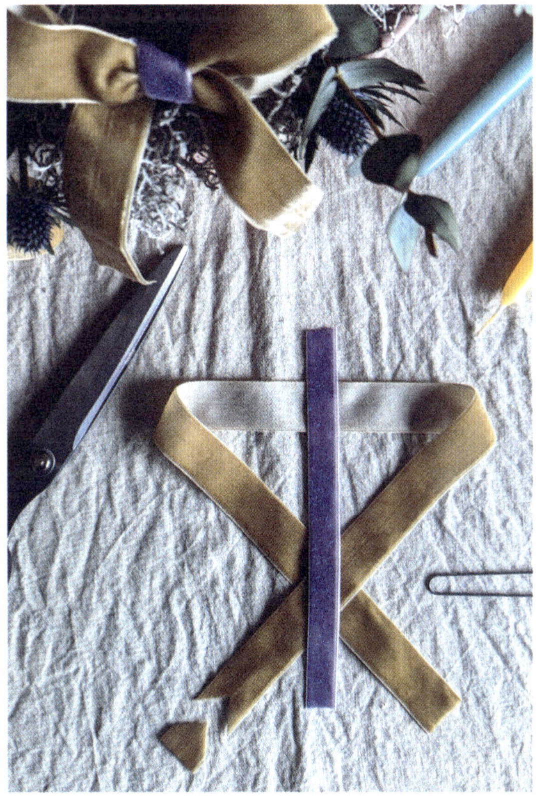

4. Die Stabkerzen fest in die Halter stecken und in der Schale anordnen.

5. Vier große Schleifen aus den Samtbändern binden und mit Floristennadeln im Gesteck befestigen.

TIPP

Bei meinen Schleifen schummele ich gern und binde sie gar nicht wirklich als Schleife. Ich lege ein 60 cm langes Stück Band wie auf dem Bild übereinander und knote es mittig mit einem weiteren Band zusammen. Der Knoten befindet sich auf der Rückseite, wodurch ein andersfarbiger Steg möglich ist. Die beiden Schlaufen in Form ziehen und die unteren Enden spitz einschneiden.

Gemusterte Kerzen dank Schwammtechnik

Mit Wachsliner lassen sich schlichte Kerzen vielfältig verschönern, und im Internet finden sich dazu die fantasievollsten Motive als Anregung. In der Praxis ist die Anwendung solcher Stifte allerdings alles andere als einfach und bedarf einiger Übung und Ruhe. Daher trage ich die flüssige Wachsfarbe viel lieber mit Pinsel und Schwamm auf. Ein weiterer Vorteil dieser Technik ist, dass die Kerzen durch die wesentlich dünnere Schicht Farbe besser und sauberer abbrennen.

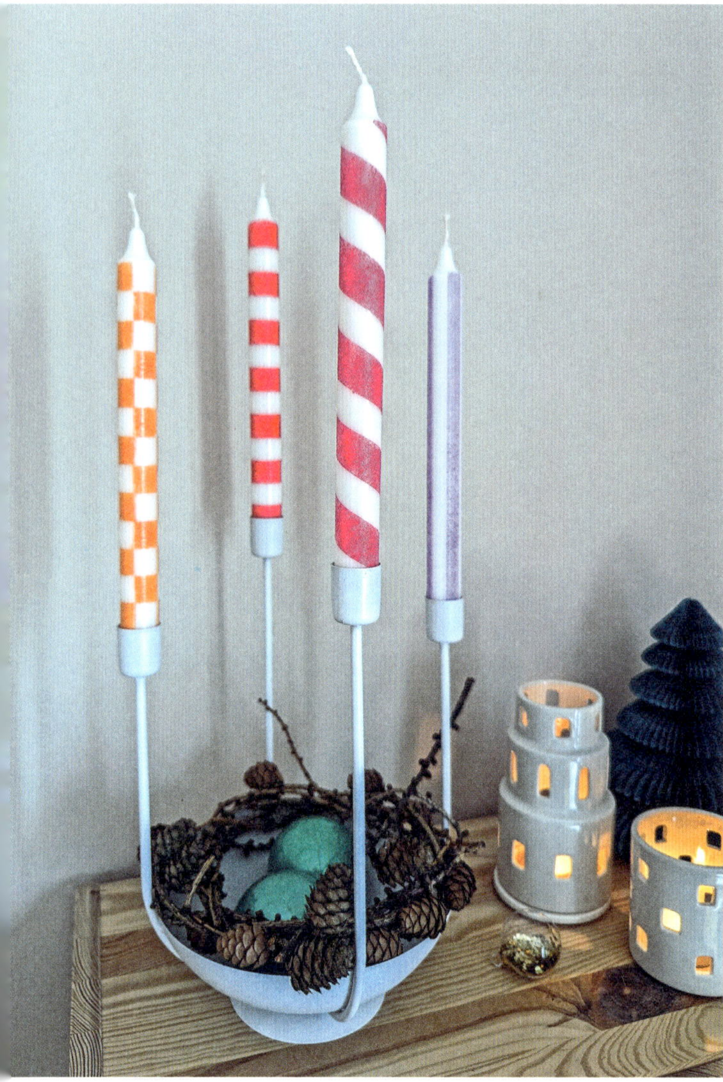

MATERIAL

- Weiße Stabkerzen
- Wachsliner (Rayer)
- Haushaltsschwamm
- Pinsel
- Washi Tape in verschiedenen Breiten
- Bastelskalpell
- Lineal
- Schneidematte

TIPP

Da die Farbe der Wachsliner schnell trocknet, verarbeite ich sie zügig und in kleinen Mengen, um Klümpchen zu vermeiden. Die Pinsel sofort mit Küchenkrepp und anschließend warmem Wasser reinigen. Den Schwamm zerschneide ich zum Tupfen in kleine Würfel, welche ich nach Benutzung entsorge.

SO WIRD'S GEMACHT

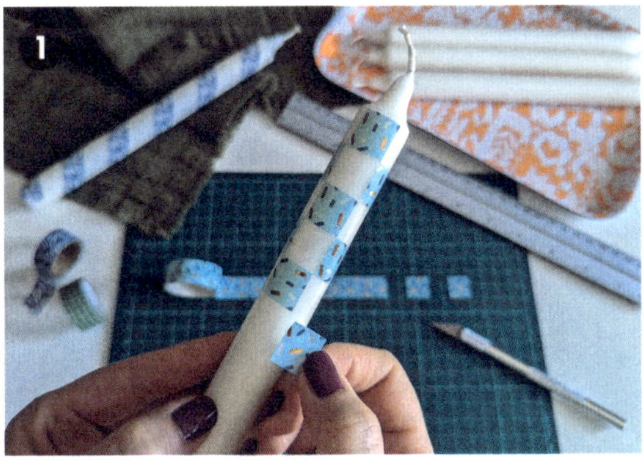

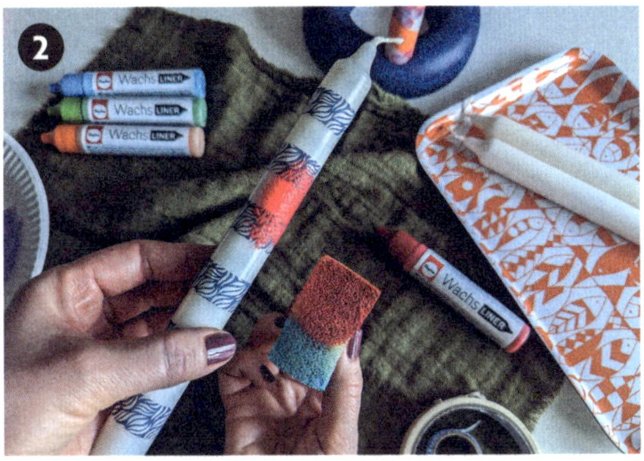

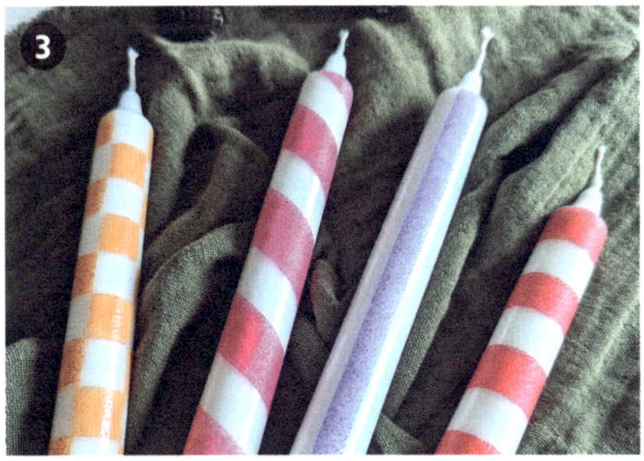

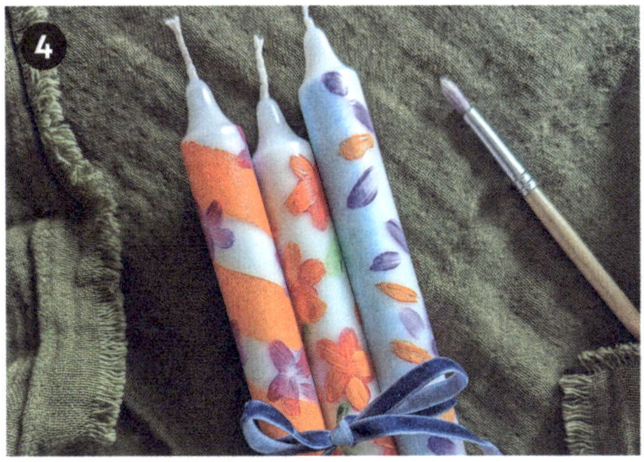

1. Die Kerzen mit dem Tape waagerecht, senkrecht und spiralförmig bekleben. Mit unterschiedlichen Breiten und Abständen zwischen den Bahnen arbeiten. Für das Schachbrettmuster das Band auf die Schneidematte kleben und mit Skalpell und Lineal quadratische Stücke in der Breite des Washi Tapes herunterschneiden und versetzt auf die Kerze kleben. Alle Klebebänder gut andrücken.

2. Eine kleine Menge Wachs aus dem Stift drücken und mit einem Schwamm tupfend auf die Kerzen auftragen. Ggf. die Farbe schichten, um mehr Farbintensität zu erreichen.

3. Die Kerzen stehend oder am Wäscheständer hängend trocknen lassen und danach das Tape vorsichtig abziehen.

4. Das flüssige Wachs kann auch mit einem Pinsel in kurzen Strichen auf die Kerzen gemalt werden. Dabei sehen zwei Farben gemeinsam auf der Pinselspitze Blütenblättern sehr ähnlich.

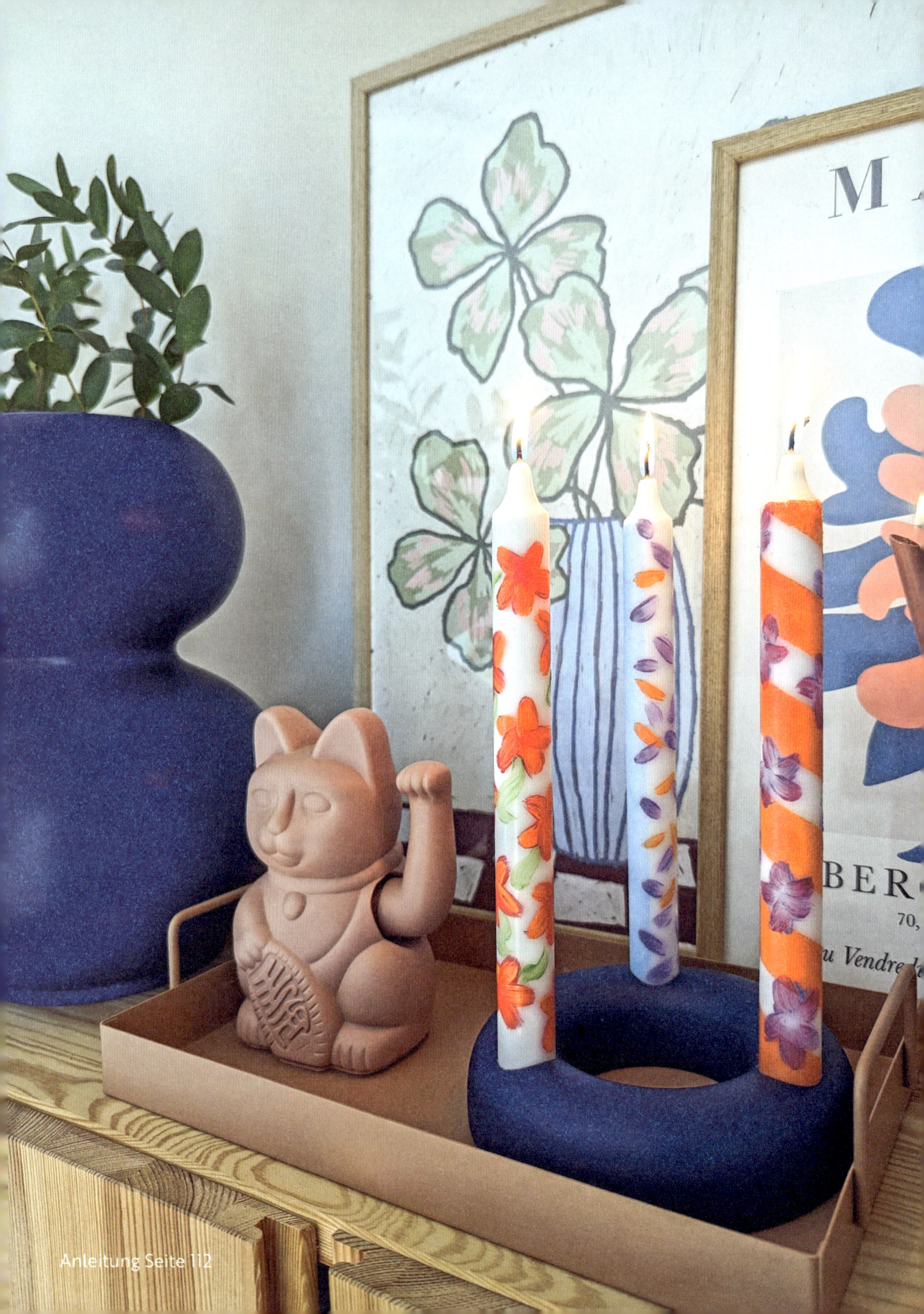

Anleitung Seite 112

Bommelkranz

Dieser Kranz musste einfach ins Buch, obwohl ich ihn schon vor vielen Jahren gemacht habe. Jeden Advent finde ich ihn aufs Neue imposant und erinnere mich an die vielen Arbeitsstunden in der S-Bahn zurück. Denn eins ist dieser Kranz nicht: ´ne schnelle Nummer. Die Anzahl der Bommeln ist nicht zu unterschätzen, und ich habe stets meinen längeren Arbeitsweg zur Kita genutzt, um in der Bahn Bommeln zu wickeln.

MATERIAL

- Halbring aus Styropor, Durchmesser 30 cm (Rayer)
- Dicke Wolle in 4 Farben
- Pompon-Maker, verschiedene Durchmesser (alternativ: Pappe)
- Spitze Schere

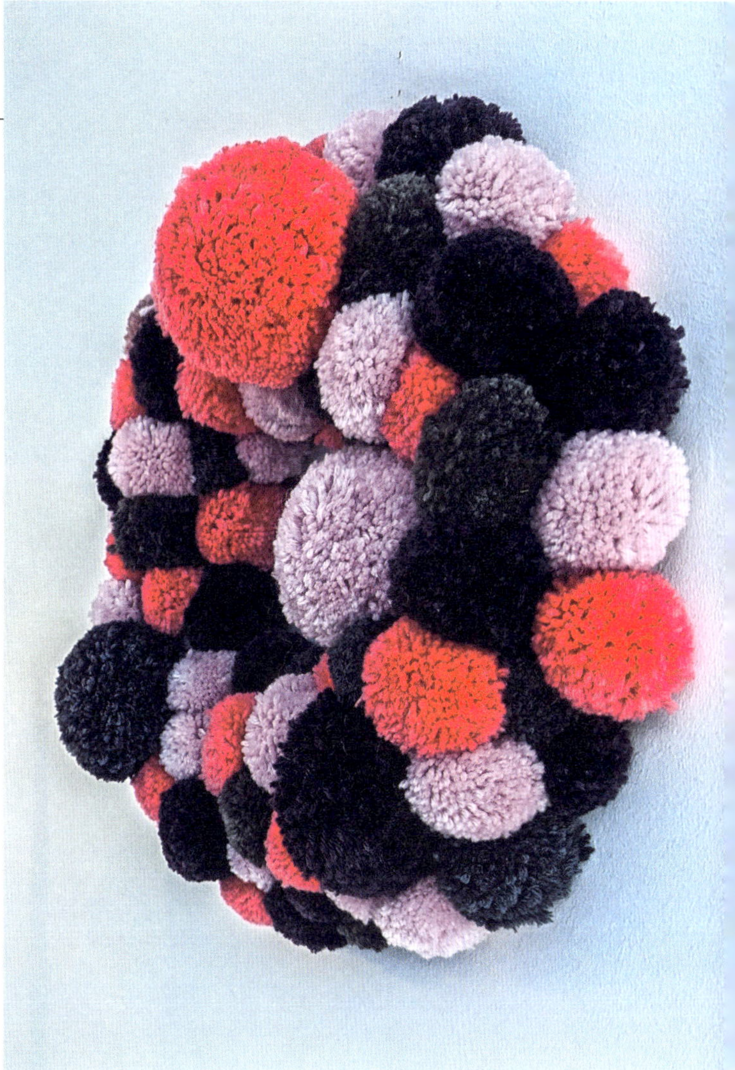

SO WIRD'S GEMACHT

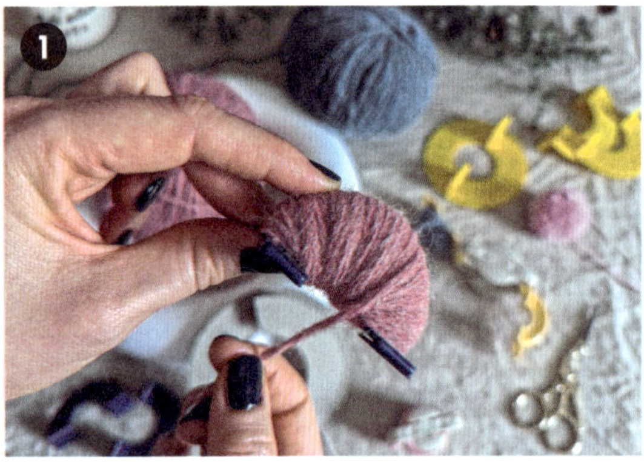

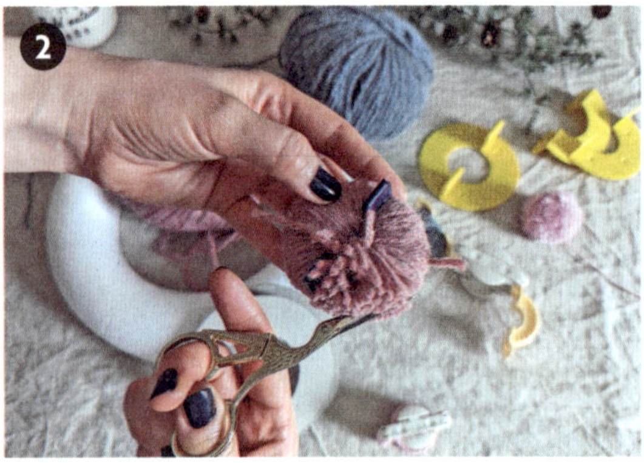

1. Mithilfe der Pompon-Maker oder zwei Ringen aus Pappe diverse Bommel wickeln. Je dicker die Wolle, desto schneller kommt man voran. Ich habe Pompons mit einem Durchmesser von 10 cm, 6 cm und 4 cm in vier verschiedenen Farben hergestellt.

2. Den komplett umwickelten Ring mit einer spitzen Schere ringsum aufschneiden und ein 30 cm langes Stück Wolle zum Verknoten nutzen.

3. Den Pompon-Maker oder die Pappe vorsichtig entfernen, die Bommel schütteln und mit der Schere ggf. in Form schneiden.

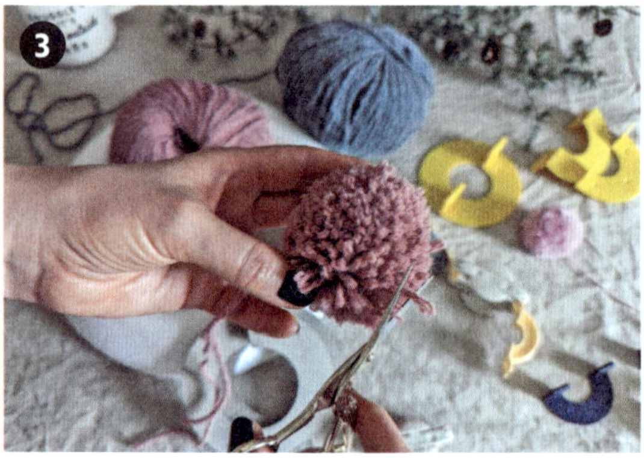

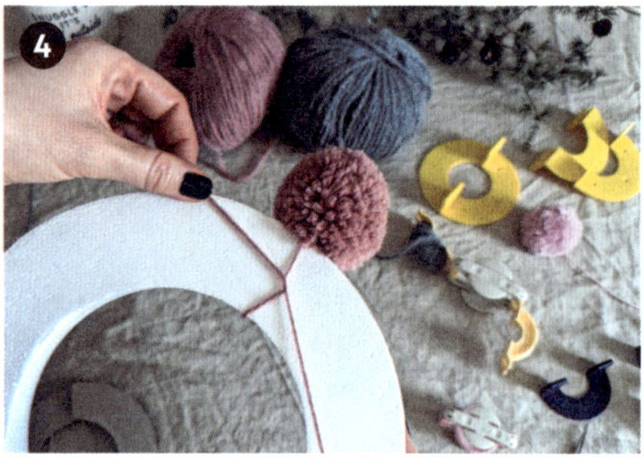

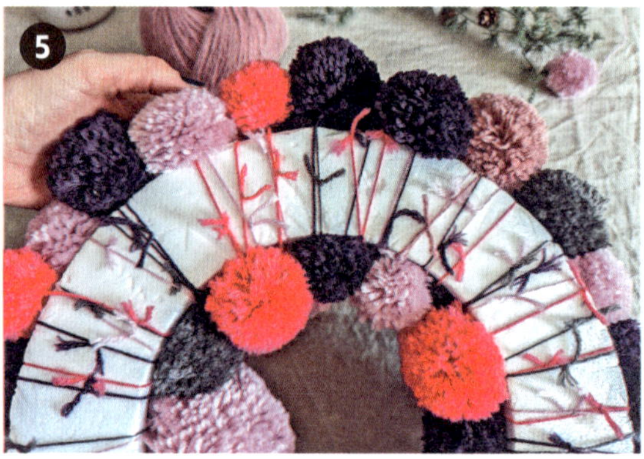

4. Mit dem Stück Wolle vom Verknoten am Styroporring befestigen und an die gewünschte Position schieben.

5. Am Ende sollte die gewölbte Hälfte des Rings dicht mit kleinen, mittleren und großen Bommeln bedeckt sein.

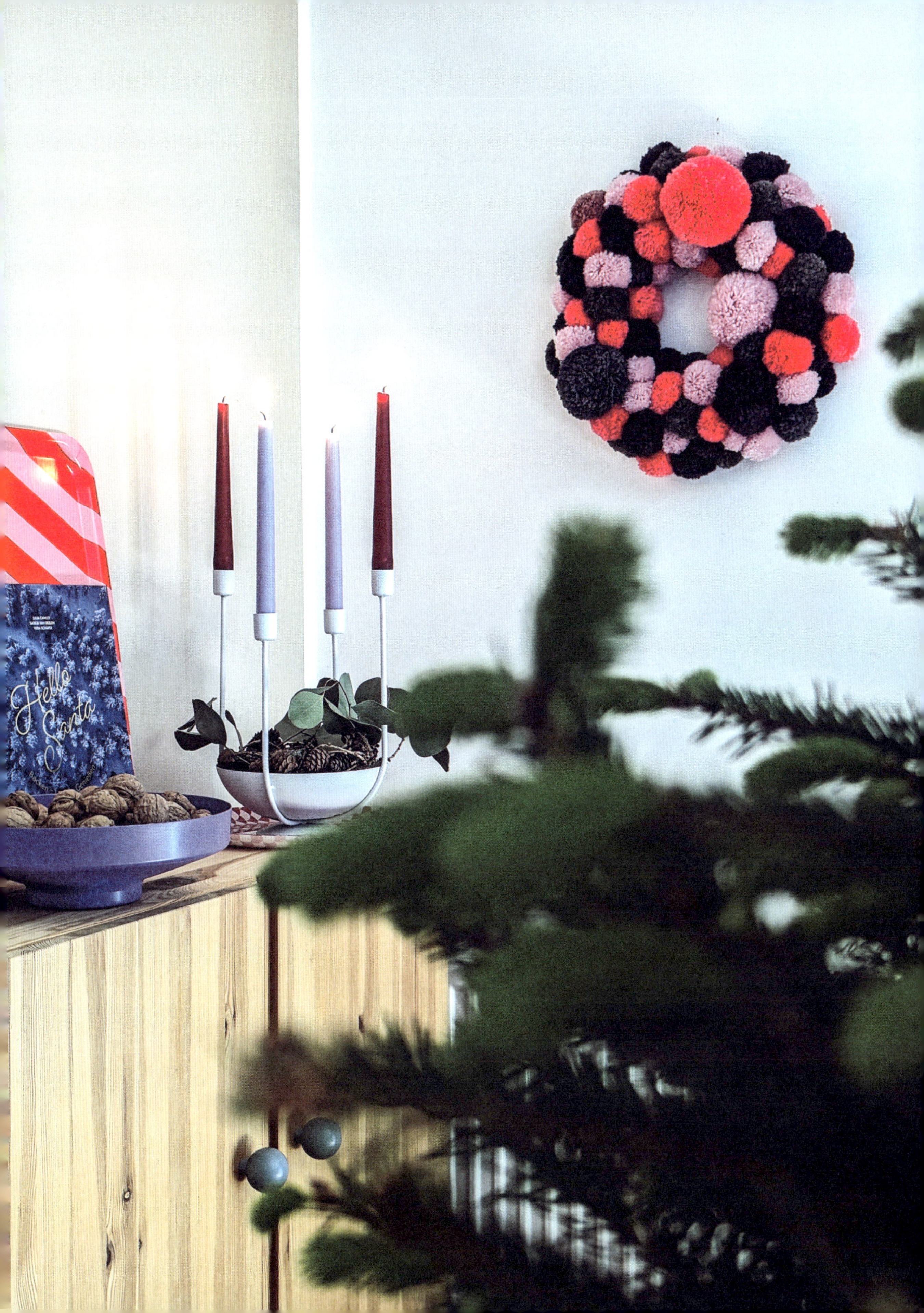
Hello Santa
Backen
Genießen

Weihnachtskugeln mit Acrylstiften bemalen

Weihnachtsschmuck in den falschen Farben muss noch lange nicht ausgedient haben, sondern kann auf mehrere Arten umgestaltet werden. Neben der Bubble-Vase (siehe Seite 58) bietet das Bemalen mit Stiften eine weitere Möglichkeit. Dafür eignen sich bunte Kugeln aus Glas besonders schön, da ein toller Kontrast aus glänzender und matter Oberfläche entsteht. Wem die geradlinigen Muster anfangs zu schwer erscheinen, kann gern mit Punkten, Blümchen oder kurzen Strichen beginnen. Kleine Patzer lassen sich zu jeder Zeit mit etwas Nagellackentferner vom Glas beseitigen.

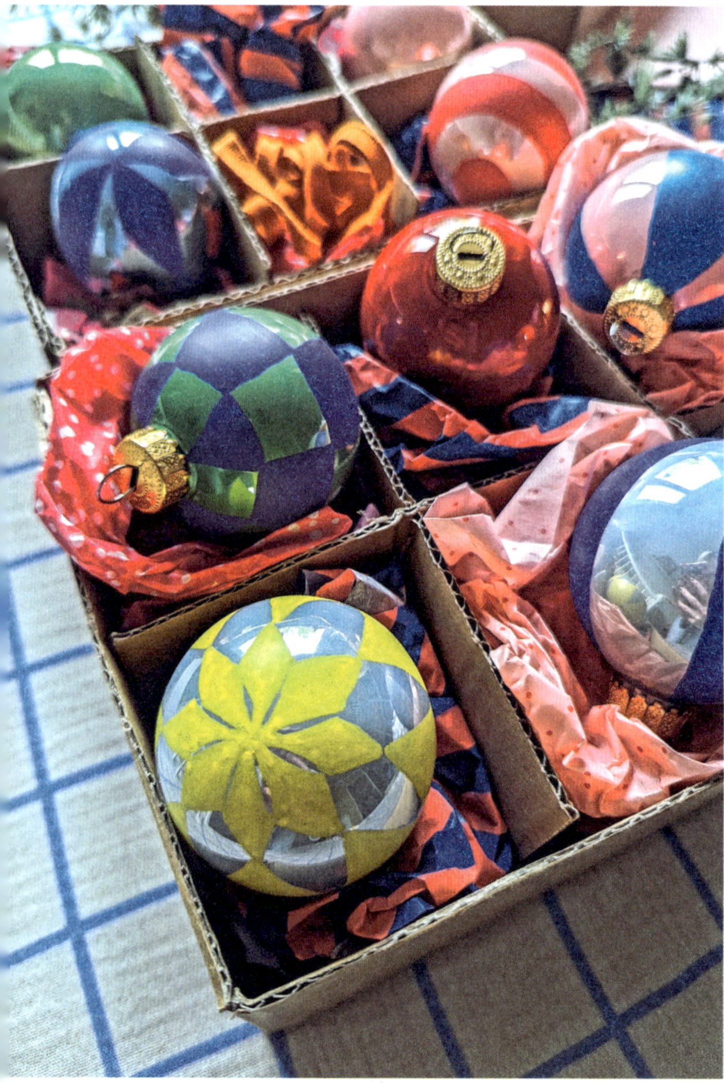

MATERIAL

- Einfarbige Weihnachtskugeln
- Acrylmarker (Rayer)

SO WIRD'S GEMACHT

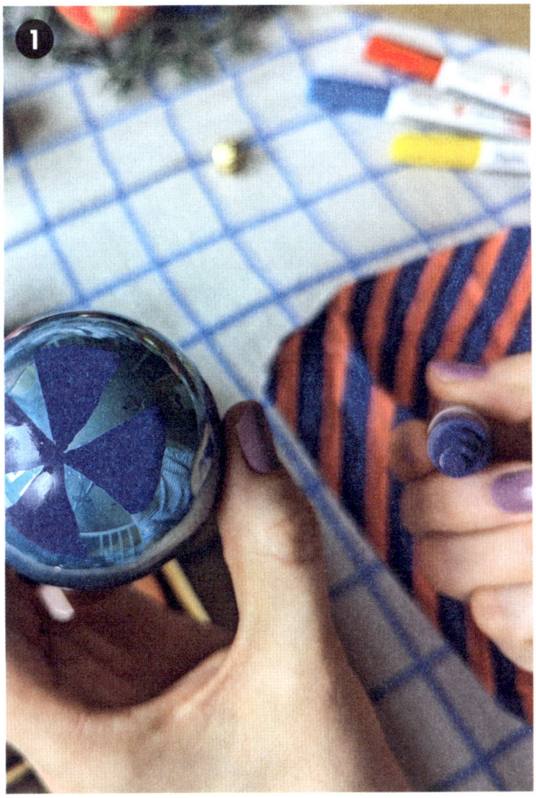

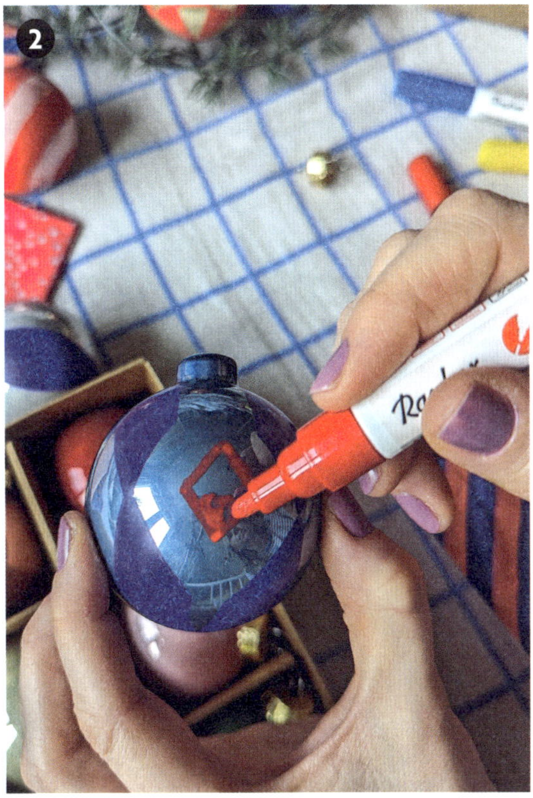

1. Die Aufhängung von den Kugeln entfernen und bei Bedarf einen Stab oder Stift zum Halten mit Knete in dem Loch befestigen. Die Acrylmarker schütteln und die Farbe auf einem Papier nach vorne pumpen. Ein grafisches Muster wie Streifen, Rauten oder Quadrate planen und einige Hilfspunkte auf der Kugel markieren. Die horizontale Mitte an der dicksten Stelle und ein Kreuz an der Unterseite machen fast immer Sinn.

2. Das Muster freihändig aufzeichnen und ausmalen. Dabei an der Unterseite beginnen und zur Aufhängung hocharbeiten. Zügig zeichnen und nicht mehrfach über eine Stelle fahren, da man sonst mit der Stiftspitze die vorherige Schicht Farbe zerkratzt. Sollte die Acrylfarbe beim ersten Mal nicht optimal decken, kann am Folgetag vorsichtig eine zweite Schicht aufgetragen werden. Die Kugeln zum Trocknen mit der Öffnung auf Stifte stülpen und im Anschluss wieder mit der Öse zum Aufhängen versehen.

Aufbewahrungsbox für Baumkugeln

Meine Weihnachtsanhänger und -kugeln sind mir heilig, und jedes Jahr kommen ein paar neue hinzu. Die Lagerung sollte ihrer würdig sein, und so habe ich mir im Laufe der Zeit meine eigenen Aufbewahrungsboxen gebastelt. Damit sie nicht nur praktisch, sondern auch schön anzusehen sind, kleide ich die einzelnen Fächer mit auffälligem Seidenpapier aus.

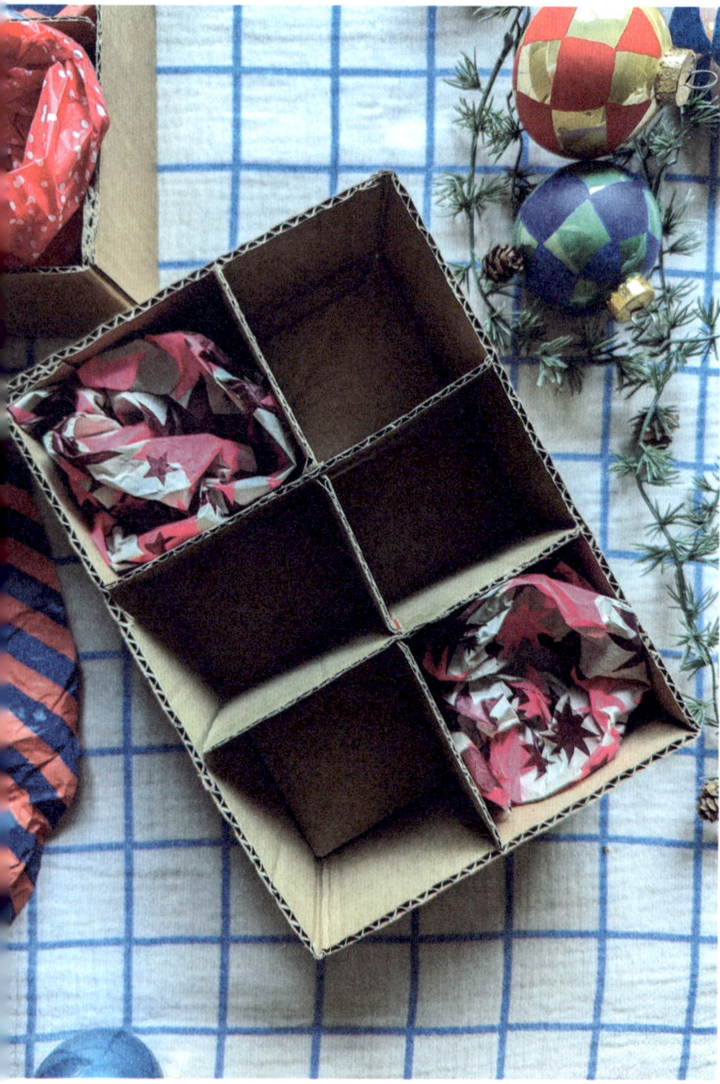

MATERIAL

- (Schuh)Karton, ca. 20 x 30 cm
- Pappe
- Seidenpapier
- Lineal
- Schere

SO WIRD'S GEMACHT

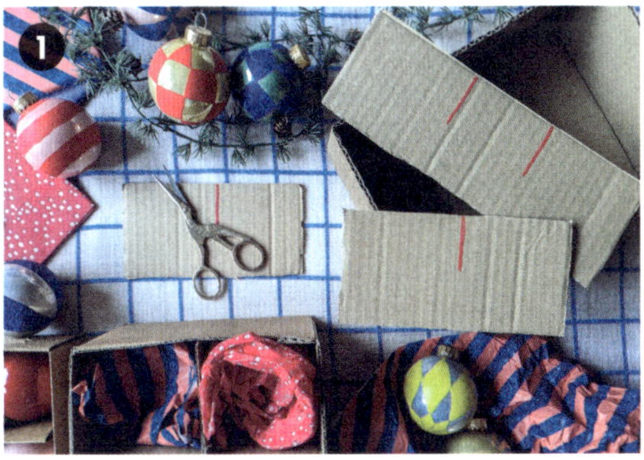

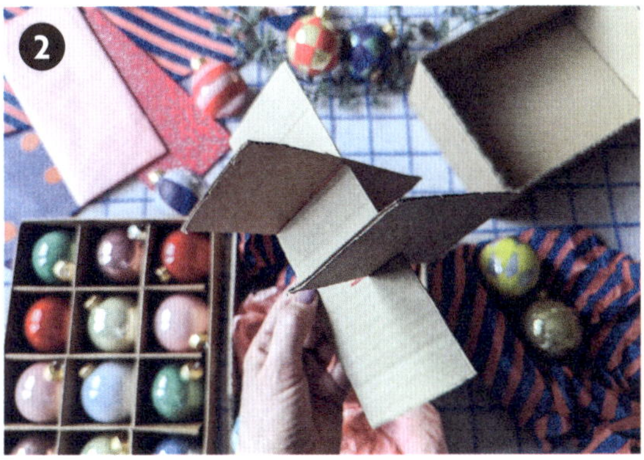

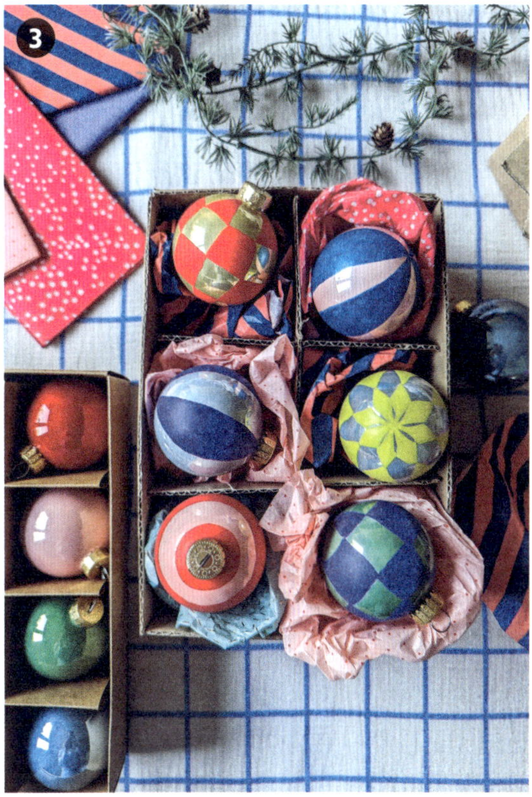

1. Der Karton wird vom Deckel befreit und auf Höhe der Kugeln plus 2 cm gekürzt. In meinem Fall sind das 10 cm. Aus dem Deckel und weiterer Pappe drei Trennstege in der gleichen Höhe zuschneiden: einmal in der Länge (30 cm) und zweimal in der Breite (20 cm) des Kartons.

2. Die Längsseiten der beiden kürzeren Streifen mittig je zur Hälfte (5 cm) einschneiden. Den langen Trennsteg mit dem Lineal in drei Abschnitte unterteilen (je 10 cm) und ebenfalls halb einschneiden. Die Stege nun ineinanderstecken und als Raster in den Karton einsetzen.

3. Mit Seidenpapier auskleiden – fertig!

Marmorierte Weihnachtskugeln mit Nagellack

Du merkst vielleicht schon, dass ich in der Vorweihnachtszeit Kugeln in sämtlichen Formen und Farben besonders gern in meine Deko einbinde. Sie sind so vielfältig, zeitlos und mittlerweile wirklich erschwinglich. Was ursprünglich als Christbaumschmuck am Baum hing, funktioniert auch wunderbar in einer großen Schale, unter einer Glasglocke oder an einem Geschenk. Generell gilt: Kugeln sind Herdentiere und machen in der Masse stets mehr her als einzeln.

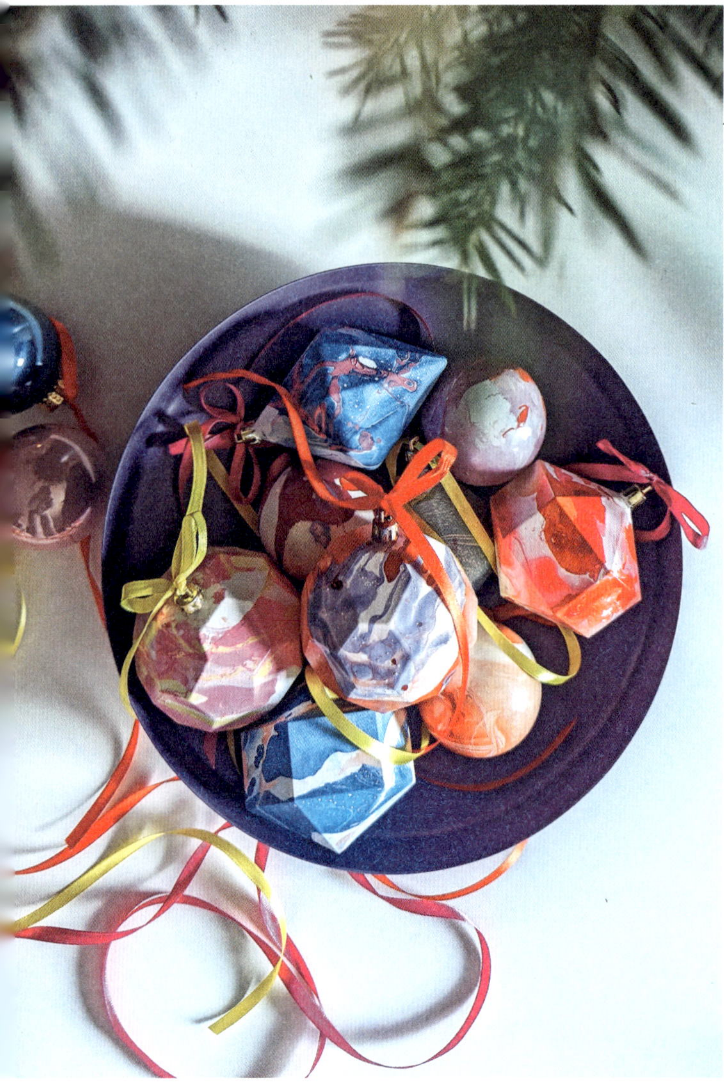

MATERIAL

- Weiße Kugeln aus Kunststoff, Diamantform
- Weiße Kugeln aus Glas
- Nagellack in mehreren Farben
- Holzspieße
- Gummihandschuhe
- Große Schüssel aus Glas
- Nagellackentferner
- Satinbänder, 1 cm Breite

TIPP

Die Schüssel sollte entweder alt oder aus Glas, Keramik oder Metall sein. So lässt sie sich am Ende problemlos mit Nagellackentferner reinigen.

SO WIRD'S GEMACHT

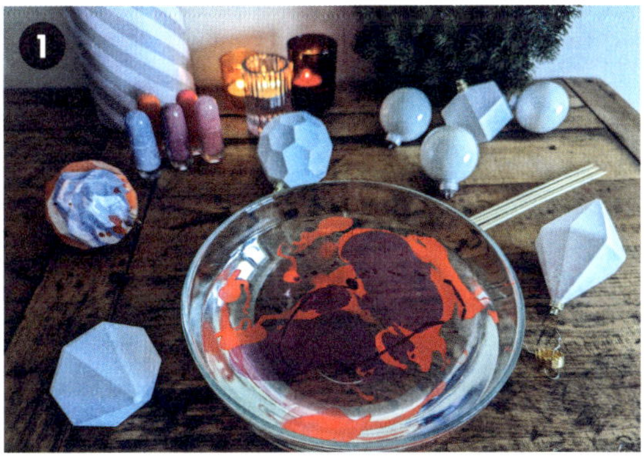

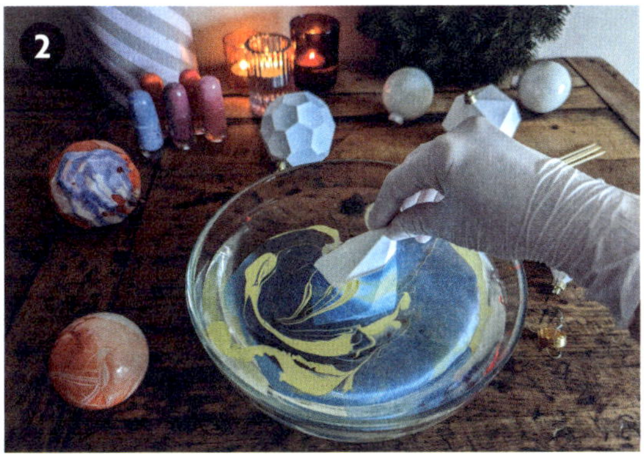

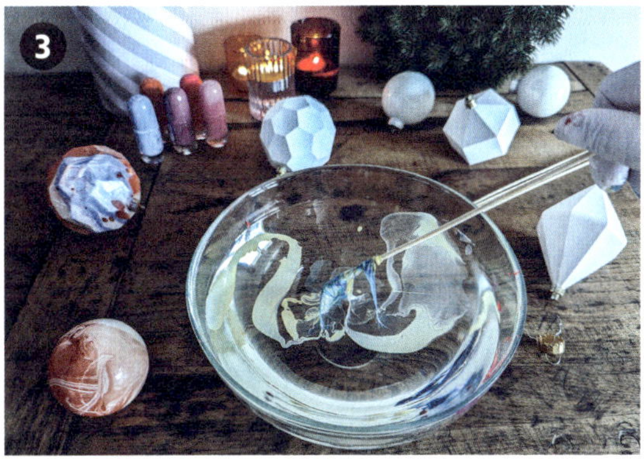

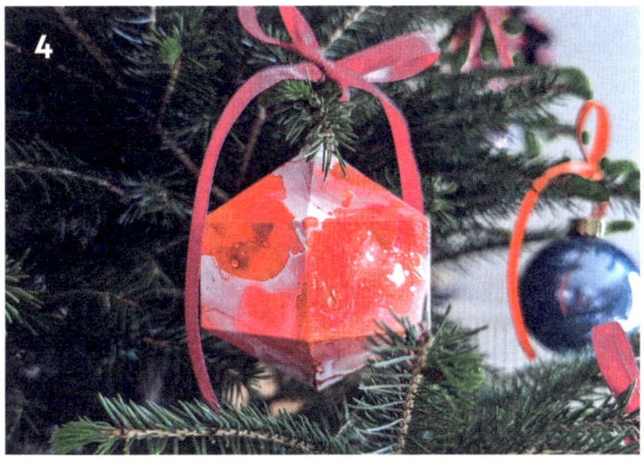

1. Die Schüssel mit ausreichend Wasser befüllen, sodass die komplette Kugel bequem hineinpasst. Zwei Nagellackfarben wählen und ca. 5–10 Tropfen auf die Wasseroberfläche tropfen. Nach Bedarf mit einem Spieß Muster in die beiden Farben ziehen.

2. Einen Gummihandschuh anziehen, die Kugel an der Aufhängung festhalten und in einem Zug beherzt (Wasserwiderstand!) durch die Schüssel drehen. Dabei die Kugel um die eigene Achse bewegen und die komplette Runde der Schüssel ausnutzen.

3. Vor der nächsten Kugel die Wasseroberfläche mit einem Holzspieß von den Lackresten befreien. Dazu den Spieß wie bei der Herstellung von Zuckerwatte durch die Schüssel drehen.

4. Die Kugeln zum Trocknen aufhängen und im Anschluss mit einer Schleife aus Satinband versehen.

Weihnachtlicher Rotweinkuchen mit Sauerkirschen

Dieser Kuchen ist in meiner Familie Tradition und versetzt mich schon beim Backen in die Adventszeit meiner Kindheit zurück. Meine Schwester und ich durften früher immer den Teig von den Mixstäben naschen und kamen so in den Genuss unseres ersten Rotweins. Die herbe Note des Weins, die Saftigkeit der Kirschen, der Duft von Zimt und nicht zuletzt der rosa Zuckerguss machen diesen schnellen Kuchen zum perfekten Gebäck auf dem Weihnachtstisch. Alternativ kann man den Rotwein auch durch alkoholfreien Kinderpunsch oder Glühwein ersetzen. Prost!

ZUTATEN

(für 1 Kastenform 30 cm)

200 g weiche Butter
200 g Zucker
1 Pk. Vanillezucker
4 Eier
250 g Mehl
1 Pk. Backpulver
4 gehäufte EL Backkakao
1 TL Zimt
150 ml Rotwein
1 Glas Sauerkirschen, Abtropfgewicht 350 g

Für den Guss

250 g Puderzucker
ca. 5 EL Rotwein

Deko zum Verzieren

ZUBEREITUNG

Die Butter, den Zucker und den Vanillezucker mit dem Mixer 3 Minuten schaumig schlagen. Die Eier einzeln hinzugeben und unterrühren.

Das Mehl, das Backpulver, den Kakao und den Zimt miteinander vermischen und zum Teig geben. Im Anschluss langsam den Rotwein hinzugießen und die abgetropften Kirschen unterheben.

Die Kastenform fetten und mit Mehl oder Semmelbröseln ausstreuen. Den Teig einfüllen, glatt streichen und bei 175 °C Ober-/Unterhitze ca. 60 Minuten backen.

Nach 45 Minuten die erste Stäbchenprobe machen und die Oberfläche bei Bedarf mit Alufolie abdecken. Wenn kein Teig mehr am Holzspieß haftet, aus dem Ofen holen und in der Form auskühlen lassen.

Den Puderzucker sieben und mit dem Rotwein zu einem zähen rosa Guss verrühren.

Den Zuckerguss über den Kuchen laufen lassen und nach Wunsch dekorieren.

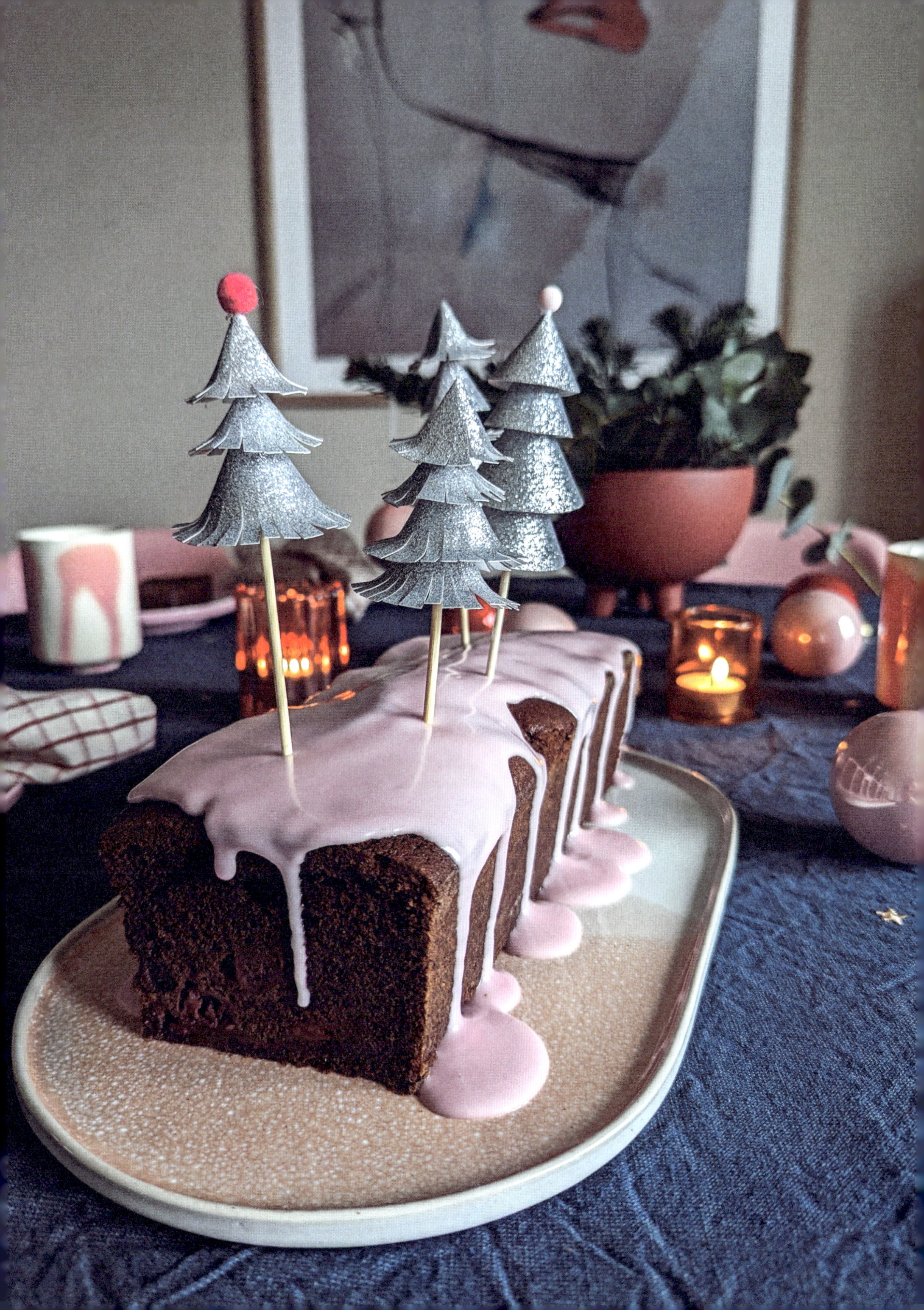

Caketopper Tannenbaum

Jeder Kuchen verdient einen Topper! Tatsächlich backe ich fast nie etwas ohne Girlande, Kerze oder Spieß obenauf, und diese glitzernden Bäumchen bilden das perfekte Wäldchen auf der rosaroten Oberfläche des Rotweinkuchens.

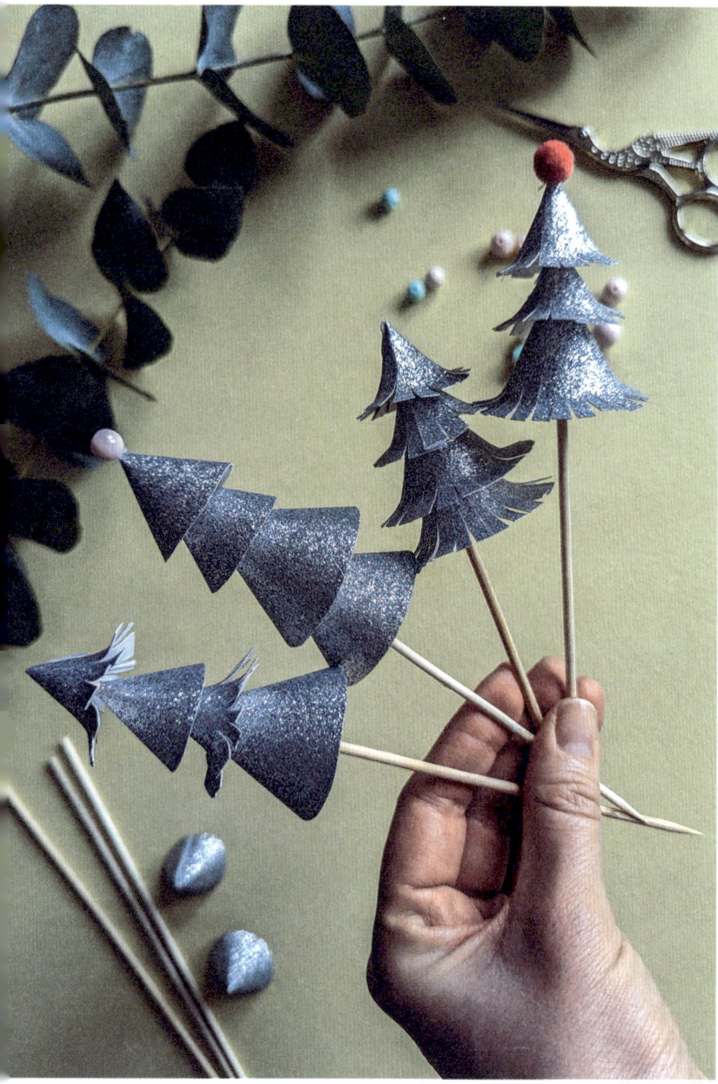

MATERIAL

- Stabiles (Glitzer)Papier
- Zirkel
- Schere
- Heißklebepistole
- Kleine Bommel und Perlen
- Lange Holzspieße

SO WIRD'S GEMACHT

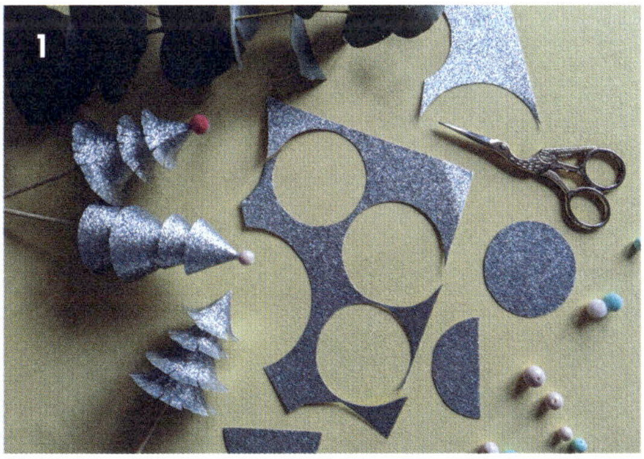

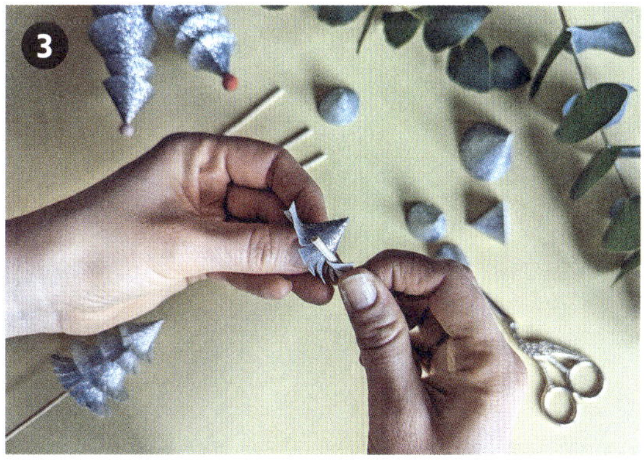

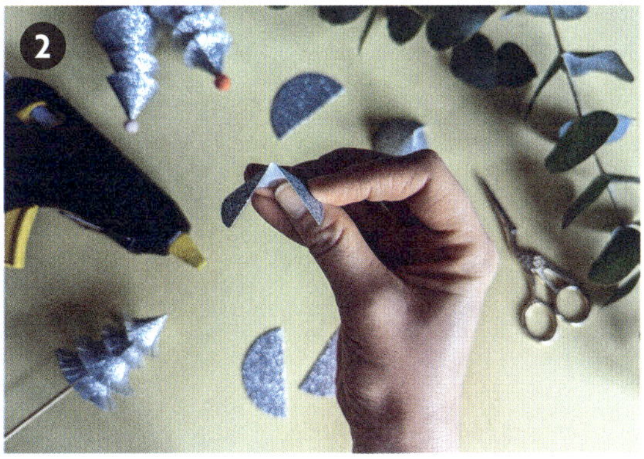

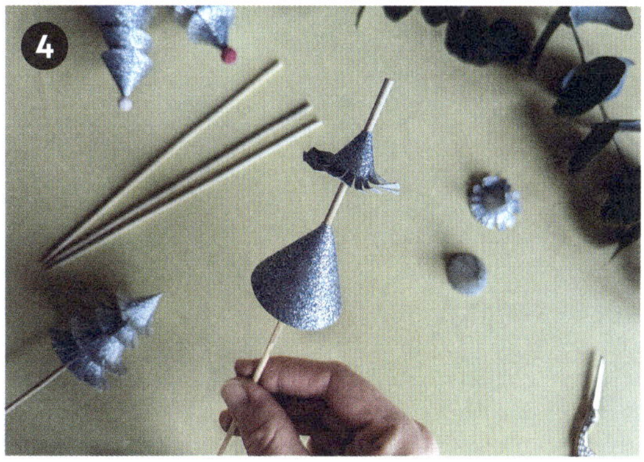

1. Mit dem Zirkel mehrere Kreise mit den Durchmessern 5 cm, 6 cm und 8 cm aufzeichnen und ausschneiden.

2. Die Kreise halbieren, zu Kegeln rollen und die Naht mit Heißkleber schließen.

3. Einige Kegel an der Unterseite mehrmals 1 cm tief einschneiden und die Fransen über einen Spieß rund nach oben rollen.

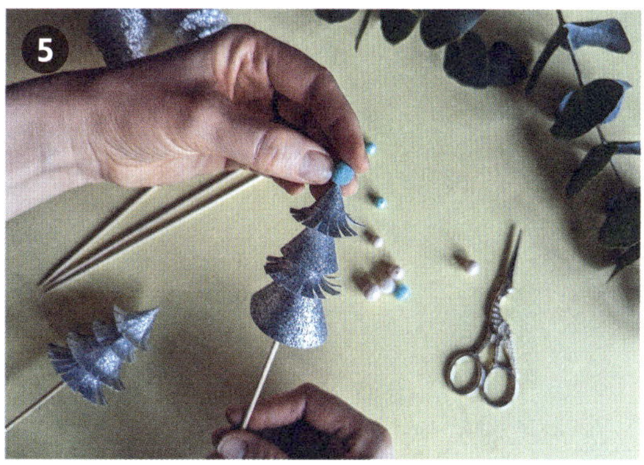

4. Die kleinsten Hütchen als Tannenbaumspitzen wählen und ggf. mit einer Bommel oder Perle verzieren. Die Spitzen aller anderen Kegel 2 mm abschneiden. Durch diese Öffnung auf den Spieß fädeln.

5. 3–4 Lagen bilden einen Tannenbaum, wobei er nach oben schmaler werden sollte. Alle Kegel in gewünschter Höhe anordnen, an der Unterseite mit einem Tropfen Heißkleber am Spieß fixieren und das oberste Hütchen festkleben.

Kunter-
buntes
Kinder-
zimmer

Verspielt und farbenfoh

Willkommen im klitzekleinen Kinderreich! Hier ist es wild, bunt, voll und kreativ. Mittlerweile teilen sich unsere 6-jährige Tochter und ihr kleiner Bruder dieses 11-Quadratmeter-Zimmer zum reinen Spielen – die Betten wurden aus Platzgründen ausgelagert.

Drei Jahre Altersunterschied bedeuten natürlich auch unterschiedliche Interessen, und so versuchen wir zumindest die meisten Konflikte durch ein cleveres Ordnungssystem und verschiedene Nutzungsbereiche zu umschiffen. Stauraum, Funktionalität und eine kindgerechte Optik sind in diesem Zimmer unsere drei großen Themen.

In der Pädagogik werden Gemeinschaftsräume für Kinder meist farbneutral und hell gestaltet, um eine reizarme Atmosphäre zu schaffen, in die ausreichend Farbe und Leben durch die Kinder selbst einzieht. Unser Kinderzimmer ist alles andere als farbneutral, doch die Möbel sind hell gewählt, und alle Wandfarben bewegen sich zumindest im abgematteten Pastellbereich.

Private Spielzimmer dürfen auch bunt sein, und je größer sie sind, desto mehr Farbreize vertragen sie auch. Hilfreich ist es allerdings, wenn man sich im Vorfeld wieder auf zwei oder drei dominierende Farbfamilien festlegt und große Möbel und Textilien möglichst unaufgeregt in den Hintergrund treten lässt oder aber bewusst als Eyecatcher in Szene setzt. Bei uns herrschen auch hier ganz klar Rosa- und Blautöne vor, welche im Laufe der Zeit durch gelbe Akzente und viele verspielte Details ergänzt wurden. Da der Raum nur eine sehr geringe Bodenfläche aufweist, arbeite ich besonders gern in die Höhe und nutze die Wände als Präsentationsfläche schöner Dinge. Das Kinderzimmer kann eine wahre Spielwiese für Kreativität sein, und so wird gemeinsam mit den kleinen Bewohnern umgestaltet und optimiert. Aurora hat schon ziemlich konkrete Vorstellungen ihres Reiches und äußerte beispielsweise explizit den Wunsch nach den Bögen an ihrer Wand. Die folgenden Ideen sind allerdings nur exemplarisch im Kinderzimmer inszeniert und passen auch fantastisch in alle anderen Räume.

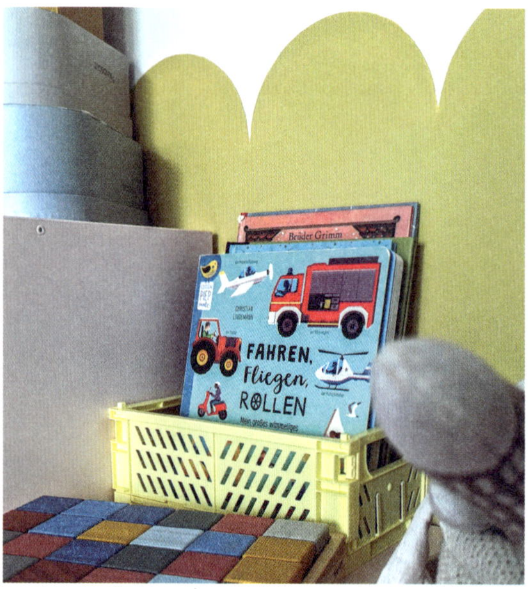

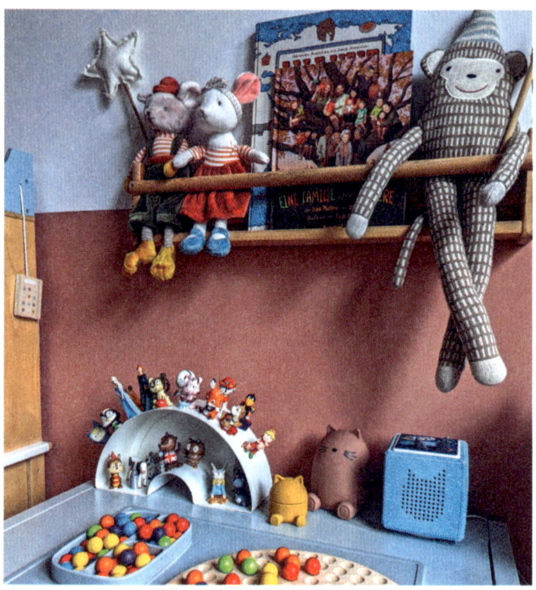

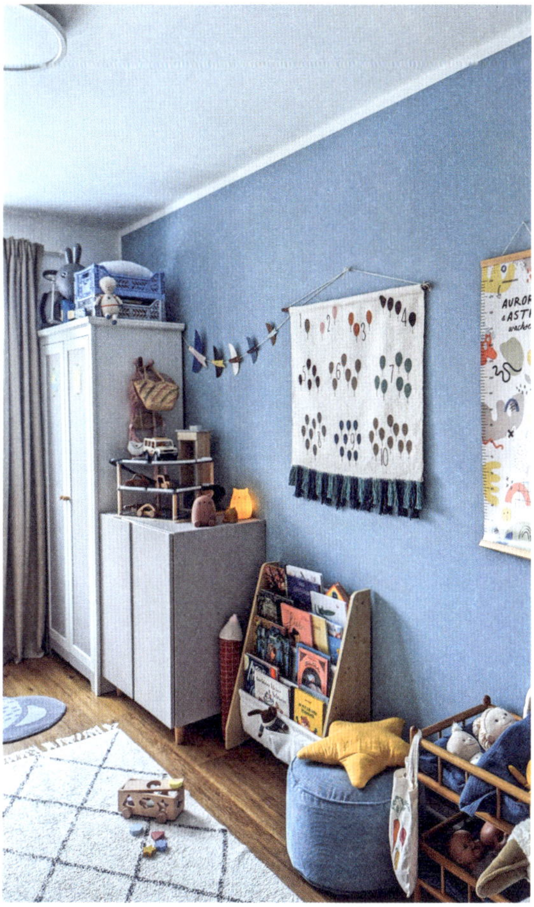

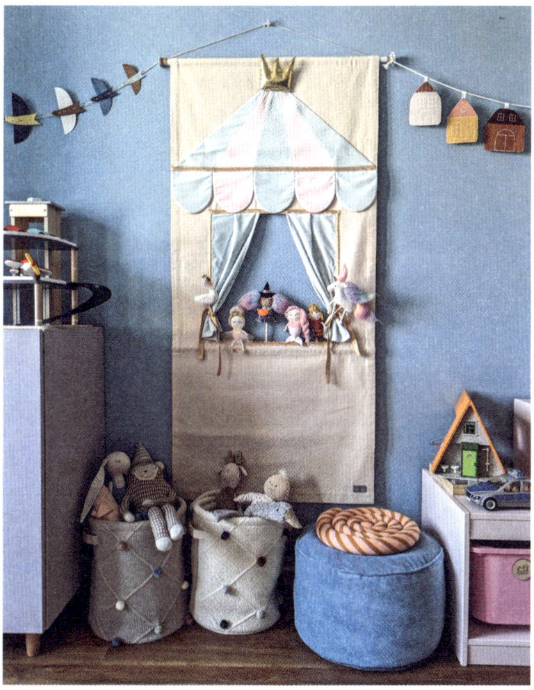

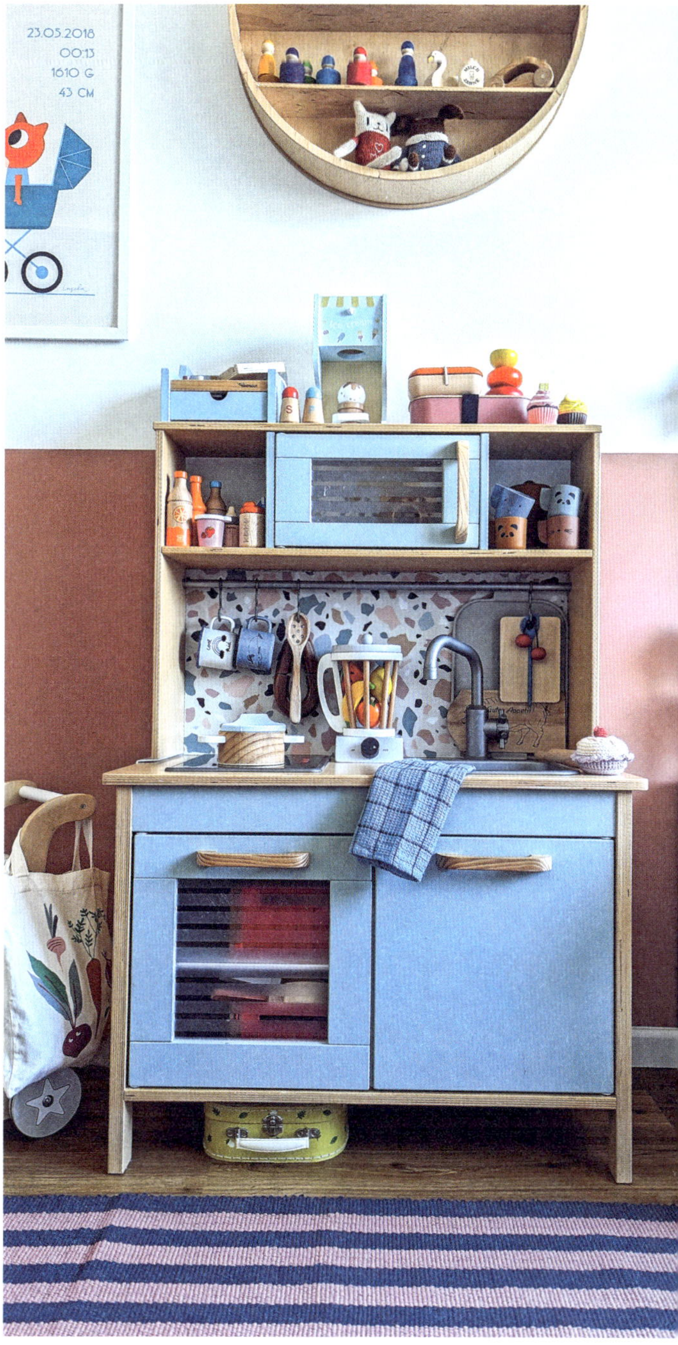
23.05.2018
00:13
1610 G
43 CM

Wandgestaltung Bögen

Drei von vier Wänden im Kinderzimmer sind bei uns mit Farbe gestaltet, und die halbhohen Werke enden jeweils in einer Abschlussbordüre aus Bögen. Ein kindliches Deko-Element auf Augenhöhe, welches weniger hart als eine gerade Kante wirkt und dem Raum die Leichtigkeit einer Wolke verleiht. Das Muster macht einfach gute Laune und passt zur Unbekümmertheit eines Spielzimmers. Die senfgelbe Wand endet in gleichfarbigen Bögen nach oben, während die fliederfarbene Wand farblich abgesetzte Bögen nach unten erhalten hat – beide Varianten sind nach dem gleichen Prinzip entstanden. Keine Bange, es ist tatsächlich einfacher, als es den Anschein hat.

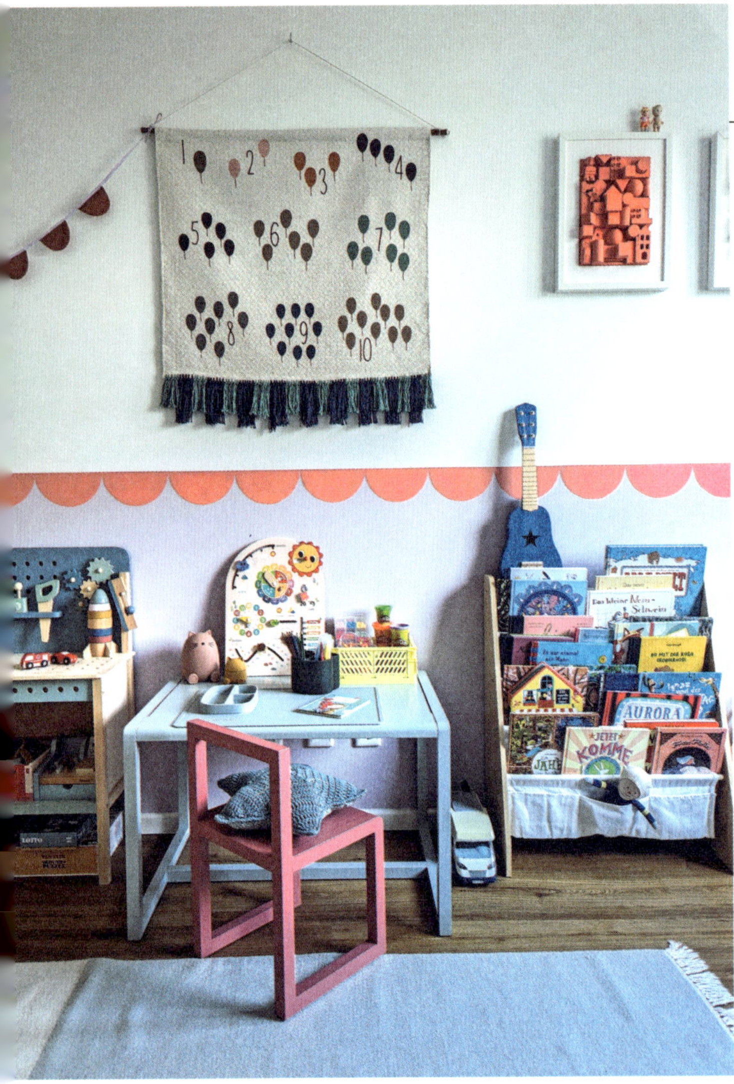

MATERIAL

- Wandfarbe in 2 Farbtönen
- Malerzubehör (Walze, Pinsel, Abdeckfolie)
- Malerkrepp 5 cm
- Malerkrepp für scharfe Kanten, 3 cm
- Wasserwaage
- Buntstift ähnlich der gewählten Wandfarbe
- Teller, Durchmesser 20 cm

SO WIRD'S GEMACHT

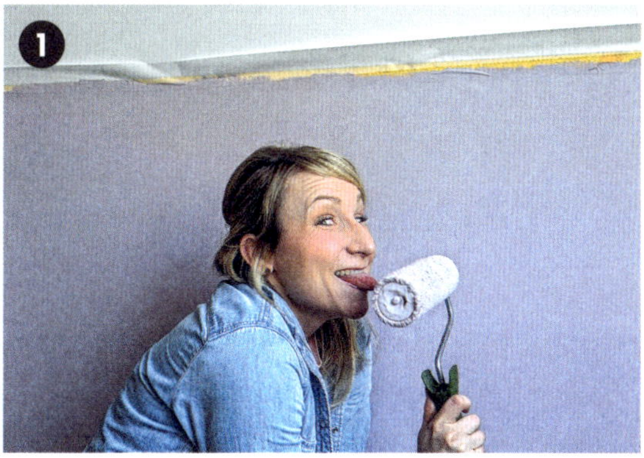

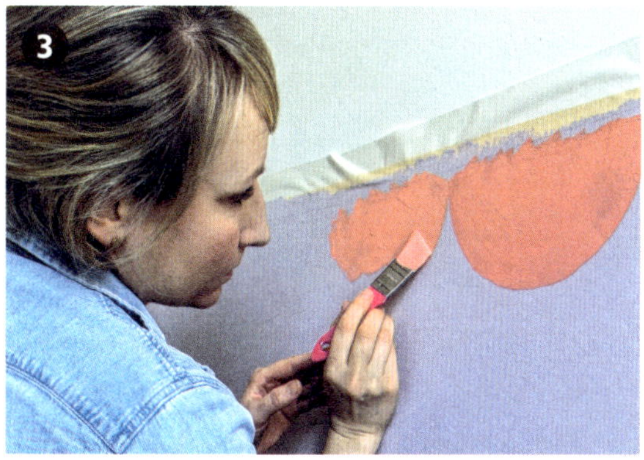

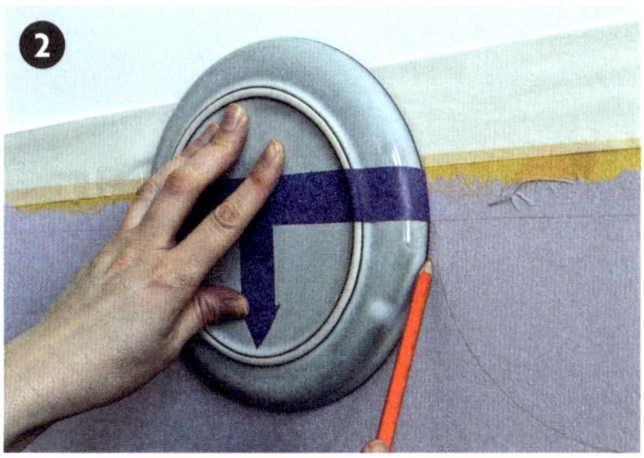

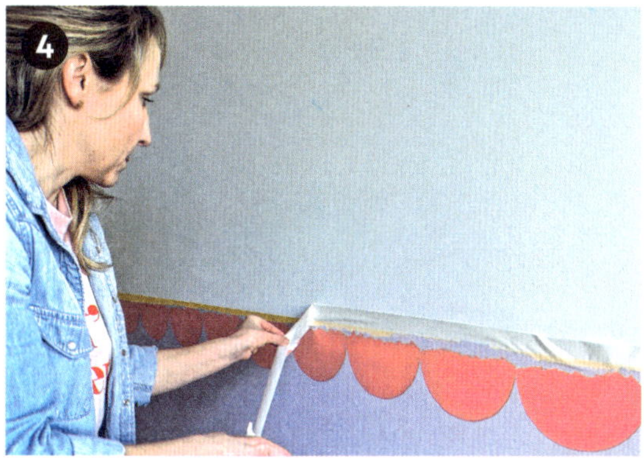

1. Die Wand frei räumen, von Steckdosen und Schaltern befreien und die Boden sowie Fußleisten abkleben. Auf einer Höhe von 110 cm mit der Wasserwaage eine horizontale Linie ziehen. Ich nutze dafür statt eines Bleistifts lieber einen Buntstift ähnlich der finalen Wandfarbe, da sich dieser deutlich besser übermalen lässt. Diese Linie mit dem Malerkrepp für scharfe Kanten sauber und fest abkleben. Oberhalb setze ich noch eine lockere Bahn breiteres Kreppband an, um die weiße Wand besser vor möglichen Spritzern zu schützen.

2. Die untere Wandhälfte mit Walze und Farbe streichen. An alle abgeklebten Ränder pinsele ich die erste Schicht Farbe von außen nach innen auf, um zu verhindern, dass die Farbe unter das Klebeband fließt. Ggf. eine zweite Schicht Wandfarbe auftragen und etwa 1 Stunde antrocknen lassen.

Auf der Rückseite des Tellers die Hälfte ausmessen und mit Klebeband markieren. Den Teller als Schablone an die obere Kante des Farbfeldes halten und mit dem Buntstift die Halbkreise dicht nebeneinander auf die Wand übertragen.

3. Die Außenkante der Kreise mit einem hochwertigen Flachpinsel und wenig Farbe nachziehen, dabei den Handballen für mehr Ruhe abstützen. Das Innere der Halkreise ebenfalls mit dem Pinsel oder einer schmalen Malerwalze ausfüllen und mit dem nächsten Kreis fortfahren.

4. Das Klebeband direkt im Anschluss vorsichtig und langsam abziehen. Kleine Fehler können am Ende mit einem feinen Haarpinsel korrigiert werden.

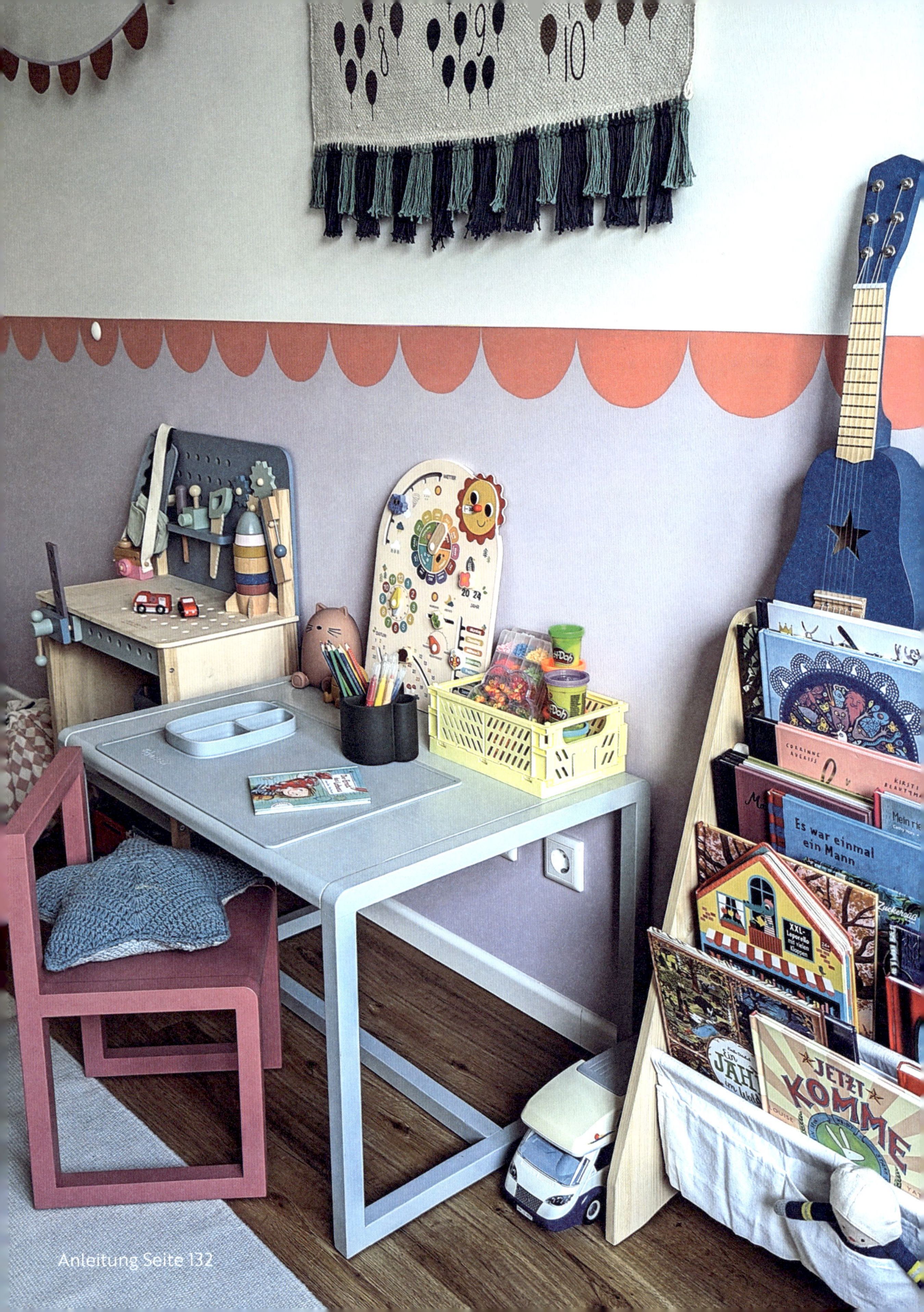

Anleitung Seite 132

Spielteppich im Schachbrettmuster

Besonders im Kinderzimmer liebe ich Kleinmöbel und Teppiche von etwa einem Quadratmeter Größe. Man kann sie blitzschnell umpositionieren und optisch mit ihnen immer wieder neue Zonen erschaffen. Der Teppich im beliebten Schachbrettmuster liegt zum Beispiel vor dem Kleiderschrank und markiert den Ankleidebereich. Unser Sohn nutzt ihn allerdings lieber als XXL-Parkplatz für all seine Autos.

MATERIAL

- 2 Badezimmermatten in Rosa und Braun, Hochflor, 50 x 80 cm
- Rutschhemmendes Teppichvlies, 100 x 80 cm
- Maßband
- Stift
- Scharfe Stoffschere
- Doppelseitiges Klebeband
- Textilkleber

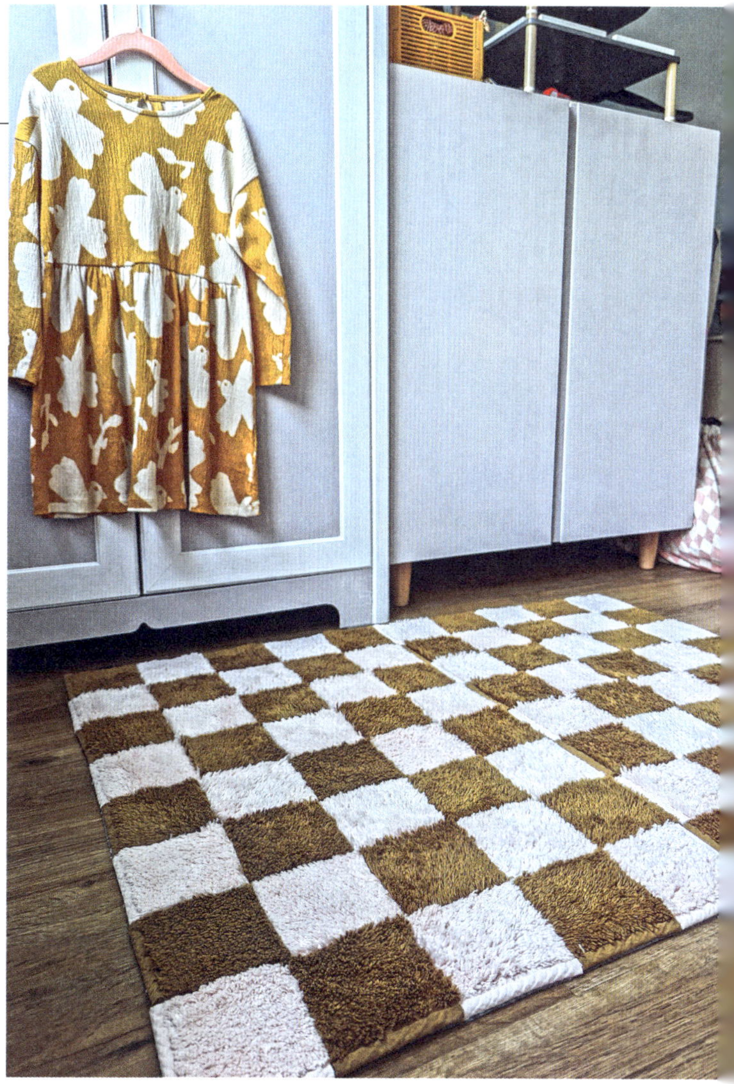

SO WIRD'S GEMACHT

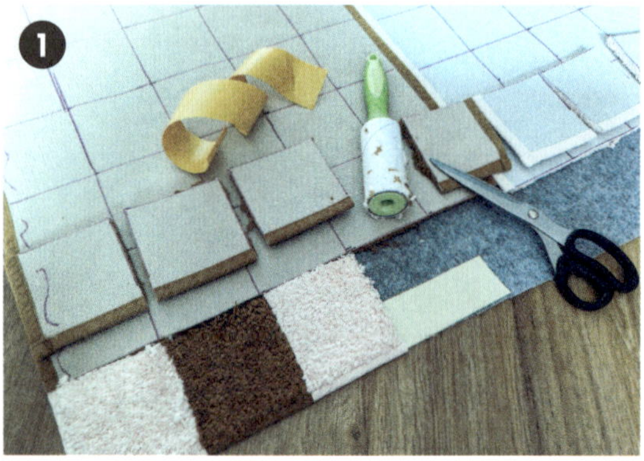

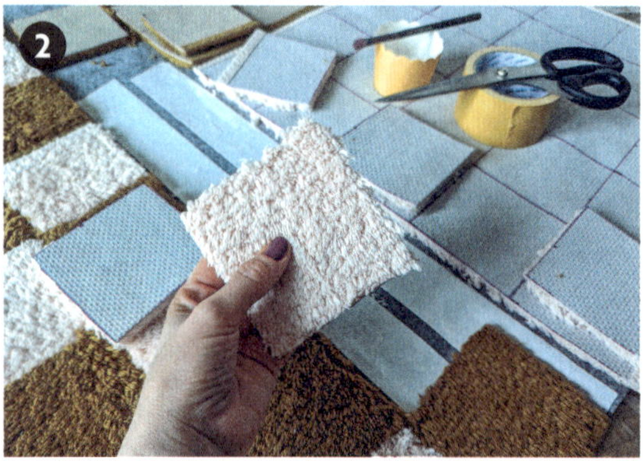

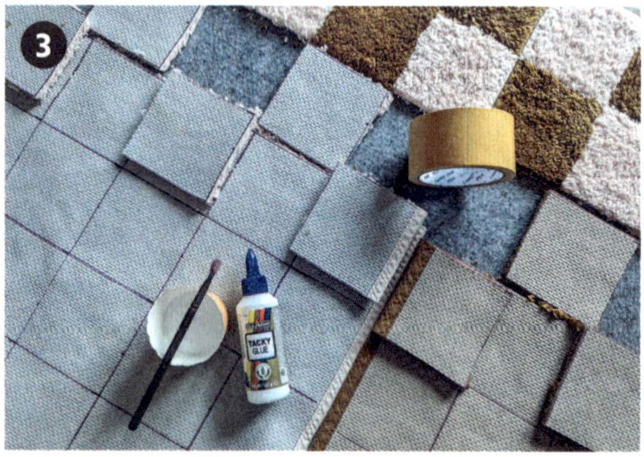

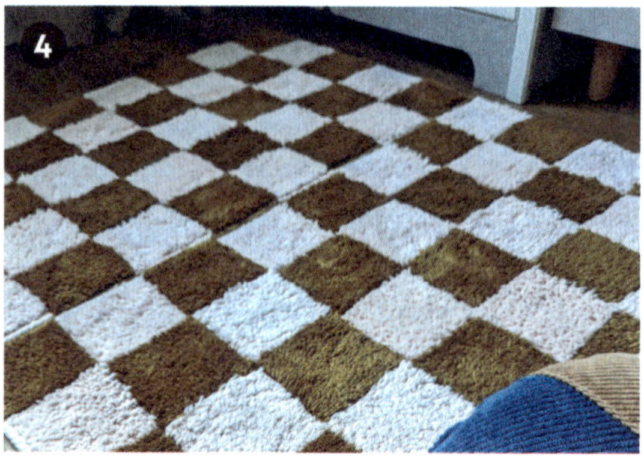

1. Auf der gummierten Rückseite beider Matten ein exaktes Raster mit 10 x 10 cm großen Feldern aufzeichnen und mit einer scharfen Stoffschere ausschneiden. Das Teppichvlies an den Kanten komplett mit doppelseitigem Klebeband präparieren und dann Bahn für Bahn mit den zugeschnittenen Quadraten bekleben.

2. Dabei werden beide Farben im Wechsel Stoß an Stoß auf das Klebeband gesetzt und fest angedrückt. Es ist ratsam, Reihe für Reihe vorzugehen und die Klebebahnen sowie die Flicken sehr gerade und sauber anzuordnen.

3. Am Ende können Ecken und lockere Kanten punktuell mit Textilkleber nachgebessert werden.

4. Den fertigen Teppich vorsichtig absaugen. Die anfänglichen Fusseln der Schnittkanten lassen nach kurzer Zeit nach.

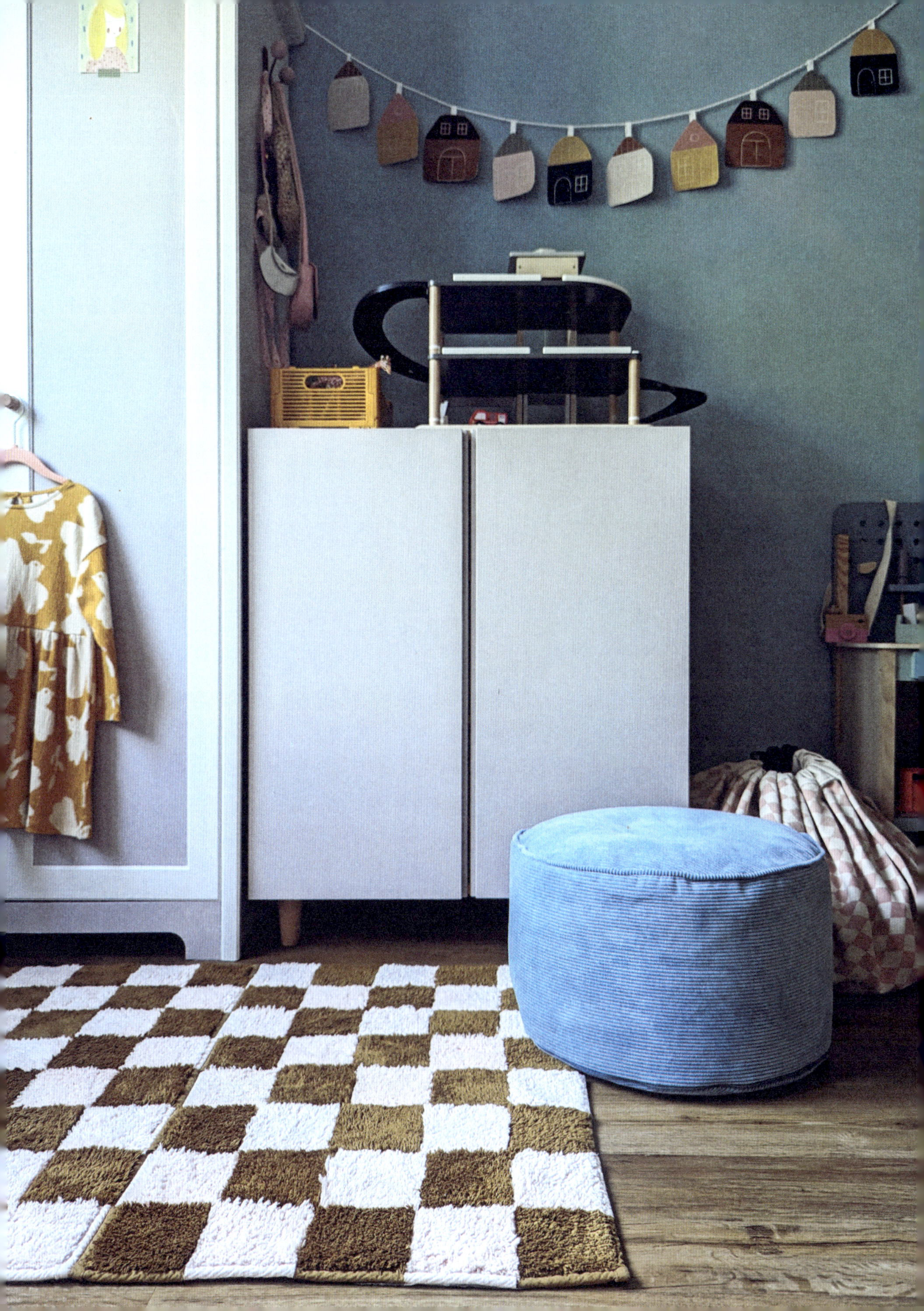

Konfettischalen aus Bügelperlen

Diese bunten Schalen bedürfen keines großen Basteltalents und sind natürlich nicht nur für das Kinderzimmer geeignet. Auch Schlüssel, Schmuck, Pralinen oder ein kleines Osternest machen sich wunderbar in ihnen. Sie sind leicht und können sogar in den Geschirrspüler gestellt werden. Unsere Tochter sortiert darin ihre Juwelen oder serviert Obstsalat aus der Spielküche.

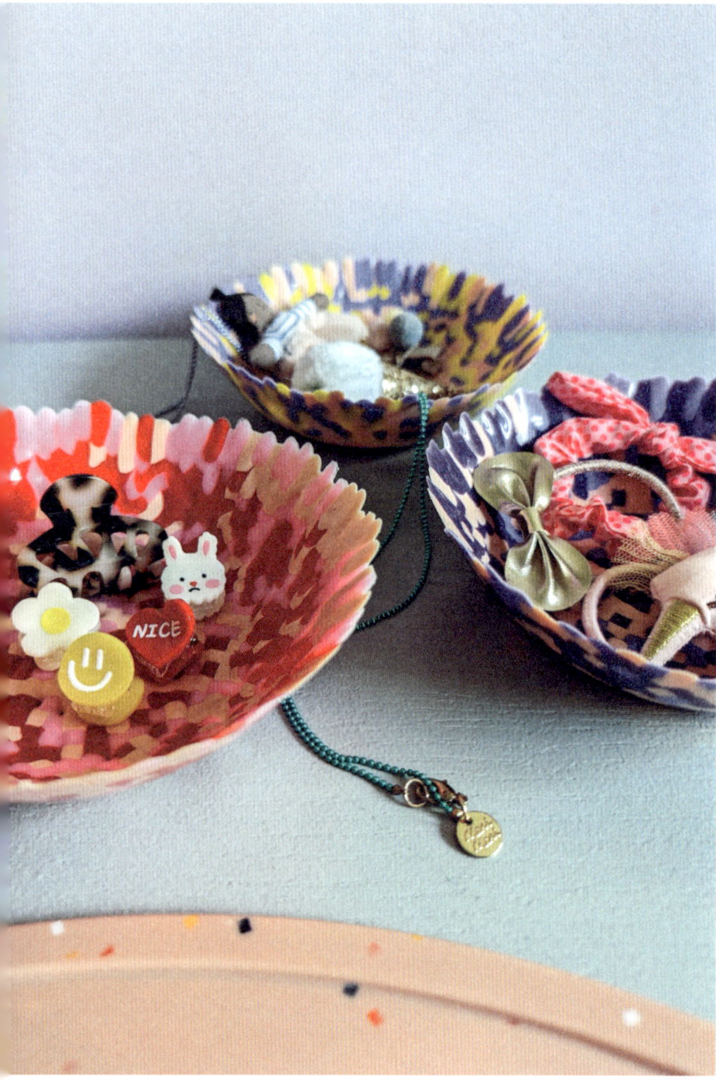

MATERIAL

- Bügelperlen in 3 Farben
- Ofenfeste Keramikschale, Durchmesser 15 cm
- Speiseöl
- Backpinsel

SO WIRD'S GEMACHT

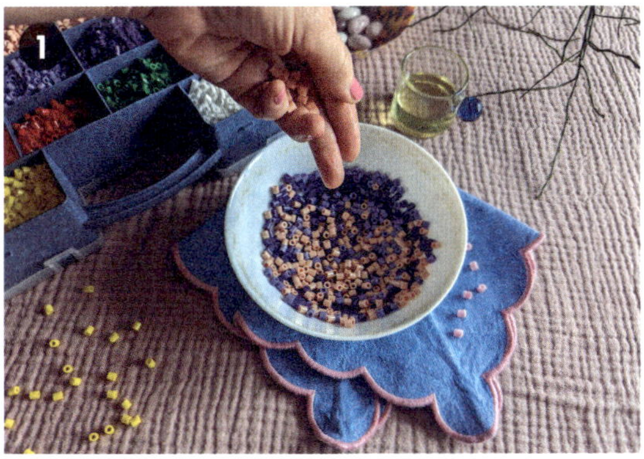

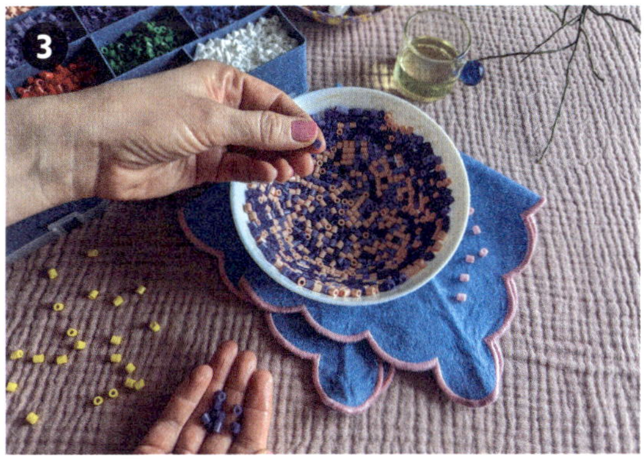

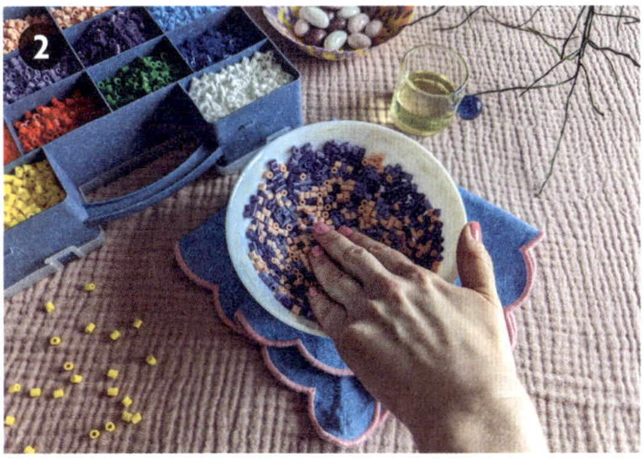

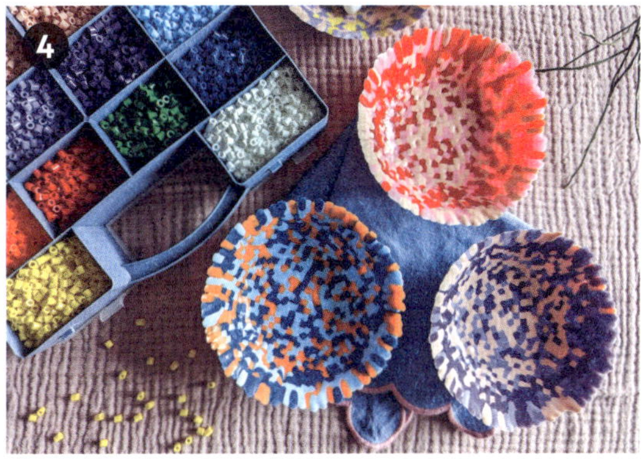

1. Den Backofen auf 180 °C Ober- und Unterhitze vorheizen. Die Schale von innen komplett mit einem Esslöffel Öl bepinseln. Etwa zwei Hände gemischte Bügelperlen in die Schüssel geben und am Boden und an den Wänden der Schüssel verteilen.

2. Es sollte eine geschlossene Schicht in der Stärke einer Perle entstehen. Ich habe jeweils drei Farben miteinander kombiniert, aber auch eine Regenbogenschüssel aus allen vorhandenen Resten ist eine tolle Möglichkeit, diese zu verwerten.

3. Lücken und grobe Unebenheiten am oberen Rand gezielt mit einzelnen Perlen auffüllen.

4. Die Schale für 25–30 Minuten in den Ofen stellen und den Schmelzprozess nicht unbeaufsichtigt lassen. Alle Löcher sollten im Idealfall verschwunden und der obere Rand schön verlaufen sein. Die Schüssel mit einem Topflappen aus dem Ofen nehmen und komplett abkühlen lassen. Den Rand der geschmolzenen Bügelperlen Stück für Stück lösen und die Konfettischale vom Keramik abziehen. Keine Sorge – die Schale ist flexibel und hält einiges aus. Mit heißem Wasser und Spülmittel den Ölfilm abwaschen und die Schale so zum Glänzen bringen.

3-D-Spielzeugkunst

Diese dreidimensionalen Bilder aus Spielzeug gingen auf meinem Instagram-Account durch die Decke und müssen daher unbedingt auch hier verewigt werden. Sie lassen sich wunderbar personalisieren und eignen sich perfekt als Geschenk zu Geburt, Taufe oder Schuleinführung. Während der Herstellung gilt: Trust the process – denn das bunte Durcheinander verwandelt sich erst am Ende durch die einheitliche, matte Farbe zum hübschen Kunstwerk.

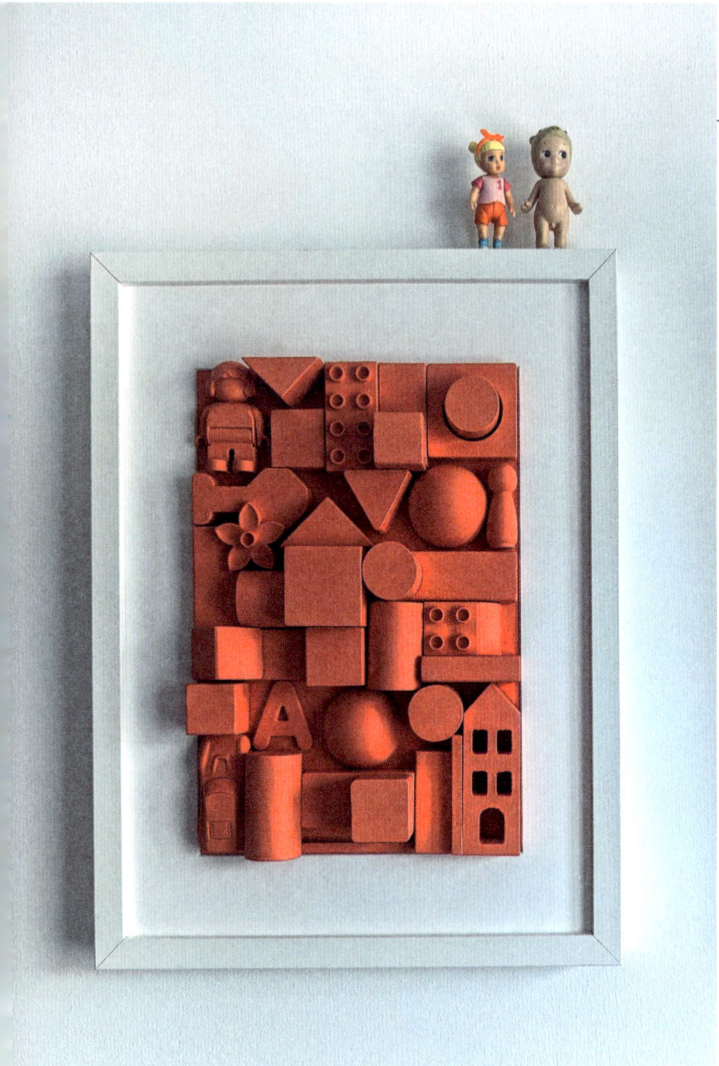

MATERIAL

- Bilderrahmen mit Passepartout aus Pappe (30 x 40 cm)
- Heißklebepistole
- Matte Sprühfarbe in Lachsrosa
- Diverses Spielzeug (Bausteine, Autos, Figuren, Buchstabenmagnete)
- Acrylkugel zum Öffnen, Durchmesser 5 cm (Rayer)

TIPP

Für mehr Spannung verschiedene Höhen sowie Quer- und Längsformat nutzen. Im Zentrum am höchsten bauen und an den Rändern flacher werden.

SO WIRD'S GEMACHT

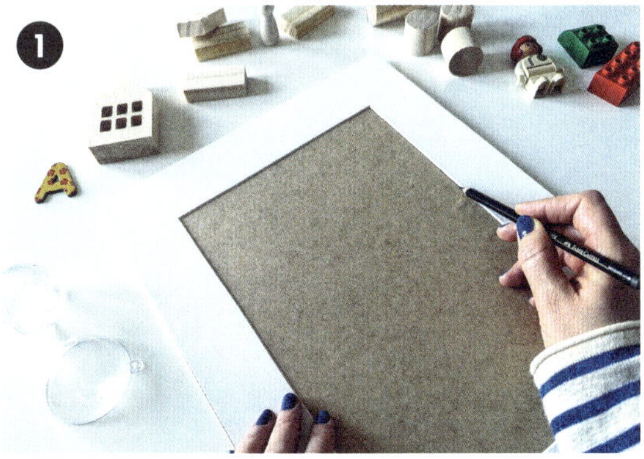

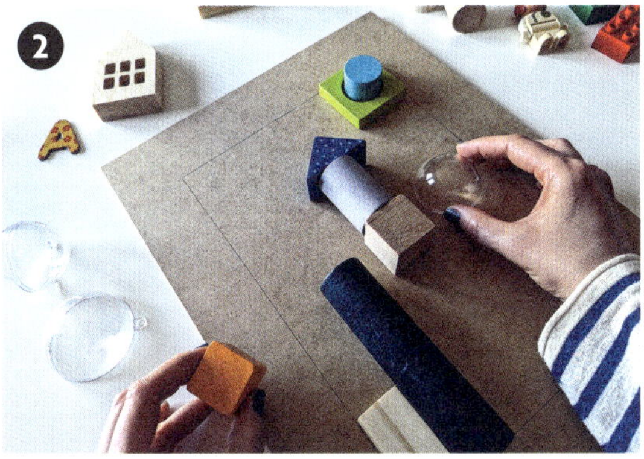

1. Den Bilderrahmen öffnen und die Scheibe entfernen. Den Ausschnitt des Passepartouts mit einem Bleistift auf die Rückwand des Bilderrahmens übertragen.

2. Die übertragene Fläche möglichst lückenlos mit Bausteinen, Spielzeug und den beiden Hälften der Acrylkugel ausfüllen.

3. Den fertigen Entwurf zur Sicherheit abfotografieren.

4. Schritt für Schritt mit Heißkleber fixieren. An den Ecken beginnen und zur Mitte vorarbeiten.

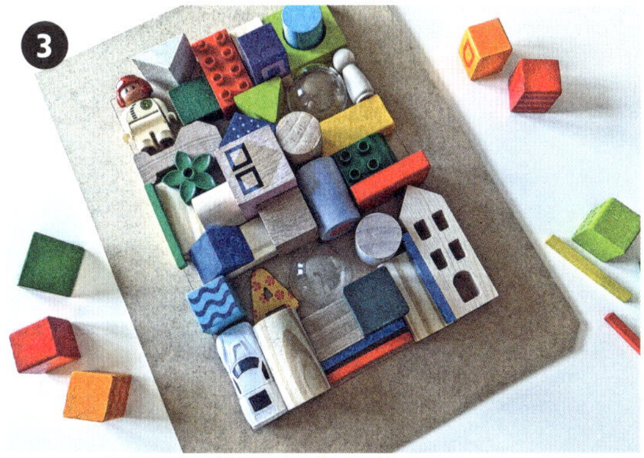

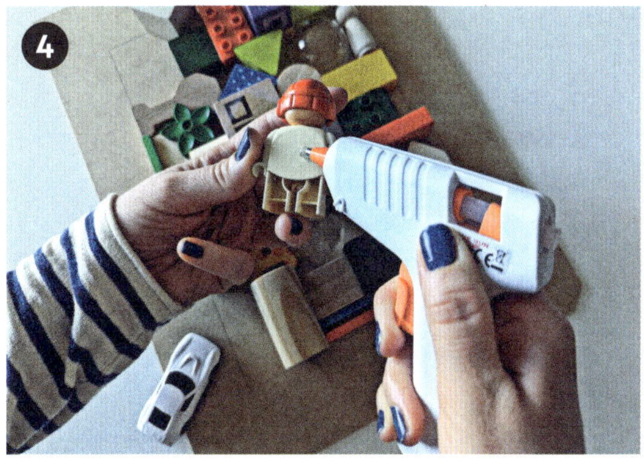

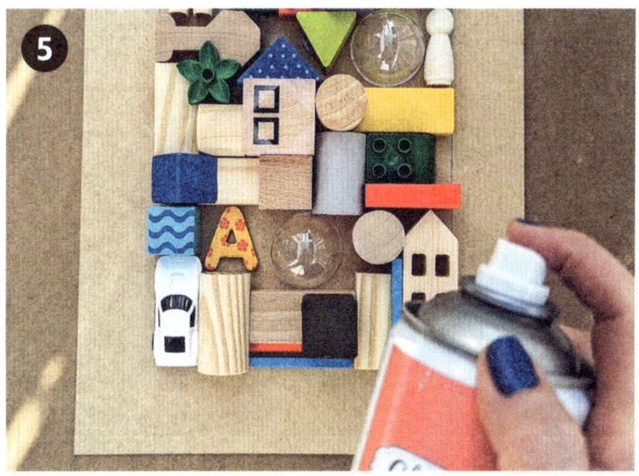

5. Die beklebte Platte mit 2–3 Schichten Farbe besprühen und gut trocknen lassen. Das Passepartout vorsichtig über das Spielzeug stülpen und wieder in den Rahmen ohne Scheibe einsetzen.

Wandteppich aus Filz

An dieser Stelle des Buches ist es wohl kein Geheimnis mehr, dass ich unsere Wände gern in ihrer gesamten Höhe mit Girlanden, Mobiles, Bildern und Teppichen behänge. Dieser Wandteppich aus Bastelfilz versprüht leichte Retrovibes der 70er-Jahre und greift wieder die organischen Formen des Dopamin-Stils auf. Am Ende kann er mit Tasseln am unteren Rand verziert werden.

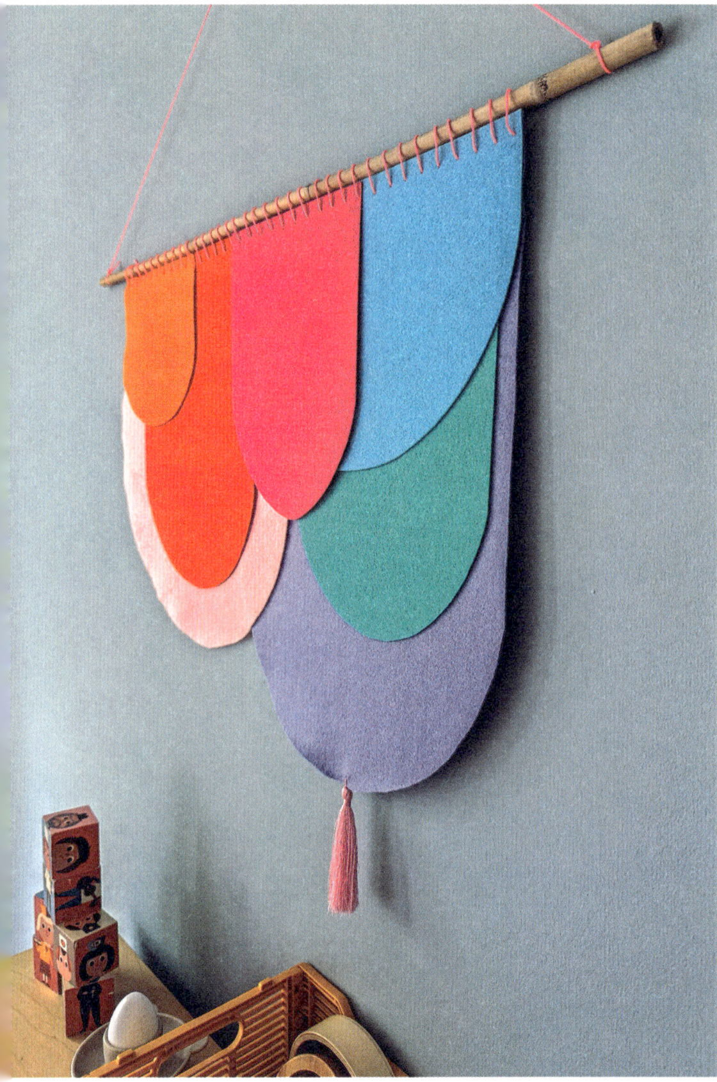

MATERIAL

- Bastelfilz in diversen Farben, DIN A4, DIN A3
- Kugelschreiber
- Teller, Durchmesser 15 cm, 20 cm, 30 cm
- Klemmen
- Stoffschere
- Filzkleber
- Bambusstab, 70 cm
- Neonfarbene Schmuckschnur in Polyester, Durchmesser 1 mm
- Nähnadel mit großem Öhr
- Hammer, Nagel

SO WIRD'S GEMACHT

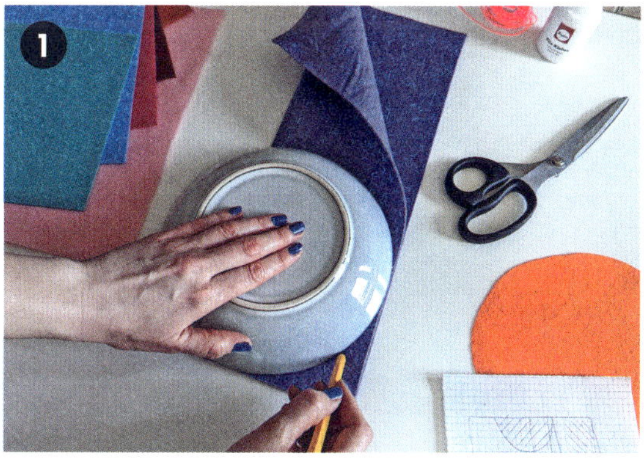

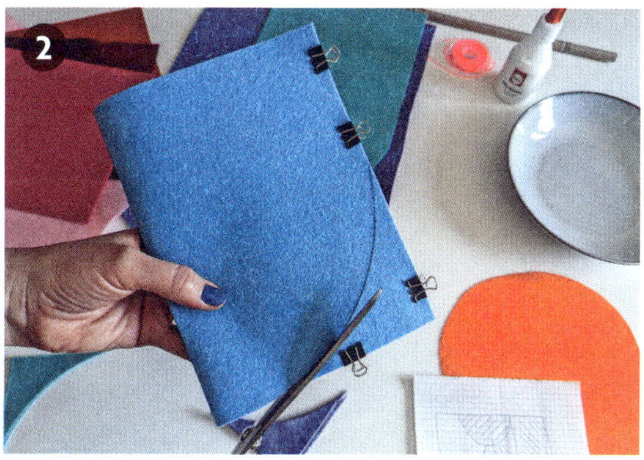

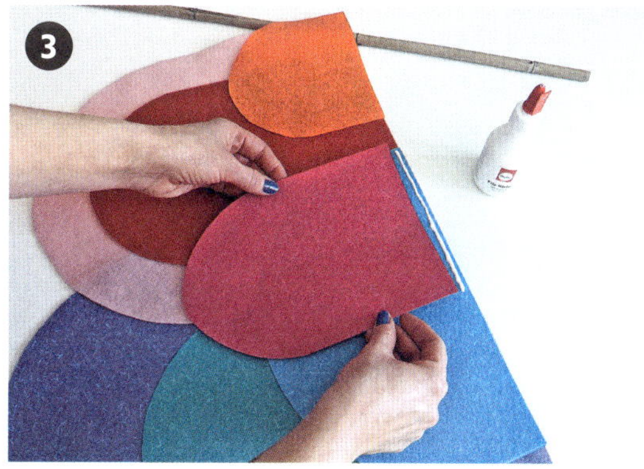

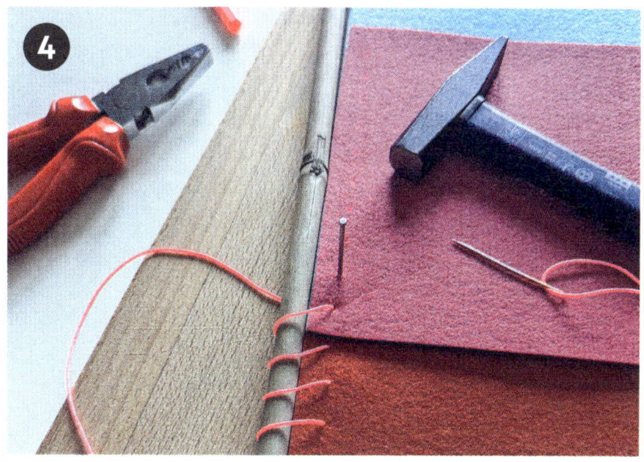

1. Zu Beginn empfiehlt sich eine grobe Skizze, um Farbe und Größe der einzelnen Filzlappen zu planen. Den Filz in seiner Länge oder Breite mittig falten. Die Rundung des Tellers dient als Schablone für die offene Ecke. Mit dem Kugelschreiber auf den Filz übertragen.

2. Die Kanten mit Klammern fest aufeinander fixieren, dann den Bogen ausschneiden.

3. 5–7 Filzstücke in verschiedenen Höhen und Abständen übereinander anordnen und am oberen Rand mit einer dünnen Spur Filzkleber verkleben.

4. Nach dem Trocknen an der Klebekante Markierungen im Abstand von 1,5 cm setzen und mit Hammer und Nagel Löcher vorbohren. Ein langes Stück Schnur an einem Ende des Bambusstabes verknoten und in Schlaufen locker mit den Löchern des Teppichs vernähen. Am anderen Ende ebenfalls verknoten und eine Aufhängung für die Wand befestigen.

Anleitung Seite 142

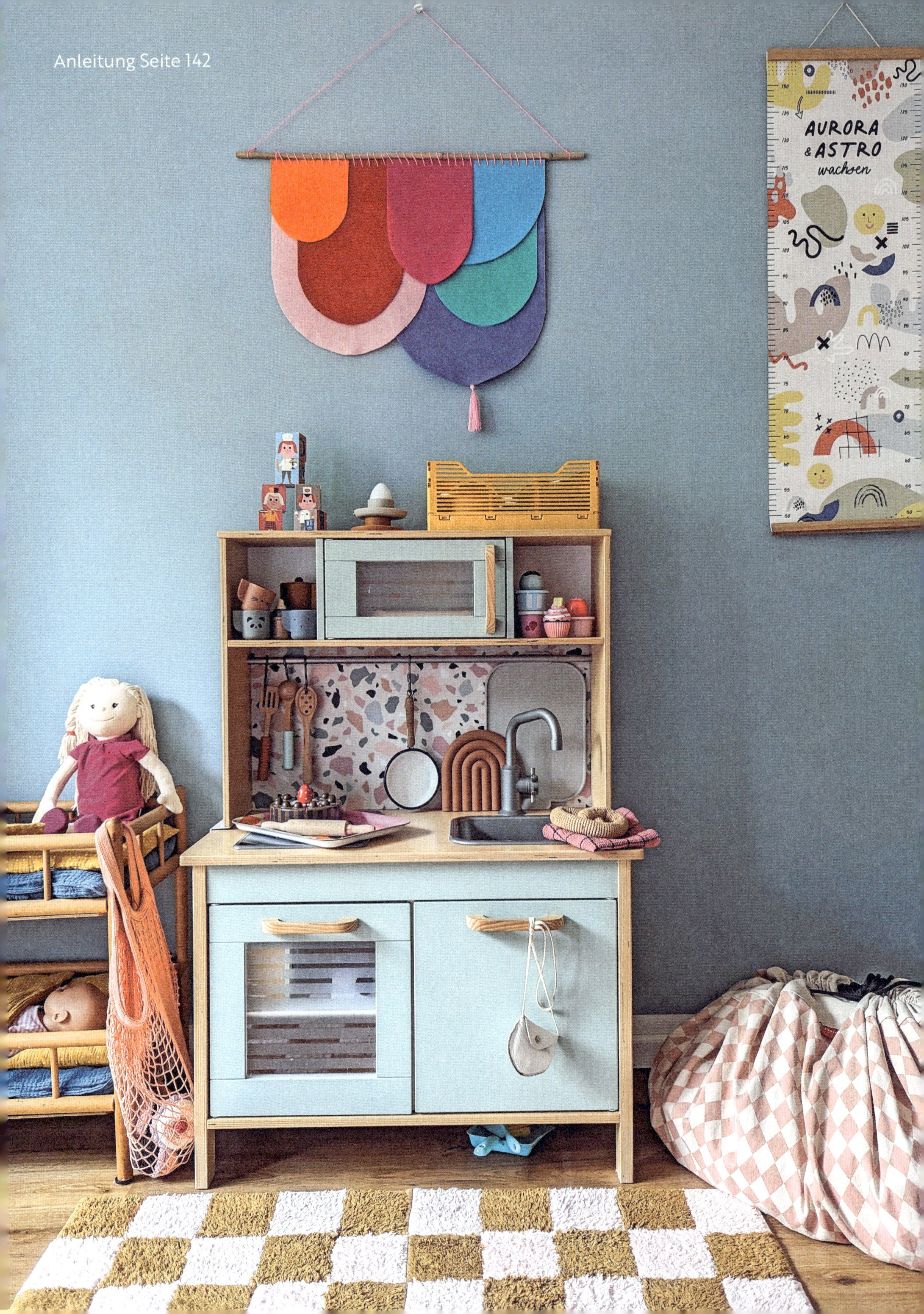

Spielzeugboxen im Streifenlook

„Alles hat seinen festen Platz" – ein einfaches pädagogisches Konzept, welches bereits den Jüngsten Ordnung vermittelt und das Aufräumen erleichtert. Auch bei uns werden Spielzeuge thematisch zusammengefasst und in Aufbewahrungskörben und -kisten sortiert. Boxen, Säcke oder Truhen beherbergen bei uns immer nur eine Gruppe von Dingen – zum Beispiel Kuscheltiere, Holzbausteine, Sammelfiguren oder alles mit Rädern. Die gestreiften Dosen lassen mich unweigerlich an einen Zirkus denken und sind nicht nur Stauraumwunder, sondern gleichzeitig Dekoration und Bühne. Für ihre Gestaltung können diverse Farbreste genutzt werden und greifen so im Idealfall sogar noch den Ton der Wand oder Kommode auf.

MATERIAL

- Runde Pappboxen mit Deckel
- Klebeband in verschiedenen Breiten
- Farben in verschiedenen Tönen (Acrylfarbe, Wandfarbe, Sprühfarbe)
- Pinsel

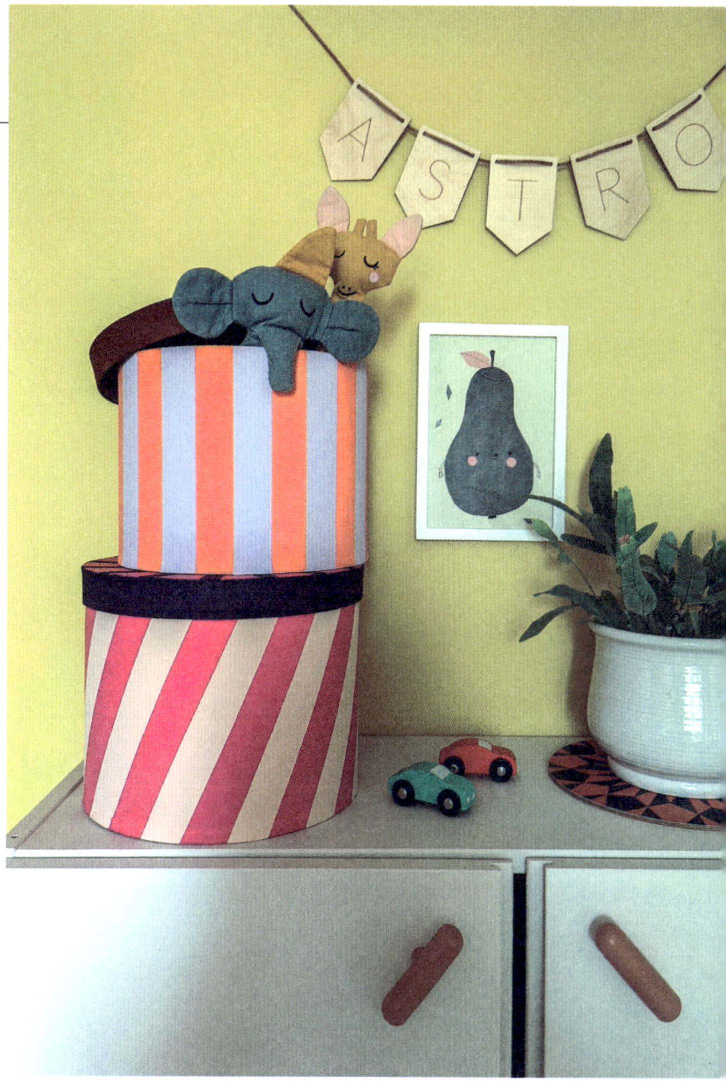

SO WIRD'S GEMACHT

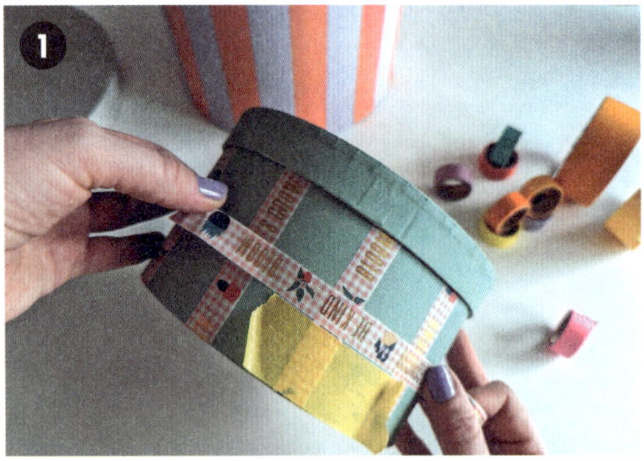

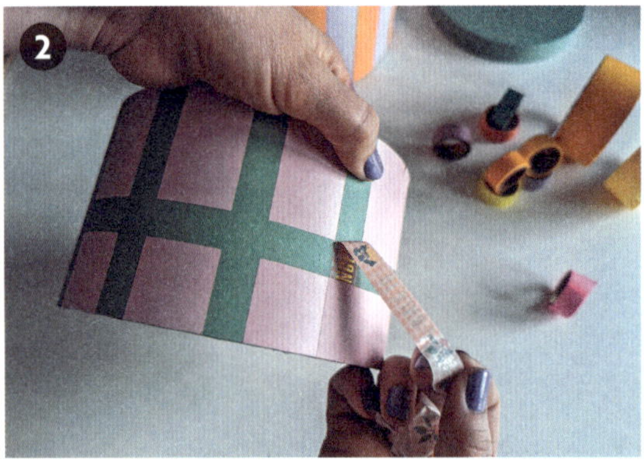

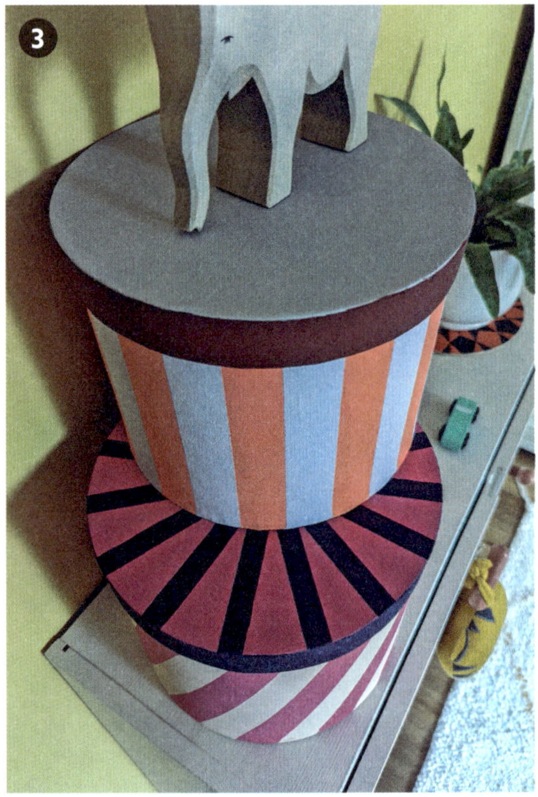

1. Die Box und ihren Deckel vollständig in einer Farbe grundieren und trocknen lassen. Mit dem Klebeband Streifen diagonal, horizontal und/oder vertikal aufkleben. Ein kurzes Stück Klebeband dient dabei als einheitlicher Abstandshalter zwischen den Bahnen.

2. Nun eine weitere Farbe auswählen und in den Lücken zwischen den Klebebändern bzw. vollflächig als zweite Schicht auftragen. Die Klebestreifen noch vor dem vollständigen Trocknen vorsichtig abziehen.

3. Den Rand des Deckels kontrastreich absetzen, zum Beispiel mit dünnem Klebeband ein Sternmuster auf der Oberseite abkleben, und ebenfalls farbig gestalten.

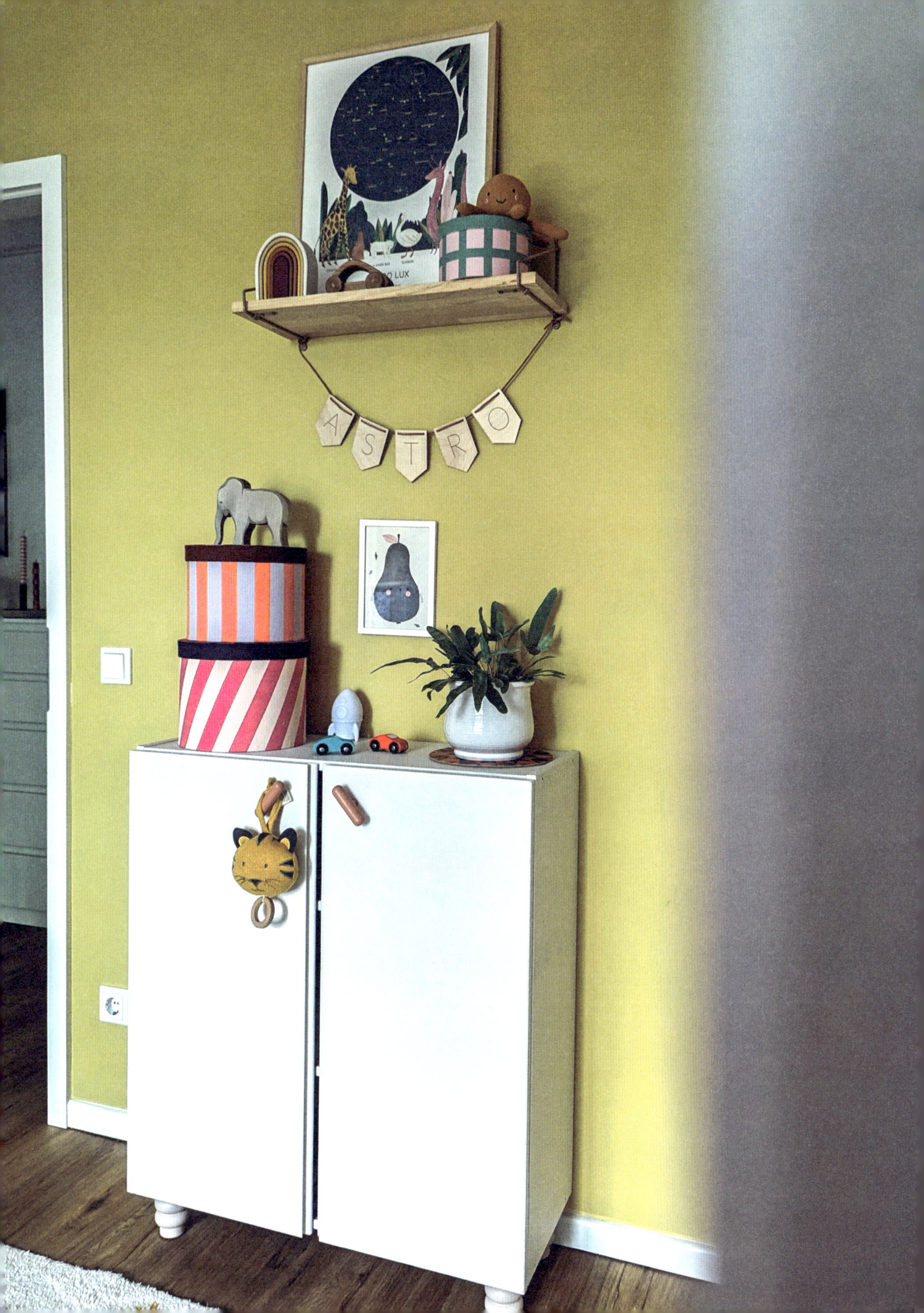
ASTRO

Bunte Mix & Match Klappkisten

Ein weiterer Ordnungshelfer in unserem Alltag sind bebilderte Klappkisten in allen erdenklichen Farben und Größen. Sie lassen sich aufeinander stapeln und wunderbar miteinander kombinieren. Auf diese Weise entstehen tolle Hingucker, welche selbst beim Aufräumen gute Laune verbreiten. Um die Farben untereinander zu mixen, müssen die Boxen lediglich alle vom gleichen Hersteller sein, aber diese gibt es mittlerweile glücklicherweise zur Genüge.

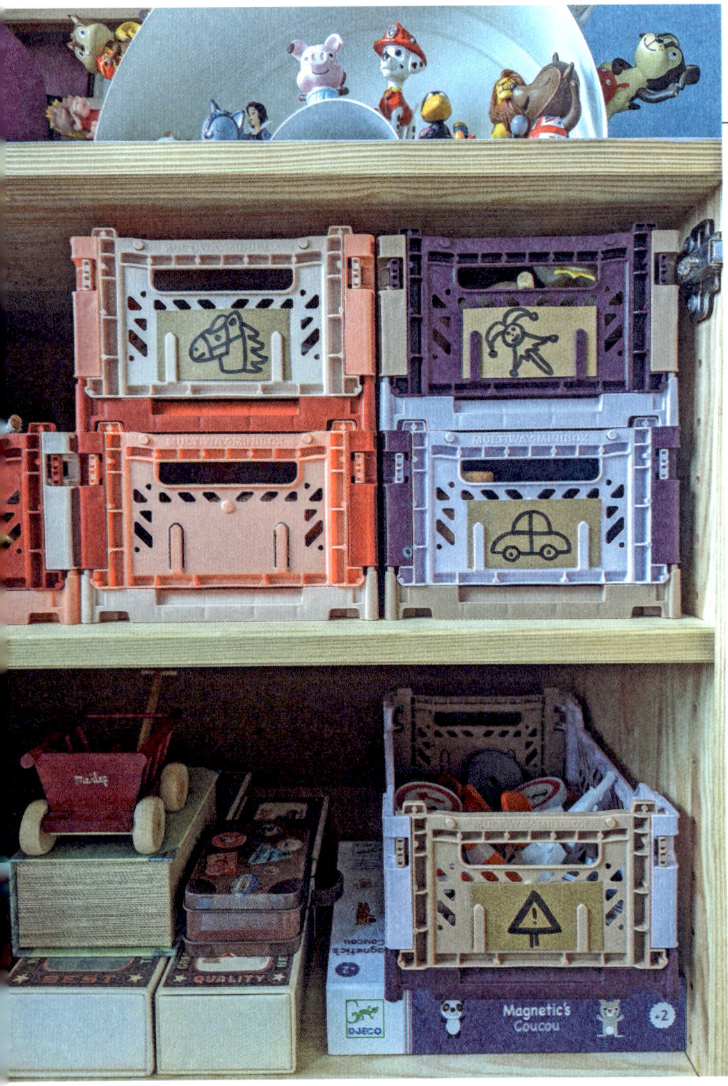

MATERIAL

- Mind. 3 Klappkisten in verschiedenen Farben, 17 x 26 cm
- Kraftpapier
- Schere
- Schwarzer Filzstift

SO WIRD'S GEMACHT

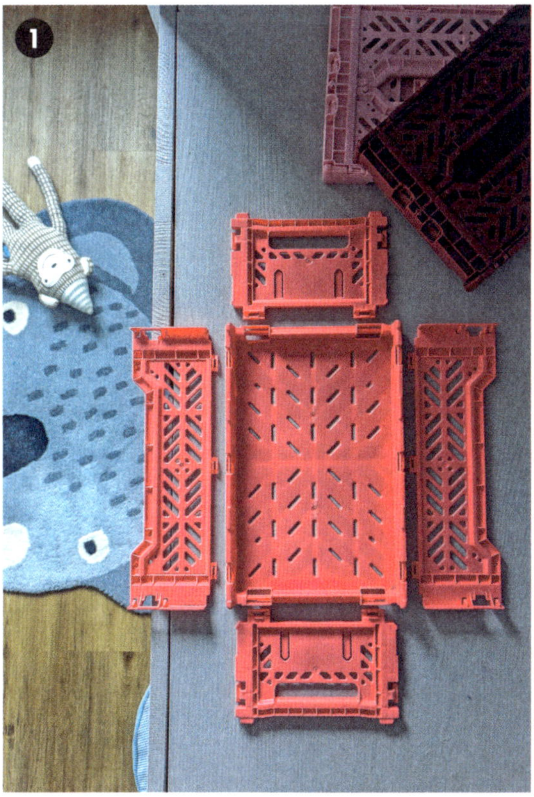

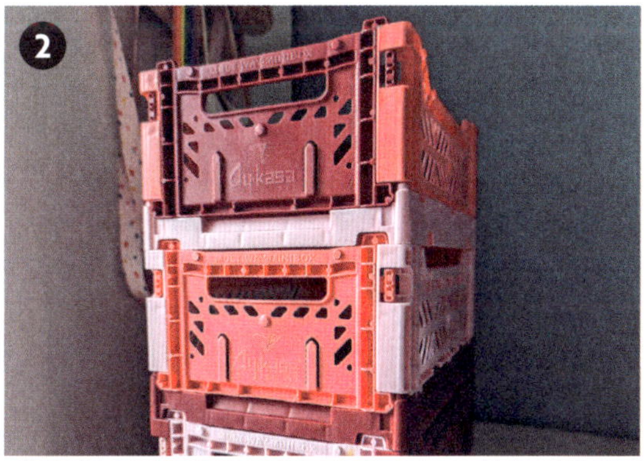

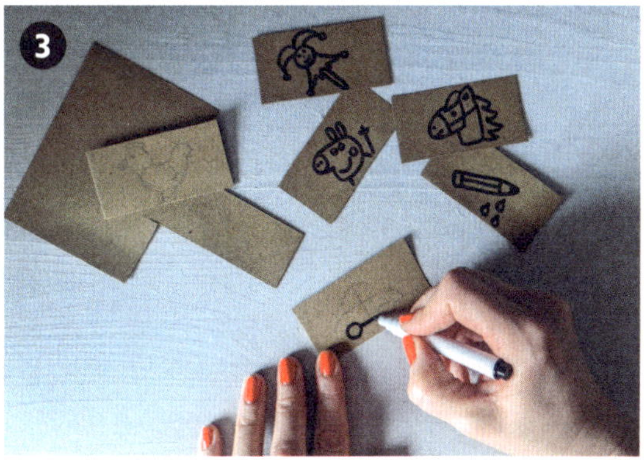

1. Drei Kisten vorsichtig in ihre jeweils fünf Bestandteile zerlegen. Erst die Längsseiten, dann die Querseiten ablösen.

2. Alle 15 Teile untereinander mischen und bunt wieder zusammenstecken.

3. Kleine Schilder aus Kraftpapier zuschneiden und mit stilisierten Spielzeugsymbolen bemalen. Die Schilder in die Außenlaschen der entsprechenden Boxen klemmen.

Kinderparty mit Lieblingskuchen unter Funfetti-Glasur

„Heute wird getanzt, gesungen und gelacht" – Wir feiern Kindergeburtstag! Zweimal im Jahr darf ich unser Wohnzimmer in eine kleine Partylocation verwandeln, wobei es immer ein grobes Motto oder zumindest ein Farbkonzept für Ballons und Tischdeko gibt. Der Tisch wird jedes Mal üppig mit frischen Blumen, unserem Geburtstagskranz aus Holz, hübschem Geschirr und dem Lieblingskuchen des Geburtstagskindes dekoriert. Unsere Tochter liebt beispielsweise alles mit Streuseln und Konfetti, lehnt aber braune Schokolade gänzlich ab. Daher bekommt sie ihren geliebten Zitronenkuchen á la Backmischung unter einer bunt gesprenkelten Funfetti-Glasur.

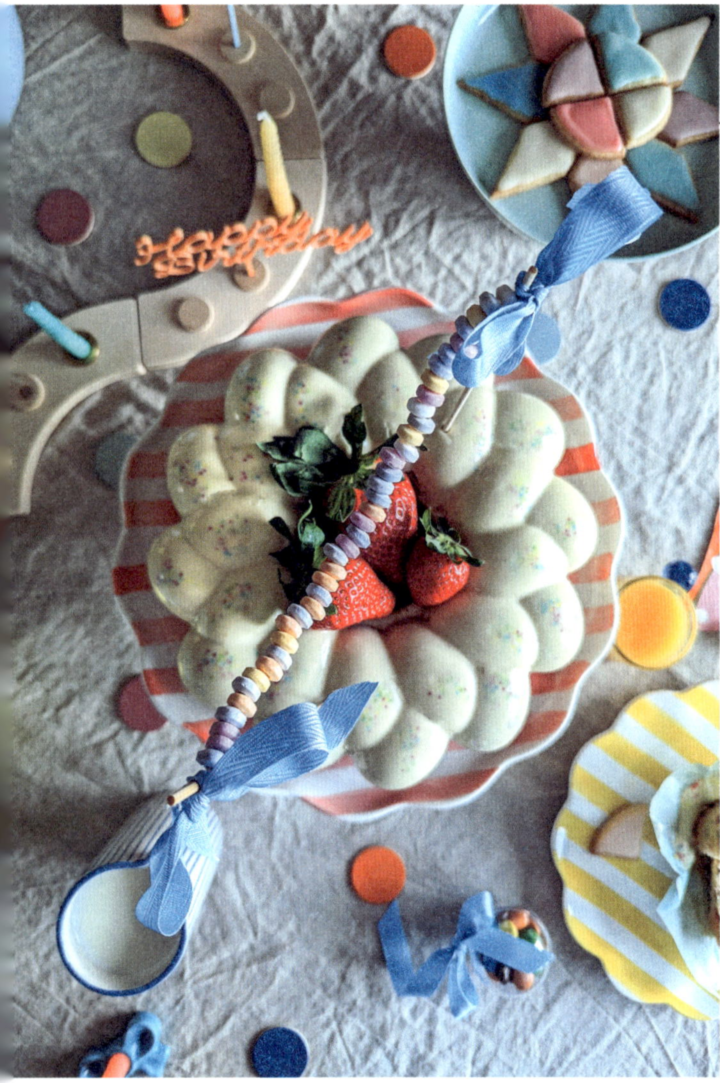

MATERIAL

- Gugelhupfform aus Silikon
- Gugelhupfkuchen nach Wahl
- 300 g weiße Kuvertüre
- Nonpareille Zuckerperlen

WEITERE IDEEN FÜR DEN TISCH

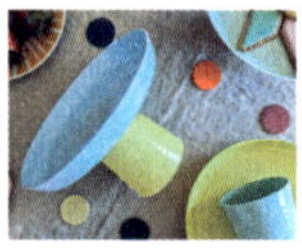

Kleine, geklebte Etageren aus Becher und Teller

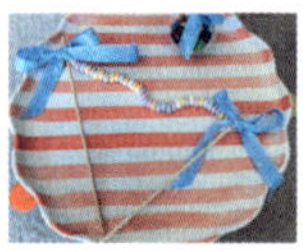

Kuchengirlande aus Zuckerkette

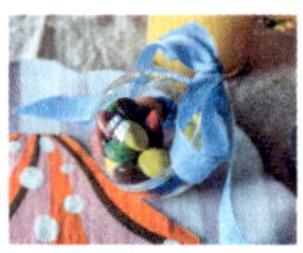

Schokolinsen in Acrylkugel als Gastgeschenk

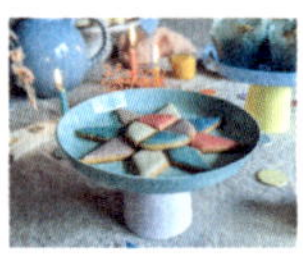

Bunte Kekse zum Puzzeln und Naschen

SO WIRD'S GEMACHT

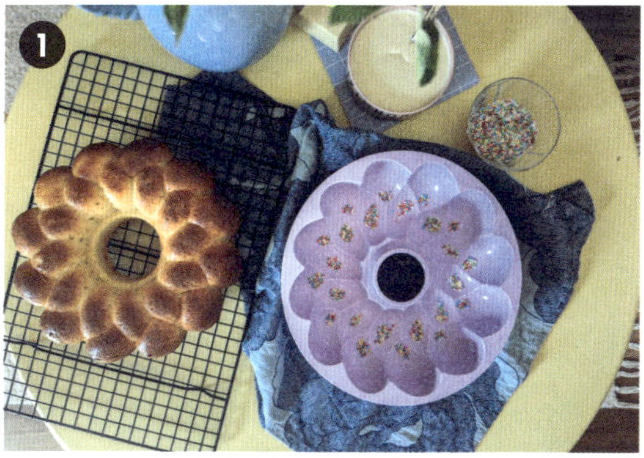

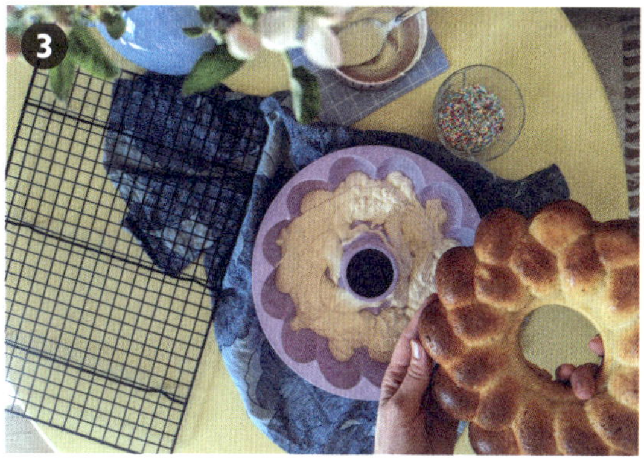

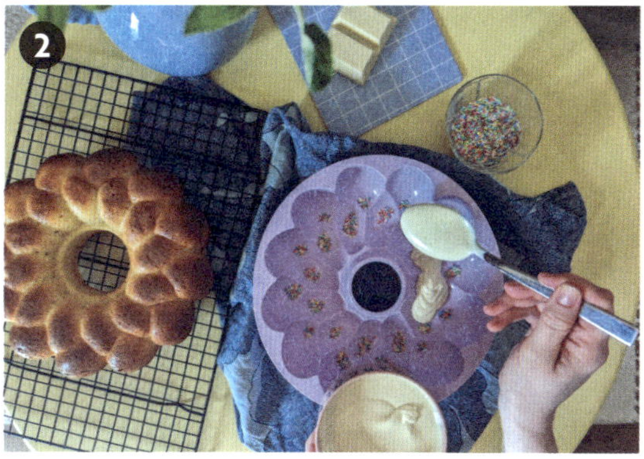

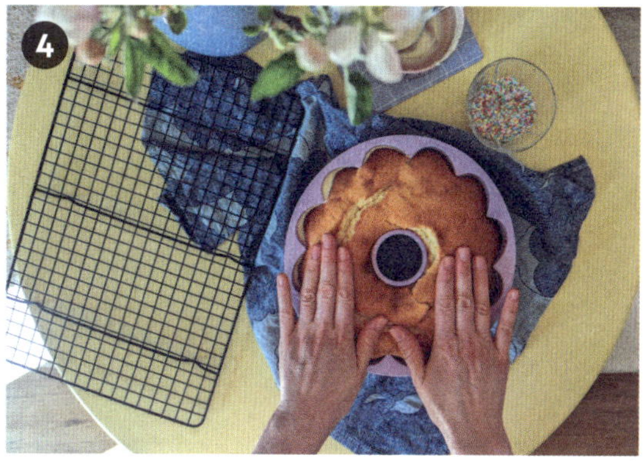

1. Den Gugelhupf in der Silikonform nach Rezept backen und vollständig auskühlen lassen. Die Mulden der Backform mit 2–3Teelöffeln Zuckerperlen füllen.

2. Die Kuvertüre über dem Wasserbad schmelzen und vorsichtig auf die Perlen fließen lassen – nicht streichen.

3. Eine verhältnismäßig dicke Schicht der geschmolzenen Schokolade einfüllen und auch an den Rändern der Form etwas hochziehen.

4. Den kalten Kuchen zurück in die Form setzen und mit der flachen Hand in die Kuvertüre drücken, bis diese an den Seiten und in der Mitte hervorquillt. Ein Tablett oder Brett auf den Kuchen legen, dieses beschweren und über Nacht aushärten lassen. Am nächsten Tag die Silikonform vorsichtig Stück für Stück vom Kuchen abziehen und die Kuvertüreränder ggf. mit einem Messer begradigen.

Geometrische Kekse verzieren

Es ist kontrovers: Weder backe noch esse ich gerne Plätzchen, verziere und verschenke sie aber umso lieber. Also beiße ich hin und wieder in den sauren Apfel und knete fleißig Teig. Den ausgerollten Teig schneide ich am liebsten mit einem Messer in geometrische Formen und verziere sie bunt. Für die geschlossene Glasurdecke eignen sich Kuvertüre, Candy Melts oder eingefärbter Zuckerguss, wobei Letzterer mein klarer Favorit ist.

ZUTATEN

(für ca. 60 Plätzchen)

300 g Mehl
100 g Zucker
160 g kalte Butter
1 Ei
1 Prise Salz

Für den Guss
250 g Puderzucker
1 Zitrone
Lebensmittelfarbe
Kleine Dosierflaschen, 100 ml Volumen

ZUBEREITUNG

Alle Zutaten der Plätzchen von Hand zu einem Teig verkneten, in Frischhaltefolie wickeln und mindestens 1 Stunde kühlen.

Die Arbeitsfläche mehlen und den Teig etwa 5 mm dick ausrollen. Formen ausstechen oder mit dem Messer Rauten, Häuser oder Dreiecke ausschneiden. Gern nutze ich auch ein Glas als Schablone und teile den entstandenen Kreis anschließend in Hälften und Viertel.

Die Kekse bei 170 °C Umluft etwa 10 Minuten goldbraun backen und auf einem Gitter abkühlen lassen.

Den Puderzucker sieben und mit 5 EL Zitronensaft zu einem dicken Guss verrühren. Der Guss sollte in seiner Konsistenz keinesfalls flüssig sein, sondern zähe Linien ziehen können.

Mit stecknadelkopfgroßen Mengen Lebensmittelfarbe den Zuckerguss Schritt für Schritt einfärben. Mir genügen hierfür die vier Grundfarben, da ich sie miteinander zu anderen Tönen und Schattierungen mische.

Den Zuckerguss in Dosierflaschen abfüllen und damit die Konturen der Plätzchen entlangfahren. Anschließend das Innere mit Guss ausfüllen und antrocknen lassen.

TIPP

Um die kleinen Flaschen mit dickflüssigem Guss zu befüllen, drehe ich mir aus einem kleinen Rechteck Backpapier einen Trichter und setze diesen in den Flaschenhals. Anschließend kann der Zuckerguss einfach mit einem Teelöffel in die große Öffnung des Papiertrichters gegeben werden und bahnt sich seinen Weg ins Innere selbst.

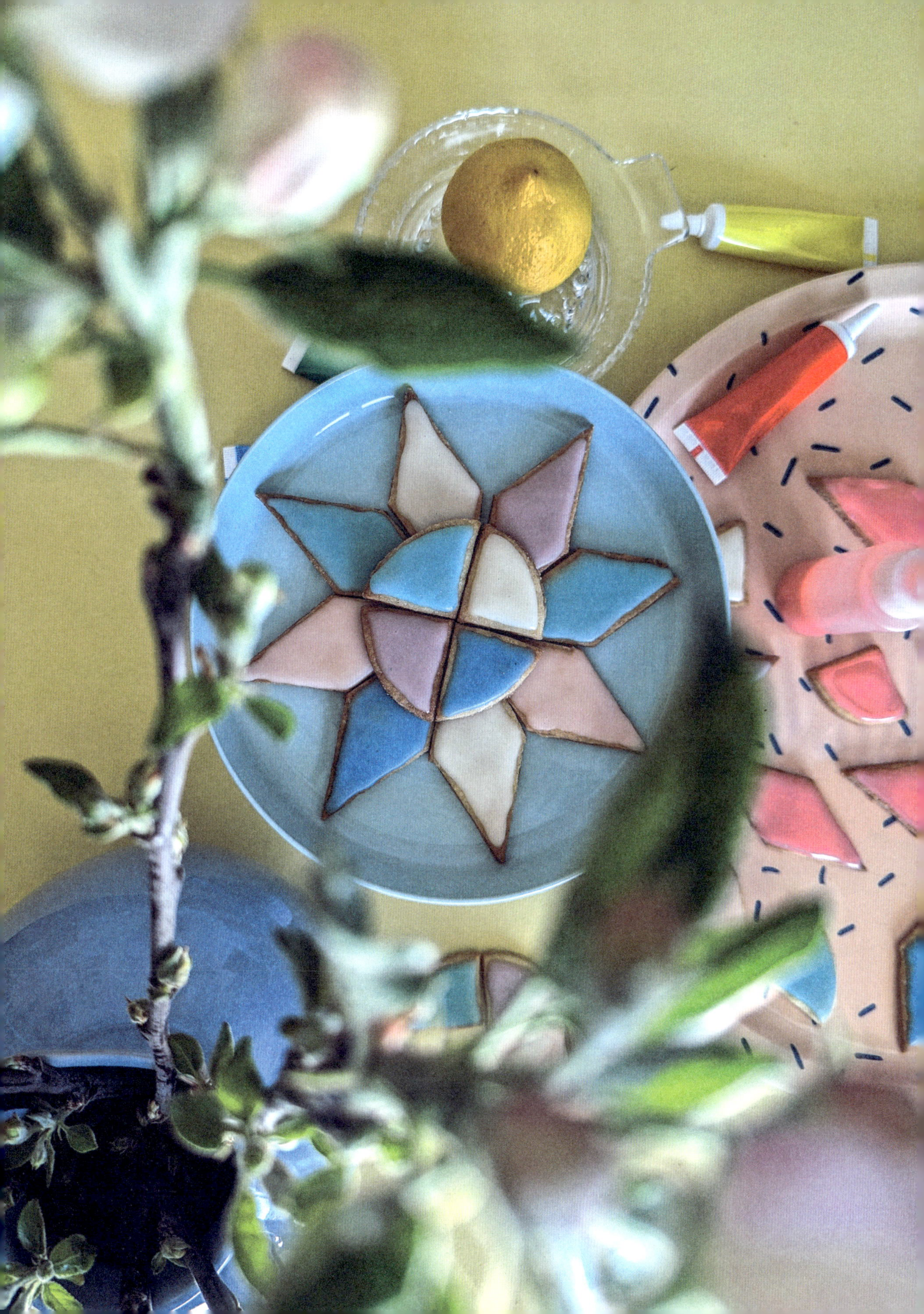

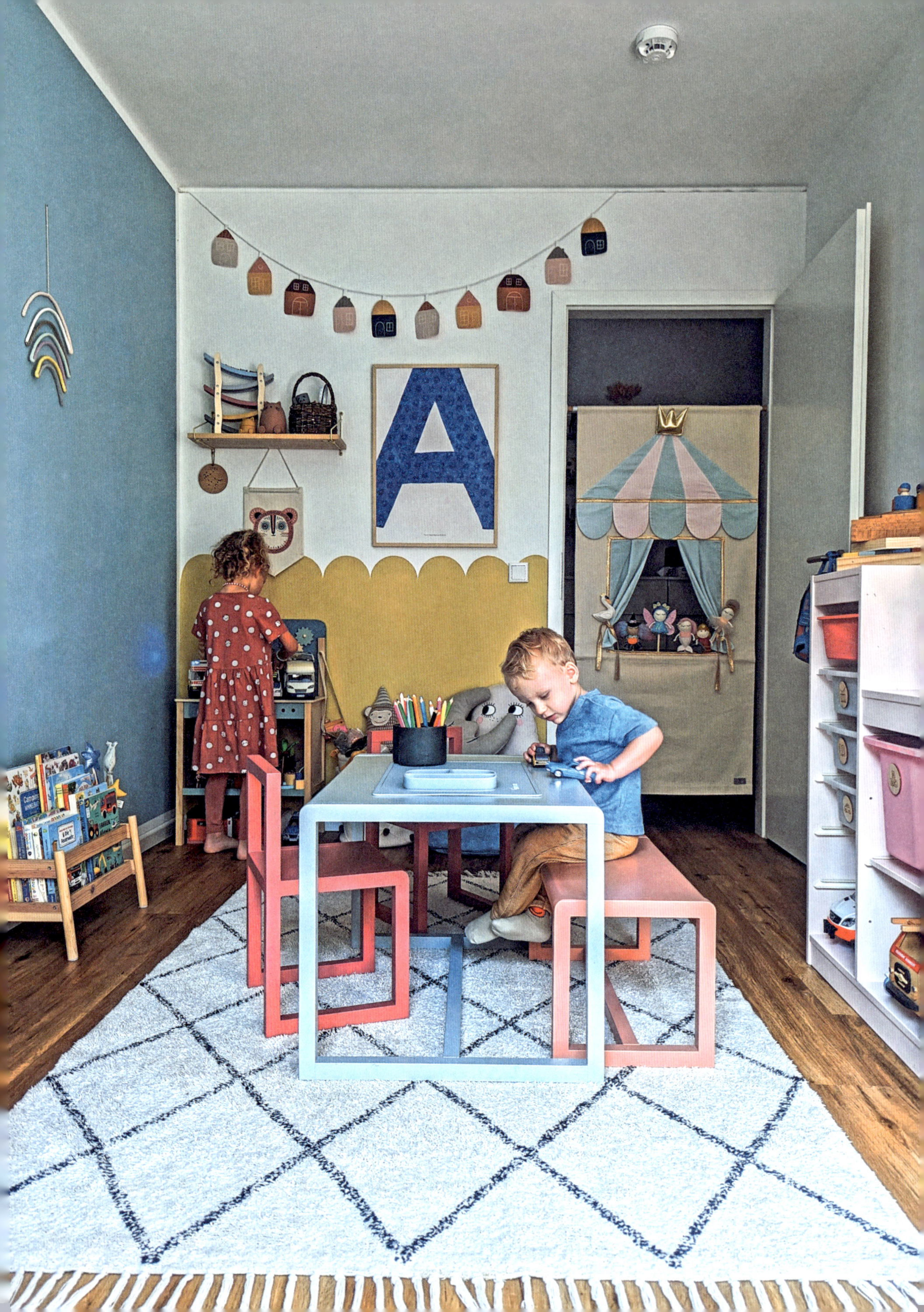

Dank

Zu guter Letzt das größte Dankeschön an Dominik, Aurora und Astro, die sich in unserer Wohnung über gar nichts mehr wundern, mir potenzielle Schätze vom Sperrmüll mitbringen, akribisch Bilder und Regale im Akkord und Lot anbringen, Reißaus nehmen, sobald ich mit der Spraydose um die Ecke komme und sich ihren Platz zwischen all den Sofakissen täglich erkämpfen müssen. Meine einzig wahre Glücksdroge seid ihr.

Impressum

Autorin: Susan Steinmetz
Fotos & Styling: Susan Steinmetz
Projektmanagement: Xenia Kuczera
Lektorat: Lena Denu
Korrektorat: Christiane Gsänger
Umschlaggestaltung: Dominik Günzinger
Layout: Elke Mader
Repro: LUDWIG:media
Herstellung: Anna Katavic
Printed in Türkiye by Elma Basim

★★★★★

Sind Sie mit diesem Titel zufrieden? Dann würden wir uns über Ihre Weiterempfehlung freuen. Erzählen Sie es im Freundeskreis, berichten Sie Ihrem Buchhändler oder bewerten Sie bei Onlinekauf. Und wenn Sie Kritik, Korrekturen, Aktualisierungen haben, freuen wir uns über Ihre Nachricht an: Christian Verlag, Postfach 40 02 09, 80702 München oder per E-Mail an lektorat@verlagshaus.de.

Unser komplettes Programm finden Sie unter

www.christophorus-verlag.de

Autor/Autorin und Verlag haben alle Angaben und Anleitungen mit größtmöglicher Sorgfalt zusammengestellt. Dennoch kann bei Fehlern keinerlei Haftung für direkte oder indirekte Folgen übernommen werden. Die bildliche Darstellung ist unverbindlich. Sollte dieses Werk Links auf Websites Dritter enthalten, so machen wir uns die Inhalte nicht zu eigen und übernehmen für die Inhalte keine Haftung.
In diesem Buch wird aus Gründen der besseren Lesbarkeit das generische Maskulinum verwendet. Weibliche und anderweitige Geschlechteridentitäten werden dabei ausdrücklich mitgemeint, soweit es für die Aussage erforderlich ist.

Bildnachweis
Shutterstock: S. 16 NatashaKun, S. 34 Evgeniya Khudyakova, S. 82 yasminepatterns, S. 103 Dedraw Studio, S. 128 happy.wolf.of.fortune

Die Deutsche Nationalbibliothek verzeichnet diese Publikation in der Deutschen Nationalbibliografie; detaillierte bibliografische Daten sind im Internet über http://dnb.d-nb.de abrufbar.

ISBN 978-3-8388-3942-4

Kreativ-Service

Sie haben Fragen zu unseren Büchern und Materialien? Wir beraten Sie gern rund um alle Kreativthemen. Rufen Sie uns einfach an. Wir interessieren uns auch für Ihre eigenen Ideen und Anregungen. Sie erreichen uns per E-Mail **kreativ-service@c-verlag.de** oder unter der Telefonnummer **0049–89–1306 99 577**.

Besuchen Sie uns im Internet: www.christophorus-verlag.de & www.selbstgemacht.de

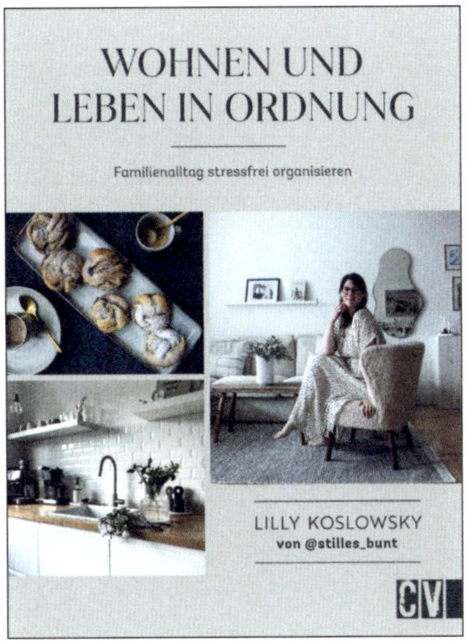

ISBN 978-3-8388-3856-4

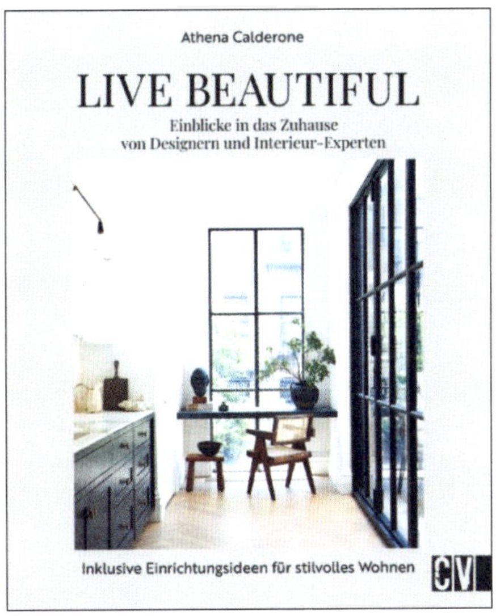

ISBN 978-3-8388-3900-4